Teilzeit und Befristung

Peter H. M. Rambach

Teilzeit und Befristung

Arbeitsverhältnisse flexibel gestalten

Peter H. M. Rambach

2. Auflage

Haufe Gruppe
Freiburg · München

Bibliografische Information der Deutschen Nationalbibliothek

Die Deutsche Nationalbibliothek verzeichnet diese Publikation in der Deutschen Nationalbibliografie; detaillierte bibliografische Daten sind im Internet über http://dnb.dnb.de abrufbar.

Print ISBN: 978-3-648-06639-3   Bestell-Nr. 04440-0002
EPUB ISBN: 978-3-648-06640-9   Bestell-Nr. 04440-0101
EPDF ISBN: 978-3-648-06641-6   Bestell-Nr. 04440-0151

Peter H. M. Rambach
Teilzeit und Befristung
2. Auflage 2015

© 2015 Haufe-Lexware GmbH & Co. KG, Freiburg
www.haufe.de
info@haufe.de
Produktmanagement: Lennartz, Anne

Lektorat: Ulrich Leinz, 10829 Berlin
Satz: Reemers Publishing Services GmbH, 47799 Krefeld
Umschlag: RED GmbH, 82152 Krailling
Druck: Schätzl Druck, Donauwörth

Inhaltsverzeichnis

Inhaltsverzeichnis

Inhaltsverzeichnis

Inhaltsverzeichnis

Wie Sie mit diesem Buch arbeiten

Dieser Ratgeber hat vor allem ein Ziel: Ihnen die Arbeit zu erleichtern. Dazu bietet er Ihnen in seinen beiden Teilen „Teilzeit" und „Befristung" alle wichtigen Informationen, die Sie benötigen, um auf Teilzeitanträge richtig reagieren und bei Befristungen korrekt vorgehen zu können. Jeder Teil bietet Ihnen zahlreiche konkrete Tipps und Hilfsmittel, wie Musterschreiben und Textbausteine, die Sie direkt einsetzen können.

Teil 1: Teilzeit

Im ersten Teil des Buches erfahren Sie,

- welche Voraussetzungen ein Teilzeitantrag erfüllen muss,
- wie Sie darauf optimal reagieren,
- worauf Sie achten müssen, wenn Sie einen Teilzeitantrag rechtlich wasserdicht ablehnen wollen,
- wie es weitergeht, wenn eine Teilzeitvereinbarung zustande kommt,
- welche rechtlichen Besonderheiten für die Elternteilzeit gelten und
- was Sie beim Sonderfall Teilzeitarbeit bei Schwerbehinderung beachten müssen.

Teil 2: Befristung

Sie können ihm entnehmen,

- wann Sie einen befristeten Arbeitsvertrag abschließen können,
- welche Sachgründe dafür infrage kommen,
- worauf Sie achten müssen, wenn Sie einen befristeten Arbeitsvertrag rechtlich wasserdicht abschließen wollen
- wann eine Zeit- oder eine Zweckbefristung oder eine Kombination aus beidem vorzuziehen ist,
- welche Sonderregeln für spezielle Personen- oder Berufsgruppen gelten und
- wie ein befristeter Vertrag endet.

Hilfreiche Arbeitsmittel

Das Buch bietet Ihnen Hilfe beim rechtlich korrekten Abschließen von Verträgen oder auch Ablehnen von Anträgen. Es unterstützt Sie direkt durch

- Textbausteine, mit denen Sie Verträge, Bedingungen oder Ablehnungen erstellen können,
- eine Checkliste, durch die Sie komplizierte Zusammenhänge überprüfen und dokumentieren können (siehe Teil 2, Kapitel 3.1.3.8, S. 153),
- Tipp-Kästen: Sie geben Ihnen Hinweise, wie Sie die Gesetzeslage optimal für sich anwenden können,
- Achtungs-Boxen: Diese weisen Sie darauf hin, welche Fallstricke Ihnen begegnen können.

Teil 1: Teilzeitarbeit

1 Vier Anspruchsgrundlagen – vier Situationen

Es gibt vier verschiedene gesetzliche Rechtsgrundlagen, aufgrund derer ein Arbeitnehmer verlangen kann, dass er seine Arbeitszeit verringern kann.

Für wen	In welcher Situation	Gesetzestext
alle Arbeitnehmer und Arbeitnehmerinnen		§ 8 TzBfG
Arbeitnehmer und Arbeitnehmerinnen	in der Elternzeit	§ 15 Abs. 6 und 7 BEEG.
Arbeitnehmer und Arbeitnehmerinnen	bei anerkannter Schwerbehinderung	§ 81 Abs. 5 Satz 3 SGB IX
Arbeitnehmer und Arbeitnehmerinnen	in der Pflegezeit oder Familienpflegezeit	§ 3 Abs. 3 PflegeZG, § 2 Abs. 1 FamPflegeZG

(Da es sich bei der Altersteilzeit um eine grundsätzlich andere Situation für den Arbeitnehmer und den Arbeitgeber handelt, wird das Altersteilzeitgesetz in diesem Fachbuch nicht berücksichtigt.)

1 Eingangsbestätigung

Bestätigen Sie den Eingang eines Teilzeitantrags immer schriftlich. Ein Musterschreiben dazu finden Sie in Kapitel 2.2.1.

2 Prüfen Sie die Antragsvoraussetzungen

Die Voraussetzungen werden ausführlich dargestellt in Kapitel 2.1.

3 Sprechen Sie mit dem Antragsteller/der Antragstellerin

Das Teilzeitbefristungsgesetz verpflichtet Sie, mit dem Antragsteller den Teilzeitantrag zu erörtern mit dem Ziel einer Einigung. Weitere Informationen finden Sie in Kapitel 2.2.3.

4 Wählen Sie bei mehreren Anträgen korrekt aus

Falls Sie mehrere Anträge erhalten haben, gilt das Prioritätsprinzip: Wer zuerst kommt, mahlt zuerst. Weitere Informationen finden Sie in Kapitel 2.2.4.

Einigung: Änderungsvertrag schließen

Dokumentieren Sie Ihre Einigung schriftlich.

Keine Einigung: Antrag ablehnen

Wann es möglich ist, einen Teilzeitantrag abzulehnen, können Sie ab Seite 32 nachlesen. Was Sie dabei formal beachten müssen, lesen Sie in Kapitel 2.2.6 ff.

Abb. 1: So gehen Sie vor, wenn Sie einen Teilzeitantrag erhalten

2 Teilzeit nach dem Teilzeitbefristungsgesetz

Das Teilzeitbefristungsgesetz (TzBfG) verankert einen **grundsätzlichen Anspruch** auf Verringerung der Arbeitszeit für alle ArbeitnehmerInnen. Dabei strebt es nach der Gesetzesbegründung bei der Ausweitung von Teilzeitarbeit ein angemessenes Gleichgewicht zwischen Arbeitgeber- und Arbeitnehmerinteressen an. Die Regelungen sollen

- die Akzeptanz bei Arbeitgebern und Arbeitnehmern für Teilzeitarbeit erhöhen,

- durch den Ausbau von Teilzeitarbeitsmöglichkeiten neue Beschäftigung schaffen,

- Diskriminierung von Teilzeitbeschäftigung verhindern und

- den Wechsel von einem Vollzeit- in ein Teilzeitarbeitsverhältnis oder umgekehrt erleichtern.

Mit dem Gesetz wurde gleichzeitig die EG-Teilzeitrichtlinie 97/81 umgesetzt. Die deutsche Regelung geht aber deutlich über die europäischen (Mindest-)Vorgaben hinaus.

Beachten Sie, dass die gesetzlichen Regelungen zwingend sind: § 8 TzBfG stellt nach dem Willen des Gesetzgebers eine gewollte Privilegierung der Arbeitnehmer dar. Von ihm darf nicht zuungunsten der ArbeitnehmerInnen abgewichen werden. Die aus ihm resultierenden Ansprüche können weder eingeschränkt noch durch freie Vereinbarungen ersetzt werden.

Das Gesetz sieht ein Verfahren vor, in dem der Arbeitnehmer eine Verringerung seiner Arbeitszeit durchsetzen kann. Vorrang hat dabei die Verringerung der Arbeitszeit durch **einvernehmliche Änderung** des Arbeitsvertrags.

2.1 Welche Voraussetzungen müssen erfüllt sein?

2.1.1 Beschäftigtenzahl: Mehr als 15 Arbeitnehmer

Ein Anspruch auf Reduzierung der Arbeitszeit besteht nur für ArbeitnehmerInnen, deren Arbeitgeber **regelmäßig mehr als 15 Arbeitnehmer** beschäftigt. Entscheidend ist allein die Anzahl der Arbeitnehmer (**„Kopf-Prinzip"**); die jeweils zu leistende Stundenzahl spielt keine Rolle. Maßgeblich ist die Arbeitnehmerzahl zum Zeitpunkt des Antrags auf Reduzierung der Arbeitszeit.

Beachten Sie bitte, dass die Unternehmensgröße maßgebend ist: Bezugsgröße ist der Arbeitgeber, nicht der einzelne Betrieb. Das heißt, wenn derselbe Arbeitgeber in allen seinen (inländischen) Betrieben regelmäßig insgesamt mehr als 15 ArbeitnehmerInnen beschäftigt, besteht ein Anspruch auf Reduzierung der Arbeitszeit. Vorübergehende Schwankungen nach oben oder unten bleiben außer Betracht.

Auch ArbeitnehmerInnen, deren Arbeitsverhältnis ruht — zum Beispiel bereits längere Zeit Erkrankte oder Elternzeiter —, sind bei der Ermittlung der Größe grundsätzlich zu berücksichtigen.

Ist für Elternzeiter befristet ein Vertreter eingestellt worden, zählen die Elternzeiter nicht mit (§ 21 Abs. 7 BEEG). Dies gilt entsprechend für andere ArbeitnehmerInnen, deren Arbeitsverhältnis ruht und die befristet vertreten werden.

Leiharbeitnehmer und freie Mitarbeiter bleiben ebenfalls unberücksichtigt. Auch Auszubildende werden nicht mitgezählt.

2.1.2 Dauer des Arbeitsverhältnisses

Eine weitere Voraussetzung für einen Anspruch auf Reduzierung der Arbeitszeit ist die Dauer des Arbeitsverhältnisses. Es muss zum Zeitpunkt der Geltendmachung des Anspruchs **länger als sechs Monate** bestehen.

Zeiten in einem **Ausbildungsverhältnis** sind nicht anzurechnen, da ein Berufsausbildungsverhältnis kein Arbeitsverhältnis ist. Wenn ein Arbeitnehmer bei Ihnen bereits die Ausbildung gemacht hat, beginnt die für einen Teilzeitantrag maßgebliche Mindestfrist von sechs Monaten erst mit dem Beginn des Arbeitsverhältnisses. Die Dauer der Ausbildung zählt nicht.

2.1.3　Antragsfrist: mindestens drei Monate vorher

Die gewünschte Verringerung der Arbeitszeit muss vom Arbeitnehmer spätestens drei Monate vor dem gewünschten Beginn geltend gemacht werden (§ 8 Abs.2 TzBfG). Dabei handelt es sich um eine Mindestfrist. Eine frühere Geltendmachung ist also möglich.

> **▶ BEISPIEL: eingehaltene Mindestfrist**
>
> **Soll die Verringerung der Arbeitszeit zum 1.1. in Kraft treten, muss sie spätestens am 30.9. geltend gemacht werden.**

Diese Mindestfrist muss der Arbeitnehmer einhalten. Der Beginn muss aber nicht zum Monatsanfang beantragt werden. Wenn die Antragsfrist eingehalten ist, kann der Beginn der Arbeitszeitreduzierung zu jedem Kalendertag verlangt werden. Es ist nicht erforderlich, dass der Beginn immer am Monatsanfang liegt. Das ist in der Praxis insbesondere für Anträge wichtig, die sich auf die Zeit nach dem Ende der Elternzeit beziehen. Diese endet am Tag vor dem dritten Geburtstag des Kindes.

Ist ein zu kurzfristiges Teilzeitverlangen unwirksam?

Ein Teilzeitantrag wird nicht ungültig, wenn ein Arbeitnehmer bei seinem Antrag auf Reduzierung der Arbeitszeit die dreimonatige Mindestankündigungsfrist nicht wahrt.

In der Regel ist der Antrag in diesem Fall so auszulegen, dass er sich hilfsweise auch auf den nach der gesetzlichen Regelung zulässigen Beginn der gewünschten Teilzeitarbeit bezieht (BAG, Urteil vom 20.7.2004, 9 AZR 626/03.

> **▶ BEISPIEL: Versäumnis der Mindestfrist**
>
> **Arbeitnehmerin A macht noch während der Elternzeit am 15.12.2015 die Verringerung der Arbeitszeit von 40 Wochenstunden auf 20 Wochenstunden ab dem Ende der Elternzeit am 18.1.2016 geltend. Die Dreimonatsfrist ist nicht eingehalten. Der Antrag wirkt auf den 16.3.2016, wenn er dahingehend ausgelegt werden kann, dass A hilfsweise ab dem gesetzlich zulässigen Datum die Arbeitszeit verringern möchte.**

Wenn Sie nicht sicher sind, wie ein Antrag zu interpretieren ist, können Sie den betreffenden Arbeitnehmer fragen. Folgendes Vorgehen ist aus Arbeitgebersicht dringend zu empfehlen: Schaffen Sie klare Verhältnisse und weisen Sie den Antragsteller auf die gesetzliche Frist hin, wenn ein nicht fristgemäßer Antrag eingeht. Fragen Sie ihn, ob anstelle des beantragten Termins der nach dem Gesetz früheste mögliche Termin oder ein späterer Termin gemeint ist, oder ob er den Antrag nicht weiter aufrechterhalten möchte.

2.1.4 Genauigkeit des Verringerungswunsches

2.1.4.1 Reduzierung muss konkret benannt werden

Der Arbeitnehmer muss den Umfang der gewünschten Verringerung der Arbeitszeit **konkret** angeben. Wie er dies tut, kann er selbst bestimmen. In Betracht kommt die Angabe der neuen Stundenzahl oder eine Prozentangabe bezogen auf die ursprüngliche und die gewünschte Stundenzahl. Entscheidend ist, dass Sie als Arbeitgeber **eindeutig** erkennen können, was der Arbeitnehmer möchte.

Vertragsrechtlich gesehen ist der Antrag des Arbeitnehmers auf Verringerung der Arbeitszeit ein Angebot auf Abschluss eines **Änderungsvertrags** (§ 145 BGB). Die verringerte wöchentliche Arbeitszeit muss aus dem Inhalt des zustande kommenden Änderungsvertrags klar hervorgehen.

> ▶ **BEISPIELFORMULIERUNGEN: zulässige Antragsformulierungen**
>
> - Ich möchte meine vertragliche Arbeitszeit ab 1.10.2015 von derzeit 40 Wochenstunden auf 20 Wochenstunden verringern.
> - Ich möchte meine vertragliche Arbeitszeit ab 1.10.2015 auf 50 Prozent reduzieren.
> - Ich möchte ab 1.10.2015 20 Stunden pro Woche weniger arbeiten.

Wenn Sie mit dem Arbeitnehmer keine Wochenarbeitszeit sondern zum Beispiel eine **Jahresarbeitszeit** vereinbart haben, müssen sich das Reduzierungsbegehren und die Angabe des Umfangs der Reduzierung auf die Jahresarbeitszeit beziehen.

> ❗ **ACHTUNG: Faustformel für Bestimmtheit des Antrags**
>
> Der Teilzeitantrag ist ein Angebot des Arbeitnehmers auf Änderung des Arbeitsvertrags. Deshalb ergibt sich für die Beurteilung der Frage, ob der Antrag bestimmt genug ist, eine einfache Faustformel: Der Inhalt des Antrags (Angebots) muss nach allgemeinem Vertragsrecht so bestimmt sein, dass das Angebot vom Arbeitgeber mit einem einfachen „Ja" angenommen werden kann.

2.1.4.2 Keine Mindest- oder Höchstgrenze der Teilzeit

Gesetzliche Vorgaben über den Umfang einer zulässigen Verringerung gibt es nicht. Insbesondere verlangt das TzBfG keine Mindestreduzierung der Arbeitszeit. Liegen allerdings im Einzelfall besondere Umstände vor, die darauf schließen lassen, der Arbeitnehmer wolle die ihm gemäß § 8 TzBfG zustehenden Rechte zweckwidrig dazu nutzen, unter Inkaufnahme einer unwesentlichen Verringerung der Arbeitszeit und der Arbeitsvergütung eine bestimmte Verteilung der Arbeitszeit zu erreichen, auf die er ohne die Arbeitszeitreduzierung keinen Anspruch hätte, kann dies die Annahme eines **rechtsmissbräuchlichen Verringerungsverlangens** (242 BGB) rechtfertigen.

Damit ein Rechtsmissbrauch bejaht wird, müssen allerdings sehr hohe Anforderungen erfüllt werden.

▶ **BEISPIELE 1: Liegt ein rechtsmissbräuchliches Verringerungsverlangen vor?**

Die beantragte Verringerung der Arbeitszeit um nur 1 ¼ Stunden pro Woche bei gleichzeitigem Wunsch nach einer grundlegenden Neuverteilung der Arbeitszeitlage wurde nicht als missbräuchlich angesehen. Die Begründung dafür war, dass die betroffene Arbeitnehmerin lediglich ihre beruflichen Belange mit ihren familiären Belangen vereinbaren wollte: Sie wollte gewährleisten, dass sie ihr Kind von der Kinderkrippe abholen konnte.

▶ **BEISPIEL 2: Liegt ein rechtsmissbräuchliches Verringerungsverlangen vor?**

Die beantragte Reduzierung der jährlichen Arbeitszeit eines Piloten um 3,29 % auf 96,71 % der regelmäßigen Vollarbeitszeit durch blockweise Freistellung von zwölf Arbeitstagen jeweils vom 22. Dezember eines Jahres bis zum 2. Januar des Folgejahres und damit an Weihnachten, Silvester, Neujahr und der Zeit „zwischen den Jahren" wurde vom Bundesarbeitsgericht als rechtsmissbräuchlich angesehen. Die Richter nahmen an, der Pilot verfolge mit seinem geringfügigen Verringerungsverlangen unter Inkaufnahme einer unwesentlichen Reduzierung seiner Arbeitsvergütung die Garantie freier Tage, ohne damit rechnen zu müssen, dass ein Urlaubsantrag für diese Zeit wegen entgegenstehender Urlaubswünsche anderer Arbeitnehmer, die unter sozialen Gesichtspunkten Vorrang verdienten, abgelehnt werden könnte.

Der Rechtsmissbrauch folge aus der sog. Zweck-Mittel-Relation, wonach der Kläger eine formale Rechtsposition nutze, um einen Anspruch geltend zu machen, an dem er isoliert betrachtet kein erkennbares Interesse habe, um diesen wiederum zu nutzen, um eine unabhängig vom Arbeitszeitvolumen in seinem Interesse liegende Arbeitszeitgestaltung zu erreichen, auf die er isoliert betrachtet keinen Anspruch habe.

2.1.4.3   Kein Anspruch auf befristete Reduzierung

Sie sind als Arbeitgeber nach dem Gesetz nicht verpflichtet, die beantragte Teilzeit befristet zu bewilligen. Gesetzlich ist eine **dauerhafte** Gewährung vorgesehen. In der Praxis wird häufig der Wunsch geäußert, „**für die nächsten drei Jahre bis zur Einschulung meines Kindes zu verringern**". Dieser Wunsch kann natürlich geäußert werden. Einen Anspruch auf befristete Reduzierung mit dem Recht, später zu der alten Arbeitszeit zurückzukehren, sieht das Gesetz aber nicht vor.

> **!**   ACHTUNG: Befristete Reduzierung aber zusätzlich möglich
>
> Der gesetzliche Anspruch auf unbefristete Verringerung der Arbeitszeit kann durch die Arbeitsvertragsparteien, die Betriebsparteien und die Tarifvertragsparteien nicht zeitlich beschränkt werden (§ 22 Abs. 1 TzBfG, BAG, Urteil v. 24. Juni 2008, 9 AZR 313/07). Es ist den Tarifvertragsparteien, Betriebsparteien und Arbeitsvertragsparteien jedoch unbenommen, zugunsten des Arbeitnehmers zusätzlich zum gesetzlichen Anspruch die Möglichkeit vorzusehen, die Arbeitszeit für eine begrenzte Dauer zu reduzieren. Gleiches gilt dann, wenn ein gesetzlicher Verringerungsanspruch nicht besteht, d.h. ein zusätzlicher Anspruch auf befristete Verringerung der Arbeitszeit vereinbart wird.

2.1.5   Mit einem Verteilungswunsch umgehen

Für die Wirksamkeit des Teilzeitantrags ist es nicht zwingend erforderlich, dass der Arbeitnehmer auch Angaben zur Verteilung der künftigen Arbeitszeit macht. Tut er dies nicht, verbleibt es hinsichtlich der Arbeitszeitlage bei Ihrem **Direktionsrecht** als Arbeitgeber. Das Direktions- oder Weisungsrecht bezeichnet das Recht des Arbeitgebers, die Einzelheiten der Arbeitsleistung näher zu bestimmen, die der Arbeitnehmer aufgrund des Arbeitsvertrags zu erbringen hat. Im Arbeitsvertrag festgelegte Regelungen, Betriebsvereinbarungen, anwendbare Tarifverträge oder gesetzliche Vorschriften beschränken dieses Recht. Die Lage der Arbeitszeit gehört zum Direktionsrecht und wird grundsätzlich von Ihnen nach billigem Ermessen festgelegt (§ 106 GewO).

In der Praxis ist die Verteilung der verringerten Arbeitszeit ein sehr wichtiger Punkt — manchmal sogar sowohl für den Arbeitnehmer als auch für Sie als Arbeitgeber der entscheidende. Beispielsweise ist für eine Arbeitnehmerin, die nach der Elternzeit ihre Arbeitszeit auf die Hälfte verringern möchte, oft entscheidend, dass sie vormittags arbeiten kann. Umgekehrt ist es für Sie als Arbeitgeber häufig nicht hinnehmbar, dass in einer Abteilung (fast) nur noch vormittags gearbeitet wird.

Kopplung von Änderungsangebot und Verteilungswunsch

Der Arbeitnehmer kann den Antrag auf Verringerung der Arbeitszeit aber mit einem konkreten Verteilungswunsch verbinden. Dabei kann er sein Änderungsangebot von der Festsetzung der gewünschten Arbeitszeitverteilung abhängig machen. Tut er dies, kann das Änderungsangebot von Ihnen als Arbeitgeber nur einheitlich angenommen oder abgelehnt werden (§ 150 Abs. 2 BGB).

2.1.6 Antrag ist formfrei möglich

Für den Antrag des Arbeitnehmers ist gesetzlich keine Form vorgeschrieben. Der Antrag kann auch mündlich oder telefonisch gestellt werden. Auf jeden Fall sollten Sie dokumentieren, wann der Antrag bei Ihnen eingegangen ist.

2.2 So gehen Sie vor: Auf einen Teilzeitantrag reagieren

Wenn ein Teilzeitantrag gestellt wird, müssen Sie als Arbeitgeber aktiv werden. Die folgenden Kapitel zeigen Ihnen, wie Sie optimal vorgehen.

2.2.1 Eingangsbestätigung

Obwohl es gesetzlich nicht vorgeschrieben ist, sollten Sie dem Arbeitnehmer den Eingang des Antrags auf jeden Fall schriftlich bestätigen. Besonders wichtig ist das für den Fall, dass einer Ihrer Arbeitnehmer seinen Antrag nicht schriftlich stellt. In diesem Fall sollten Sie nicht nur das Datum der Antragstellung, sondern auch den wesentlichen Inhalt unbedingt schriftlich bestätigen. Denn daraus können sich wichtige Konsequenzen ergeben, die in der Folge noch erläutert werden.

> **Musterschreiben: Bestätigung**
>
> Sehr geehrte Frau Schneider,
>
> wir bestätigen Ihren am 7.9.2015 im Telefonat mit Frau Müller aus der Personalabteilung gestellten Teilzeitantrag. Sie wollen Ihre Arbeitszeit nach Rückkehr aus der Elternzeit am 16.12.2015 von 38,5 Wochenstunden auf 20 Wochenstun-

den verringern. Die Arbeitszeit soll auf die Tage Montag bis Freitag jeweils von 8:30 Uhr bis 12:30 Uhr verteilt werden.

Wir gehen derzeit davon aus, dass Sie die Reduzierung von der gewünschten Verteilung abhängig machen. Sollte dies falsch sein, das heißt für den Fall, dass Sie die Reduzierung auch unabhängig vom mitgeteilten Verteilungswunsch beanspruchen, bitten wir um Mitteilung innerhalb von einer Woche ab dem Datum dieses Schreibens.

Wir werden in Kürze von uns aus auf Ihren Antrag zurückkommen.

Mit freundlichen Grüßen
ppa. Klaus Streng
Personalleiter

2.2.2 Prüfung der Antragsvoraussetzungen

Anschließend prüfen Sie, ob der Antrag die oben dargestellten Voraussetzungen überhaupt erfüllt. Anderenfalls sind Sie nicht verpflichtet, den Antrag mit dem Arbeitnehmer zu erörtern.

Wird die begehrte Teilzeit zum Beispiel

- ohne Angabe eines konkreten Umfangs der Verringerung geltend gemacht (zum Beispiel „**... möchte ich um ca. 20 – 25 Wochenstunden verringern**"), liegt ein unwirksamer Antrag vor;
- nur befristet verlangt, liegt ein unwirksamer Antrag vor;
- für einen früheren Zeitpunkt als drei Monate nach Antragseingang geltend gemacht, tritt an die Stelle des zu frühen Termins der gesetzlich früheste mögliche Termin.

2.2.3 Erörterungsgespräch

Das Gesetz gibt einer **Verhandlungslösung** den Vorrang vor einer streitigen Auseinandersetzung. Deshalb sind Sie verpflichtet, den Teilzeitantrag mit dem Antragsteller zu erörtern — und zwar mit dem Ziel, zu einer Einigung zu gelangen (§ 8 Abs. 3 TzBfG). Das Erörterungsgespräch dient dazu, eine einvernehmliche Lösung zu finden.

Das Änderungsverlangen des Arbeitnehmers löst die **Verhandlungsobliegenheit** auch dann aus, wenn es nicht die Drei-Monats-Frist wahrt, die in § 8 Abs. 2 Satz 1 TzBfG festgelegt wird (BAG, Urteil vom 20.7.2004, 9 AZR 626/03). Allerdings können

Sie sich in diesem Fall zunächst darauf beschränken, auf die nicht eingehaltene Frist hinzuweisen. Es ist dann Aufgabe des Arbeitnehmers, darauf hinzuweisen, wie sein Verlangen auszulegen ist. Denn auch für den Arbeitnehmer gilt die Verhandlungsobliegenheit. Erst von diesem Zeitpunkt an sind Sie verpflichtet, mit dem Arbeitnehmer die eventuell bestehenden betrieblichen Gründe zu erörtern, die aus Ihrer Sicht einer Arbeitsreduzierung entgegenstehen

Erörterung muss gut vorbereitet werden

Die gesetzlich vorgesehene Verhandlungspflicht ist kein rechtlich unverbindlicher Appell des Gesetzgebers. In ihr drückt sich der Wille aus, durch die Begründung von Rechtspflichten auf eine einvernehmliche, innerbetriebliche Regelung hinzuwirken. Deshalb hat der Gesetzgeber für Sie als Arbeitgeber eine Verhandlungsobliegenheit begründet.

Diese Obliegenheit hat bedeutende Rechtsfolgen. Wenn Sie als Arbeitgeber entgegen der Obliegenheit nicht mit dem Arbeitnehmer verhandelt haben, können Sie ihm bei einer späteren gerichtlichen Auseinandersetzung keine Einwendungen entgegenhalten, die bei einer Verhandlung hätten ausgeräumt werden können, (BAG, Urteil vom 8.5.2007, 9 AZR 1112/06).

Aus diesem Grund ist es sehr wichtig, dass Sie die Erörterung gut vorbereiten. Insbesondere die Gründe, die gegen die beantragte Arbeitszeitverringerung und/oder Arbeitszeitverteilung sprechen, müssen Sie mit dem Arbeitnehmer diskutieren.

Das Gespräch protokollieren

Das Gespräch sollte in einem Protokoll dokumentiert werden, auf das Sie in einer eventuellen späteren Auseinandersetzung zu Beweiszwecken zurückgreifen können.

2.2.4 Bei mehreren Anträgen korrekt auswählen

2.2.4.1 Prioritätsprinzip: Wer zuerst kommt, mahlt zuerst

Wenn bei Ihnen als Arbeitgeber ein Teilzeitantrag eintrifft, prüfen Sie in der Folge, ob diesem betriebliche Gründe entgegenstehen.

Dabei ist klar, dass es bei der Prüfung auf die Umstände zu dem Zeitpunkt ankommt, zu dem die gewünschte Veränderung der Arbeitszeit beginnen würde. Das heißt, Sie erstellen eine **Prognose**, ob zu diesem Zeitpunkt betriebliche Gründe bestehen werden, die gegen eine Veränderung sprechen.

Für jeden Teilzeitantrag ist eine neue **Einzelfallprüfung** und eine neue Prognose erforderlich. Denn es ist möglich, dass dem ersten Antrag auf Verringerung der Arbeitszeit (noch) keine betrieblichen Gründe entgegenstehen, dem zweiten Antrag dagegen schon.

> **BEISPIEL: Auswirkungen des Prioritätsprinzips**
>
> In einer Service-Abteilung mit zwei vollzeitbeschäftigten Arbeitnehmerinnen und einem Arbeitnehmer beantragt eine Arbeitnehmerin die Reduzierung der Wochenarbeitszeit auf die Hälfte. Die Arbeitszeit soll jeweils auf die fünf Vormittage von montags bis freitags verteilt werden. Nachdem Sie die Verhältnisse geprüft haben, kommen Sie zu dem Ergebnis, dass keine betrieblichen Gründe für eine Ablehnung vorliegen. Denn durch die zwei verbleibenden Vollzeitarbeitnehmer ist grundsätzlich sichergestellt, dass die Abteilung für Kunden noch ganztägig erreichbar ist. Ein halbes Jahr später stellt die zweite Arbeitnehmerin der Abteilung einen inhaltlich gleichen Teilzeitantrag. Bei Zustimmung wäre die ganztägige Erreichbarkeit der Abteilung dauerhaft gefährdet, denn eine Ersatzkraft kann nicht gefunden werden. Deshalb müssen Sie den zweiten Antrag ablehnen.

2.2.4.2 Vorrang kollidierender Kollegenwünsche

Auch kollidierende Arbeitszeitwünsche der Kollegen können betriebliche Gründe sein, die einer gewünschten Arbeitszeitreduzierung und -verteilung entgegenstehen.

Dies ist dann der Fall, wenn Sie als Arbeitgeber nicht allen konkurrierenden Arbeitszeitwünschen zustimmen können. In diesem Fall ist unter Berücksichtigung **sozialer Gesichtspunkte** eine Auswahlentscheidung zu treffen. Dabei müssen Sie insbesondere familiäre Verpflichtungen bevorzugt berücksichtigen, soweit dies möglich ist. Denn es ist der gesetzgeberische Zweck des Teilzeitanspruchs nach dem TzBfG, dass familiäre und berufliche Verpflichtungen in Einklang gebracht werden können.

2.2.5 Bei Einigung: Änderungsvertrag

Wird eine einvernehmliche Lösung gefunden, sollte diese in der im Arbeitsvertrag vorgesehenen Form festgehalten werden. Da die Arbeitsverträge für Änderungen in der Regel die Schriftform vorschreiben, sollten Sie die Einigung in einer Änderungsvereinbarung schriftlich dokumentieren.

Eine vom Arbeitgeber in den vorformulierten Arbeitsvertrag aufgenommene Schriftformklausel („Änderungen bedürfen zu ihrer Wirksamkeit der Schriftform") kann beim Arbeitnehmer den Eindruck erwecken, jede spätere mündliche Abrede, die vom Vertrag abweicht, sei nichtig. Das entspricht aber nicht der wahren Rechtslage. Denn individuelle Vertragsabreden haben immer Vorrang vor Allgemeinen Geschäftsbedingungen — auch wenn sie **mündlich** getroffen wurden (§ 305b BGB). Dieses Prinzip des Vorrangs (mündlicher) individueller Vertragsabreden setzt sich auch gegenüber arbeitsvertraglichen **Schriftformklauseln** durch. Das heißt: Wenn Sie sich mit dem Arbeitnehmer mündlich auf eine Reduzierung der Arbeitszeit geeinigt haben, ist diese Einigung bereits wirksam. Die schriftliche Dokumentation der Einigung in einem Änderungsvertrag dient dann nur noch der Dokumentation der vereinbarten Änderung der Arbeitszeit und eventuell ihrer Verteilung.

Alternative: schriftlicher Nachweis der Änderung

Wenn Sie keine schriftliche Änderung des Arbeitsvertrags vornehmen, sind Sie als Arbeitgeber jedoch verpflichtet, dem Arbeitnehmer einen schriftlichen Nachweis der Änderung des Arbeitszeitumfangs — und gegebenenfalls der Arbeitszeitverteilung — zu erteilen.

Der schriftliche Nachweis, der von Ihnen unterzeichnet werden muss, wird spätestens einen Monat nach der Vertragsänderung fällig (§ 3 Satz 1 NachwG).

2.2.6 Bei Nichteinigung: Ablehnung

Sie als Arbeitgeber müssen dem Arbeitnehmer die Entscheidung über die beantragte Verringerung der Arbeitszeit und ihre Verteilung schriftlich mitteilen. Dies muss spätestens einen Monat vor dem gewünschten Beginn der Verringerung geschehen.

2.2.6.1 Form der Ablehnung

Die Ablehnung des Teilzeitantrags muss **schriftlich** erfolgen. Teilweise wird vertreten, dass hierfür die Textform (§ 126b BGB) ausreicht. Dieses Risiko sollten Sie als Arbeitgeber aber nicht eingehen. „Schriftlich" bedeutet, dass das Ablehnungsschreiben von einem dazu Berechtigten eigenhändig unterschrieben sein muss. Berechtigte Personen können beispielsweise der Geschäftsführer, die Personalleiterin oder eine dazu bevollmächtigte Person sein. Eine Ablehnung per E-Mail oder per Telefax reicht nicht aus.

2.2.6.2 Inhalt der Ablehnung

Inhaltlich gelten für die Ablehnung keine besonderen Voraussetzungen. Es reicht aus, dass die Ablehnung — das heißt das „Nein" zu dem Teilzeitantrag — erkennbar ist. Eine **Begründung** der Ablehnung ist nicht erforderlich. Wenn Sie die Ablehnung dennoch schriftlich begründen, sollte dies sehr sorgfältig erfolgen. Denn eine nur oberflächlich begründete Ablehnung könnte Ihnen in einem späteren Prozess entgegengehalten werden. Deshalb empfiehlt es sich in den meisten Fällen, die schriftliche Ablehnung nicht zu begründen, sondern beispielsweise auf eine mündliche Begründung Bezug zu nehmen.

> **Musterschreiben: Ablehnung des Teilzeitantrag**
>
> Sehr geehrte Frau Schneider,
>
> wir nehmen Bezug auf Ihren Antrag vom 7.9.2015 auf Verringerung der Arbeitszeit ab 16.12.2015 von 38,5 Wochenstunden auf 20 Wochenstunden. Die Arbeitszeit soll auf die Tage Montag bis Freitag jeweils von 8:30 Uhr bis 12:30 Uhr verteilt werden. Nach der Erörterung Ihres Reduzierungs- und Verteilungswunsches am 21.9.2015 haben wir alle Möglichkeiten noch einmal umfassend geprüft. Wie Ihnen bereits mündlich mitgeteilt, müssen wir Ihren Antrag leider ablehnen.
>
> Mit freundlichen Grüßen
> ppa. Klaus Streng
> Personalleiter

2.2.6.3 Verteilung der Arbeitszeit ablehnen

Wenn Sie der beantragten Verringerung der Arbeitszeit zustimmen, aber deren beantragte Verteilung ablehnen wollen, muss dies in der gleichen Art und Weise geschehen.

Musterschreiben: Ablehnung des Verteilungswunschs

Sehr geehrte Frau Schneider,

wir nehmen Bezug auf Ihren Antrag vom 7.9.2015 auf Verringerung der Arbeitszeit ab 16.12.2015 von 38,5 Wochenstunden auf 20 Wochenstunden. Die Arbeitszeit soll auf die Tage Montag bis Freitag jeweils von 8:30 Uhr bis 12:30 Uhr verteilt werden. Nach der Erörterung Ihres Teilzeitwunsches am 21.9.2015 haben wir alle Möglichkeiten noch einmal umfassend geprüft. Wie Ihnen bereits mündlich mitgeteilt, sind wir mit der beantragten Reduzierung einverstanden. Die gewünschte Verteilung der Arbeitszeit müssen wir allerdings leider ablehnen. Ab 16.12.2015 verteilen sich Ihre 20 Wochenstunden bis auf Weiteres wie folgt:
…
Wir behalten uns vor, die Verteilung der Arbeitszeit im Rahmen der gesetzlichen Regelungen künftig auch anders zu regeln.

Mit freundlichen Grüßen
ppa. Klaus Streng
Personalleiter

Der Verringerungs- und der Verteilungswunsch können allerdings nicht immer unterschiedlich behandelt werden. Hat der Arbeitnehmer die gewünschte Verringerung an die gewünschte Verteilung gebunden, kann der Antrag lediglich im Paket angenommen oder abgelehnt werden. Dies geht in der Praxis aus den Teilzeitanträgen aber meist nicht klar hervor.. Ein Hinweis darauf liegt vor, wenn ein Arbeitnehmer sowohl einen Verringerungs- als auch einen Verteilungswunsch nach § 8 TzBfG geltend macht. Dann müssen Sie als Arbeitgeber vorsichtig sein, da beides erfahrungsgemäß sehr oft voneinander abhängen soll. Üblicherweise ist der Teilzeitwunsch eines Arbeitnehmers nämlich Ergebnis von Planungen, für die auch die Verteilung der Arbeitszeit von Bedeutung ist. Für eine gegenteilige Auslegung bedarf es besonderer Anhaltspunkte.

2.2.6.4 Verknüpfung als Bedingung

Ohne diese besonderen Anhaltspunkte werden Verringerungs- und Verteilungswunsch im Sinne einer Bedingung miteinander verbunden. Der Antrag kann dann nur einheitlich abgelehnt werden.

Musterschreiben: Antrag nach BAG vom 18.2.2003, 9 AZR 164/02

Vom 1.9.2015 beginnend beabsichtige ich, meine wöchentliche Arbeitszeit von 35 Stunden um 8,57 Prozent auf 32 Stunden zu reduzieren.

Diese Wochenarbeitszeit gedenke ich auf vier Tage je Woche zu verteilen. Ich schlage aus praktischen Erwägungen vor, montags bis donnerstags acht Stunden täglich (zuzüglich Pausen) zu arbeiten und einen bestimmten Tag je Woche (Freitags) abwesend zu sein. Natürlich bin ich bereit diese Regelung flexibel zu gestalten, sollte an einem Freitag meine Anwesenheit in der Geschäftsstelle oder auf einer Sitzung notwendig sein.

Nach der Auslegung des Bundesarbeitsgerichts hat der Antragsteller seinen Verringerungswunsch davon abhängig gemacht, dass der Arbeitgeber auch der gewünschten Verteilung zustimmt. Daran ändert nichts, dass der Arbeitnehmer in seinem Schreiben erklärt hat, er wolle die verlangte Regelung flexibel gestalten. Schon im Eingangssatz seines Schreibens hat der Kläger erklärt, er „gedenke" seine Arbeitszeit auf vier Tage in der Woche zu verteilen. Damit musste dem Arbeitgeber deutlich werden, dass es dem Arbeitnehmer wesentlich darum ging, seine Arbeitszeit auf vier Tage in der Woche zu verteilen. Die Bereitschaft zu einer flexiblen Regelung hat er nur für den Fall in Aussicht gestellt, dass seine Anwesenheit in der Geschäftsstelle oder bei einer Sitzung an einem Freitag notwendig ist.

▶ **BEISPIEL: Verknüpfung von Verringerungs- und Verteilungswunsch**

Eine Arbeitnehmerin mit schulpflichtigen Kindern wünscht die Verteilung ihrer Arbeitszeit auf den Vormittag. Die gewünschte Verteilung der Arbeitszeit ist ein wesentlicher Bestandteil des Teilzeitverlangens

2.2.7 Teilzeitantrag formal korrekt ablehnen

Die schriftliche Entscheidung muss dem Arbeitnehmer spätestens **einen Monat** vor dem gewünschten Beginn zugehen.

2.2.8   1. Hürde: Die Frist richtig berechnen

Die Frist muss korrekt berechnet werden, damit die Ablehnung wirksam wird.

> ► **BEISPIEL: korrekte Fristen**
>
> Ist der gewünschte Beginn der Verringerung der 1.10. des Jahres, muss der Arbeitgeber spätestens bis zum 31.8. desselben Jahres die Verringerung schriftlich ablehnen. Ist der gewünschte Beginn der Verringerung der 15.11. des Jahres, muss der Arbeitgeber spätestens bis zum 14.10. desselben Jahres die Verringerung schriftlich ablehnen.

Ob der letzte Tag der möglichen Ablehnung auf ein Wochenende oder einen Feiertag fällt, ist gleichgültig und führt nicht zur Verlängerung der Frist.

2.2.9   2. Hürde: Der Zugang der Ablehnung

Entscheidend für die Fristwahrung ist der **Zugang der Mitteilung**. Die Frage, ob die Ablehnung dem Arbeitnehmer überhaupt zugegangen ist, spielt eine große Rolle. Wenn sie nicht zugegangen ist, ist sie auch nicht wirksam.

Folgender Grundsatz gilt: Die Ablehnung gilt dann als zugegangen, wenn sie so in den Machtbereich des Arbeitnehmers gelangt ist, dass dieser unter gewöhnlichen Umständen von ihr Kenntnis nehmen konnte. Es kommt also nicht darauf an, ob und wann der der Arbeitnehmer tatsächlich von ihr Kenntnis genommen hat.

> ► **BEISPIEL: Unterschied von Zugang und Kenntnisnahme**
>
> Der Ehemann Ihrer Arbeitnehmerin Frau Schneider leert den Hausbriefkasten und gibt das Ablehnungsschreiben nicht an seine Frau weiter. Unter gewöhnlichen Umständen hätte die Arbeitnehmerin von der Ablehnung Kenntnis genommen. Das bedeutet, dass das Ablehnungsschreiben als rechtzeitig zugegangen gilt. Auch wenn die Entgegennahme des Ablehnungsschreibens verweigert wird, gilt es als zugegangen.

> ► **BEISPIEL: Verweigerung einer Entgegennahme**
>
> Sie besprechen die Ablehnung des Teilzeitantrags mit Ihrer Arbeitnehmerin, Frau Schneider, in einem Personalgespräch. Am Ende des Gesprächs wollen Sie ihr die bereits vorbereitete und unterschriebene schriftliche Ablehnung aushändigen. Frau Schneider ist über die Ablehnung empört und weigert sich, den ihr von Ihnen auf den Schreibtisch gelegten Brief entgegenzunehmen.

2.2.10   3. Hürde: Das Ablehnungsschreiben muss auch rechtzeitig zugehen

Im Streitfall tragen Sie als Arbeitgeber die Beweislast dafür, dass die schriftliche Ablehnung dem Arbeitnehmer tatsächlich und rechtzeitig zugegangen ist. Deshalb sollten Sie genau überlegen, wie Sie dem Arbeitnehmer die Ablehnung übermitteln.

Sicherste Möglichkeit: Persönliche Übergabe

Soweit möglich, sollten Sie dem Arbeitnehmer die schriftliche Ablehnung in Anwesenheit eines **Zeugen** persönlich überreichen. Mit der Übergabe gilt das Schreiben als zugegangen. Denn es ist auf eine Art und Weise in den Macht- und Einflussbereich des Arbeitnehmers als Empfänger gelangt, die unter gewöhnlichen Umständen mit einer Kenntnisnahme rechnen lässt.

Im Idealfall lassen Sie sich den Erhalt des Ablehnungsschreibens auf einer Kopie durch einen **Vermerk** bestätigen, den der Arbeitnehmer unterschreibt.

Musterschreiben: Vermerk

Das Original dieses Schreibens habe ich heute erhalten.
[Datum], [Unterschrift des Arbeitnehmers]

Alternative: Zustellung durch Boten

Manchmal ist eine persönliche Übergabe des Ablehnungsschreibens nicht möglich. Die Arbeitnehmerin befindet sich beispielsweise noch in Elternzeit; ihr Teilzeitantrag bezieht sich auf die Zeit der Rückkehr nach dem Ende der Elternzeit, dann kann das Ablehnungsschreiben durch einen Boten zugestellt werden. Eine persönliche Übergabe des Schreibens an die Arbeitnehmerin durch den Boten ist nicht erforderlich. Es reicht aus, wenn der Bote das Schreiben in den Haus- oder Wohnungsbriefkasten der Arbeitnehmerin einlegt.

Der Bote sollte aber den Inhalt des in den Briefkasten einzulegenden Briefumschlages kennen. Denn so kann er im Streitfall bezeugen, dass in dem Umschlag das Original des Ablehnungsschreibens war. Von der Zustellung kann er dann auf einer Kopie des Originalschreibens ein Protokoll fertigen.

Musterschreiben: Protokoll des Boten

Das Original dieses Schreibens habe ich am ... um ... Uhr in einem Briefumschlag in den Briefkasten des Hauses (Adresse) mit der Aufschrift (Name der Arbeitnehmerin) eingelegt.
Datum, Unterschrift des Boten

Ein in den Briefkasten eingelegtes Ablehnungsschreiben geht in dem **Zeitpunkt** zu, in dem der Briefkasten üblicherweise geleert wird. Wird das Schreiben erst erhebliche Zeit nach der allgemeinen Postzustellung in den Wohnungsbriefkasten gelegt (in einem vom BAG entschiedenen Fall gegen 16.30 Uhr), so gilt die Ablehnung nach rechtlichen Maßstäben erst als am nächsten Tag zugegangen. Das gilt dann nicht, wenn Sie beweisen können, dass die Arbeitnehmerin das Schreiben tatsächlich bereits früher zur Kenntnis genommen hat.

Keine Alternative: Einschreiben mit Rückschein

Auf keinen Fall sollten Sie das Ablehnungsschreiben per Einschreiben mit Rückschein (Übergabe-Einschreiben) verschicken. Das gilt ganz besonders dann, wenn die Ablehnung — wie es in der Praxis häufig geschieht — erst relativ kurz vor Fristablauf erfolgt. Ein Übergabe-Einschreiben geht dem Empfänger nämlich rechtlich erst dann zu, wenn es ihm ausgehändigt wird.

▶ **BEISPIEL: Zugang mit Übergabe-Einschreiben**

Der Briefzusteller trifft die Arbeitnehmerin beim Zustellungsversuch nicht zuhause an, weil diese gerade beim Einkaufen ist. Er hinterlässt im Wohnungsbriefkasten einen Benachrichtigungsschein, auf dem vermerkt ist, wann und wo das Einschreiben abgeholt werden kann.

Der Zugang der schriftlichen Ablehnung erfolgt in diesem Fall erst dann, wenn das Einschreiben bei der Post abgeholt wird. **Dadurch kann sich der Zugang erheblich verzögern.** Wird das Einschreiben nicht abgeholt, wird es von der Post nach Ablauf der Aufbewahrungsfrist an Sie als Absender zurückgesandt. Sie müssen dann unverzüglich einen erneuten Zustellversuch unternehmen, um den Zugang zu bewirken. Zum Zeitpunkt der erneuten Absendung kann die Monatsfrist jedoch bereits abgelaufen sein. Das Übergabe-Einschreiben ist deshalb ein sehr riskantes Mittel, den Zugang eines Ablehnungsschreibens sicher zu stellen und zu beweisen.

Keine Alternative: Einwurfeinschreiben

Auch die Zustellung des Ablehnungsschreibens durch ein Einwurfeinschreiben ist riskant. Es ist **keine rechtssichere Möglichkeit**, den Zugang sicherzustellen und zu beweisen. Beim Versandbrief per Einschreiben dokumentiert die Post zwar, dass der Brief in den Briefkasten oder das Postfach des Empfängers eingeworfen worden ist. Die Beweisqualität von Einwurfeinschreiben für den Zugang von Dokumenten ist aber umstritten. Teilweise nehmen die Gerichte an, dass bei der Vorlage von Dokumentationen wie Einlieferungs- und Auslieferungsbelegen kein Anscheinsbeweis dafür gegeben ist, dass die Sendung dem Empfänger zugegangen ist. Denn es kann laut Lebenserfahrung nicht ausgeschlossen werden, dass Postsendungen während der Zustellung verloren gehen oder dass der Postzusteller sie in den falschen Briefkasten einsteckt.

2.2.11 4. Hürde: Zustellung muss nachweisbar sein

Als Arbeitgeber müssen Sie beweisen können, dass das Ablehnungsschreiben dem Arbeitnehmer fristgemäß zugegangen ist.

2.3 Folge der verspäteten oder formunwirksamen Ablehnung

Wenn dem Arbeitnehmer das Ablehnungsschreiben nicht fristgemäß zugegangen ist oder Sie dies nicht nachweisen können, treten die beantragte Arbeitszeitverringerung und die gewünschte Verteilung der Arbeitszeit automatisch in Kraft. Das Gesetz sieht eine sogenannte Fiktionswirkung vor.

Das bedeutet: Wenn ein Teilzeitantrag nicht fristgemäß abgelehnt wird, dann gelten die vom Arbeitnehmer gewünschte Arbeitszeitreduzierung und Arbeitszeitverteilung als vertraglich festgelegt.

! **WICHTIG**

Die gewünschte Arbeitszeitreduzierung und -verteilung werden auch gültig, wenn die Ablehnung an einem **Formmangel** leidet. Ein Formmangel ist es zum Beispiel, wenn die Ablehnung per E-Mail zugestellt wird oder das Original nicht vom Arbeitgeber oder einem von ihm Bevollmächtigten unterschrieben ist.

> **! ACHTUNG: Vorsorglich Originalvollmacht beifügen**
>
> Wenn das Ablehnungsschreiben nicht vom Geschäftsführer oder dem Personalleiter sondern von einer vom Arbeitgeber eigens bevollmächtigten Person unterschrieben ist — z. B. von einem Personalreferenten „i. V." oder von einem beauftragten Rechtsanwalt — sollte — soweit die Bevollmächtigung dem Arbeitnehmer nicht zweifelsfrei bekannt ist — dem Ablehnungsschreiben vorsorglich eine Originalvollmacht beigefügt werden, damit die Erklärung nicht zurückgewiesen werden kann (§ 174 BGB).

2.4 Gründe für die Ablehnung eines Teilzeitantrags

2.4.1 Betriebliche Gründe

Sie können den Antrag auf Reduzierung der Arbeitszeit ablehnen, wenn diesem **„betriebliche Gründe"** entgegenstehen (§ 8 Abs. 4 Satz 1 TzBfG).

Bei der Ablehnungsvoraussetzung „betriebliche Gründe" handelt es sich um einen so genannten unbestimmten Rechtsbegriff. Dieser wird erst durch eine Auslegung konkret. Die Auslegung schließt dabei stets eine Bewertung aller Umstände desjenigen Einzelfalls ein, an dem der unbestimmte Rechtsbegriff konkret angewandt werden soll. Die konkrete Bestimmung des Begriffs anhand der Tatsachen, die dem Fall zugrunde liegen, erfolgt zunächst durch Sie. Die Befugnis, abschließend darüber zu entscheiden, welche Auslegung die Richtige ist, liegt aber bei den Arbeitsgerichten; diesen steht in diesem Sinne die Letztentscheidungskompetenz zu.

Vier Beispiele für betriebliche Gründe

Das TzBfG enthält zur näheren Bestimmung des Begriffs **„betriebliche Gründe"** vier Beispiele. Ein betrieblicher Grund liegt danach insbesondere vor, wenn die Verringerung der Arbeitszeit

1. die Organisation,
2. den Arbeitsablauf oder
3. die Sicherheit im Betrieb wesentlich beeinträchtigt oder
4. unverhältnismäßige Kosten verursacht.

Diese vier Beispiele dienen der Erläuterung des betrieblichen Grundes. Denn nicht jeder Grund genügt: Er muss auch hinreichend gewichtig sein. Das wird auf jeden Fall angenommen, wenn der Arbeitszeitwunsch die Organisation, den Arbeitsablauf oder die Sicherheit des Betriebs wesentlich beeinträchtigt oder unverhältnismäßige Kosten verursacht. Dies gilt sowohl für den Wunsch nach einer Arbeitszeitverringerung als auch nach einer bestimmten Verteilung der Arbeitszeit.

Voraussetzung für einen betrieblichen Grund ist aber nicht generell, dass der Teilzeitwunsch für den Arbeitgeber unzumutbar ist oder wesentliche Beeinträchtigungen zu erwarten sind. Vielmehr genügen nach der Gesetzesbegründung bereits **rationale, nachvollziehbare Gründe**. Der Arbeitgeber muss ein nachvollziehbares, mit betriebswirtschaftlichen, unternehmenspolitischen oder betriebsorganisatorischen Gründen untermauertes Konzept darlegen, das der Verringerung der Arbeitszeit widerspricht.

Ein pauschaler Hinweis auf die aktuelle Wirtschaftslage und damit verbundene interne Umstrukturierungsmaßnahmen genügt nicht. Deshalb können solche Beeinträchtigungen, die stets Folge einer Verringerung oder veränderten Verteilung der Arbeitszeit sind, nicht angeführt werden. Diese sind vom Arbeitgeber hinzunehmen.

2.4.1.1   Grund 1: Beeinträchtigung der Organisation

Der Teilzeitwunsch des Arbeitnehmers muss sich in die von Ihnen als Arbeitgeber vorgegebene Organisation des Betriebs einfügen. Wenn der Teilzeitwunsch die Organisation **wesentlich** beeinträchtigt, darf der Teilzeitantrag abgelehnt werden.

Sie müssen nach den Vorgaben des Bundesarbeitsgerichts eine dreistufige Prüfung durchführen, die ich Ihnen im Folgenden vorstelle. Ergibt diese eine wesentliche Beeinträchtigung Ihrer betrieblichen Organisation kann das Teilzeitverlangen abgelehnt werden.

2.4.1.2   Grund 2: Beeinträchtigung des Arbeitsablaufs

Auch wenn der Teilzeitwunsch den Arbeitsablauf **wesentlich** beeinträchtigt, darf er abgelehnt werden. Unter Arbeitsablauf ist nach der Gesetzesbegründung in erster Linie **der technische Arbeitsablauf** zu verstehen. Dieser ist in der Praxis immer eng mit der **Organisation** verbunden. Die zwei Prüfungspunkte „Organisation" und „Arbeitsablauf" sind daher in vielen Fällen gar nicht getrennt zu betrachten. So sind beispielsweise durch die Organisationsentscheidung „Vollcontibetrieb" (sieben Tage die Woche 24 Stunden pro Tag) die Maschinenlaufzeiten und damit der technische Arbeitsablauf vorgegeben.

> ▶ **BEISPIEL: Schichtmodell**
>
> Sie können als Arbeitgeber nicht gezwungen werden, wegen eines Teilzeitantrags eine halbe Schicht einzuführen. Ein entsprechender Teilzeitantrag könnte also abgelehnt werden, indem der Arbeitgeber auf die durchgängigen Maschinenlaufzeiten, das (Voll-)Schichtmodell und die Organisationsvorgaben bei der Übergabe zum Schichtwechsel hinweist. Allerdings könnte der Teilzeitwunsch durchaus mit dem Arbeitsablauf in Einklang gebracht werden, wenn der Arbeitnehmer zwar volle Schichten ableistet, dafür aber volle Freischichten bzw. eine Freistellung für die Dauer voller Schichten bekommt.

2.4.1.3 Grund 3: Beeinträchtigung der Sicherheit

Wird durch den Teilzeitwunsch die Sicherheit im Betrieb **wesentlich** beeinträchtigt, kann er abgelehnt werden. Dies kommt insbesondere in Betracht, wenn bei Umsetzung des Teilzeitantrags die im Betrieb notwendigen **Sicherheitsstandards** oder Unfallverhütungsvorschriften nicht (mehr) eingehalten werden.

> ▶ **BEISPIEL: Einsatz von zwei Betriebselektrikern pro Schicht**
>
> Der Arbeitgeber hat aufgrund innerbetrieblicher Sicherheitsstandards beschlossen, jeder Schicht regelmäßig zwei Betriebselektriker zuzuordnen. Dies kann dem Teilzeitwunsch eines Betriebselektrikers entgegenstehen. Würde eine Schicht planmäßig nur mit einem Betriebselektriker besetzt, so könnte bei kurzfristigen Ausfällen nicht mehr sichergestellt werden, dass in der betreffenden Schicht überhaupt ein Betriebselektriker arbeitet. Dem steht nicht entgegen, dass der Arbeitgeber in Einzelfällen wegen Urlaub, Krankheit oder sonstigen Abwesenheitsgründen von der Doppelbesetzung abweicht.

2.4.1.4 Grund 4: Unverhältnismäßige Kosten

Dass durch Teilzeitarbeit zusätzliche Kosten entstehen können, hat der Gesetzgeber gesehen. Er hat dies in Kauf genommen — mit dem Hinweis darauf, dass dem Mehraufwand laufende Kosteneinsparungen durch Produktivitätssteigerung und bessere Kapitalnutzung gegenüberstehen können. Wenn sich die Mehrkosten in dem Rahmen bewegen, der sich üblicherweise aus der Einrichtung von Teilzeitarbeitsplätzen ergibt, ist dies daher kein Ablehnungsgrund. Ein Teilzeitwunsch kann aber abgelehnt werden, wenn er „**unverhältnismäßige Kosten**" verursacht.

Auch bei dem Begriff „unverhältnismäßige Kosten" handelt es sich um einen **unbestimmten Rechtsbegriff**, dessen Inhalt zunächst durch den Arbeitgeber und im Streitfall letztlich durch die Arbeitsgerichte zu ermitteln ist. Dabei müssen die Umstände des jeweiligen **Einzelfalls** berücksichtigt werden. Dabei müssen folgende Kosten miteinander ins Verhältnis gesetzt werden: Die Kosten, die üblicherweise mit dem eingerichteten Arbeitsplatz verbunden sind und diejenigen, die bei einer Arbeitsplatzteilung anfallen.

Unbeachtliche Mehrkosten

Grundsätzlich nicht beachtet werden Kosten, die

- wegen der höheren Belastung der Personalabteilung,
- für Anzeigen oder
- für Bewerbergespräche anfallen.

Manchmal haben Neueinstellungen zur Folge, dass bestimmte **Schwellenwerte** überschritten werden. Diese führen beispielsweise dazu, dass die Zahl der Betriebsratsmitglieder (§ 9 BetrVG) oder der freizustellenden Betriebsratsmitglieder (§ 38 BetrVG) erhöht werden muss oder dass die Grenze zur Sozialplanpflicht (§ 111 BetrVG) überschritten wird. Obwohl dadurch weitere — eventuell nicht unerhebliche — Kosten entstehen, sind diese Kosten im Zusammenhang mit der Prüfung der Ablehnung eines Teilzeitantrags unbeachtlich. Denn die Überschreitung der Schwellenwerte wäre keine unmittelbare Folge des Teilzeitanspruchs, sondern gesetzliche Folge der Neueinstellung.

Auch die **Einarbeitungskosten**, die durch eine Arbeitszeitreduzierung und die dadurch notwendige Ersatzeinstellung entstehen, sind **grundsätzlich unbeachtlich**. Die Einarbeitungszeit ist zwar ein „Kostenfaktor", weil sie die Arbeitskraft des einarbeitenden Arbeitnehmers bindet und der Arbeitgeber erst nach Abschluss der Einarbeitung die „volle" Gegenleistung des Arbeitnehmers für die von Anfang an gezahlte Vergütung erhält. Derartige „Einmalkosten" werden von den Arbeitsgerichten aber nur in seltenen Ausnahmefällen als „unverhältnismäßig" angesehen. Das Argument, die Einarbeitung einer Ersatzkraft in Teilzeit sei „unwirtschaftlicher" als die Einarbeitung einer Vollzeitkraft, wird zum Beispiel nicht akzeptiert — auch wenn sie sich wegen des geringeren Arbeitszeitvolumens über einen längeren Zeitraum erstreckt als die Einarbeitung einer Vollzeitkraft. Das wird nach Auffassung des Bundesarbeitsgerichts bereits dadurch ausgeglichen, dass die Teilzeitkraft auf denselben Zeitraum bezogen einen geringeren Verdienst erzielt als die Vollzeitarbeitskraft. Auch der Schluss, „je geringer die arbeitsvertraglich geschuldete Arbeitszeit der Ersatzkraft, umso höher die Einarbeitungskosten", gilt nicht für die anfallenden absoluten Kosten, sondern allenfalls für das Verhältnis zwischen Einarbeitungskosten und Arbeitszeit.

Unverhältnismäßige Einarbeitungskosten

Will der Arbeitgeber geltend machen, dass die Kosten, die mit der Einarbeitung der Ersatzkraft verbunden sind, unverhältnismäßig sind, muss er dies **konkret darlegen**. Allein der Umstand, dass eine Einarbeitungszeit drei bis vier Monate dauert, belegt in der Regel noch nicht das Vorliegen unverhältnismäßiger Kosten oder „entgegenstehender Betriebsablaufstörungen" (BAG, Urteil vom 23.11.2004, 9 AZR 644/03

> ▶ **BEISPIEL: Beachtliche Mehrkosten**
>
> Der Teilzeitwunsch eines Arbeitnehmers hätte die Anschaffung eines weiteren Dienstwagens für den Einsatz einer Ersatzkraft verursacht, die für durchschnittlich neun Wochenstunden eingestellt worden wäre. Hier wurde angenommen, dass unverhältnismäßige Kosten entstehen (das Fahrzeug für einen Monteur im technischen Außendienst kostete mindestens 8.900 Euro bzw. mit den zugehörigen Aufbauten und Materialien insgesamt etwa 15.000 Euro, zuzüglich 6,5 Prozent Zinsen. Bezogen auf eine Abschreibungszeit von fünf Jahren ergab dies monatliche zusätzliche Kosten in Höhe von ca. 331 Euro).
>
> Ein jährlicher Fortbildungsbedarf von 142,5 Stunden, der vom Umfang der regelmäßig anfallenden Wochenarbeitszeit unabhängig war, wurde bezogen auf eine jährliche Arbeitszeit von insgesamt 345 Stunden (7,5 Stunden pro Woche) als außer Verhältnis zur produktiven Arbeitszeit der Teilzeitkraft angesehen. Eine Ersatzkraft für den Teilzeit beantragenden Arbeitnehmer hätte nur dasjenige Fünftel der Arbeitszeit zu leisten gehabt, das infolge der Verringerung abzudecken gewesen wäre (7,5 von 37,5 Stunden pro Woche). Damit befände sie sich zu mehr als 40 Prozent ihrer Arbeitszeit auf Fortbildungsveranstaltungen. Bei einer Vollzeitkraft betrug der Anteil der Fortbildungsveranstaltungen dagegen weniger als neun Prozent der Arbeitszeit. Die Diskrepanz zwischen Personalkostenaufwand und Wertschöpfung wurde als unverhältnismäßig angesehen (BAG, Urteil vom 21.6.2005, 9 AZR 409/04).

2.5 Extra: Dreistufige Prüfung des Ablehnungsgrundes

Das Bundesarbeitsgericht hat in einem Grundsatzurteil vom 18.2.2003, 9 AZR 164/02, entschieden, dass nur solche rational nachvollziehbaren Gründe zur Ablehnung des Teilzeitverlangens berechtigen, die auch **hinreichend gewichtig** sind. Daran hat es seitdem festgehalten. Sie können deshalb die Ablehnung nicht allein mit ihrer abweichenden unternehmerischen Vorstellung von der „richtigen" Arbeitszeitverteilung begründen. Allerdings sind Sie nicht auf die soeben dargestellten Ablehnungsgründe beschränkt. Diese sind lediglich vom Gesetzgeber genannte Beispiele für „betriebliche Gründe", die eine Ablehnung rechtfertigen.

Die Drei-Stufen-Theorie des Bundesarbeitsgerichts

Sie müssen nach den Vorgaben des Bundesarbeitsgerichts immer eine dreistufige Prüfung durchführen. Bei Vorliegen eines betrieblichen Grundes entsprechend dieser Prüfung kann das Teilzeitverlangen abgelehnt werden.

> **● TIPP: Die Drei-Stufen-Theorie zählt**
>
> Die Drei-Stufen-Theorie des Bundesarbeitsgerichts — und damit das Erfordernis eines „gewichtigen Grundes" — steht zwar im Widerspruch zur Gesetzesbegründung, nach der schon rationale, nachvollziehbare Gründe des Arbeitgebers für eine Ablehnung ausreichen. Die Arbeits- und Landesarbeitsgerichte orientieren sich aber zwischenzeitlich flächendeckend an den Vorgaben des BAG. Aus diesem Grund ist dringend zu empfehlen, sich bei der Prüfung eines Teilzeitantrags ebenfalls daran zu orientieren.

2.5.1 Stufe 1: Betriebliches Organisationskonzept

Auf der ersten Stufe benötigen Sie ein betriebliches Organisationskonzept, das der Arbeitszeitregelung zugrunde liegt, die Sie für erforderlich halten. Über dieses Konzept können Sie frei entscheiden. Die unternehmerische Aufgabenstellung, die dem Organisationskonzept zugrunde liegt, sowie die organisatorischen Entscheidungen, die daraus abgeleitet werden, sind von den Arbeitsgerichten hinzunehmen — soweit sie nicht willkürlich sind.

Im Folgenden stelle ich Ihnen einige Beispiele für Organisationskonzepte vor, die von Gerichten anerkannt wurden und zur Ablehnung des Teilzeitverlangens berechtigten.

▶ **BEISPIEL 1: Möglichst kein Wechsel bei der Bezugsperson**

Anerkannt wurde das Konzept des Trägers eines heilpädagogischen Kindergartens. Dieses gibt für die Wahrnehmung von Betreuungs- und Erziehungsaufgaben im Interesse einer kontinuierlichen Betreuung der Kinder vor, dass die für die Arbeit in den Gruppen verantwortlichen Gruppenleiterinnen während der täglichen Öffnungszeiten des Kindergartens durchgehend anwesend sind. Ein Wechsel der Betreuungsperson unterbleibt. Erziehungsarbeit sei immer Beziehungsarbeit. Gerade bei einem geistig behinderten Kind spielten die Dauer einer konstanten Erziehungs- und Förderarbeit, die Begleitung im Tagesablauf in der Einrichtung sowie die kleine Anzahl der konstanten Bezugspersonen in der Gruppe eine wichtige Rolle. Die Qualität der Beziehungen durch konstante Bezugspersonen und somit die Erziehungsarbeit insgesamt werde durch diese Faktoren entscheidend beeinflusst. Die Erzieherinnen erhielten durch zusätzliche Verfügungszeiten Gelegenheit, die mannigfachen weiteren Arbeiten außerhalb der Öffnungszeiten zu erledigen.

▶ **BEISPIEL 2: Ganztägiger personenidentischer Kundenkontakt**

Der Arbeitgeber möchte auf der Grundlage eines servicefreundlichen Organisationskonzepts möglichst jeden Kunden nur von einem Verkäufer bedienen lassen. Dies kann einen entgegenstehenden betrieblichen Grund darstellen, der zur Ablehnung eines Teilzeitarbeitsverlangens führt.

▶ **BEISPIEL 3: One face to the customer**

Als Organisationskonzept auf der ersten Prüfungsstufe anerkannt wurde folgendes Konzept einer Bank: „Alle Kunden unseres Hauses sind Mitarbeitern fest zugeordnet und werden von diesen unter Berücksichtigung des gesamtheitlichen Beratungsansatzes betreut. Die Verantwortung für den Kunden ist ausschließlich bei Servicekunden (‚C-Kunden') teilbar. Bei Kundenberatern und Kundenbetreuern im ‚A-, B- und E-Kundensegment' sowie bei Spezialisten im Anlage- und Kreditbereich gilt der Grundsatz ‚one face to the customer'. Die Kundenverantwortung ist hier nicht teilbar, da die Kundennähe im Sinne einer persönlichen Kundenbindung unser wesentlicher Wettbewerbsvorteil ist. Aufgrund der Eigenheiten des Arbeitsplatzes sind Kassenarbeitsplätze grundsätzlich durch Vollzeitmitarbeiter zu besetzen. Führungspositionen im Markt werden generell nur mit Vollzeitmitarbeitern besetzt."

▶ **BEISPIEL 4: Einheitlicher Marktauftritt**

Das Organisationskonzept des Arbeitgebers, die kreative Tätigkeit einer „Art Directorin" durch nur eine für alle Verlage zuständige Vollzeitmitarbeiterin ausführen zu lassen, kann einem Teilzeitbegehren des Arbeitnehmers entgegenstehen. Hier geht es darum, eine Person mit allen kreativen Fragen für sämtliche Produkte und Verlagsgruppen zu betrauen und so die Einheitlichkeit des Marktauftritts zu gewährleisten.

▶ **BEISPIEL 5: Kundenbetreuung im Außendienst durch Vollzeitmitarbeiter**

Das Prinzip, dass ein Gebiet von einem ganztägig tätigen Außendienstmitarbeiter betreut wird, kann ein beachtenswertes Organisationskonzept darstellen. Dies gilt dann, wenn dem Außendienst die Aufgabe gestellt ist, in einem räumlich großen Gebiet Kunden zu akquirieren und zu betreuen. Die ordnungsgemäße Erledigung dieser Arbeitsaufgabe kann grundsätzlich eine ganztägig zur Verfügung stehende Arbeitskraft bedingen.

Es kann sein, dass die Akquisition und Betreuung von Kunden insbesondere an entfernten Orten im Hinblick auf die Fahrtzeiten und Fahrtkosten anders nicht zu leisten ist. Hinzu kommt die vom Außendienstmitarbeiter zu erwartende zeitliche Flexibilität — wenn es etwa darum geht, nach Möglichkeit auf Terminwünsche von Kunden einzugehen und kurzfristige Ortstermine zu vereinbaren und diese auch selbst beim Kunden wahrzunehmen.

Es gehört zur Organisation und Gestaltung eines Betriebes, die Stärke der Belegschaft festzulegen, mit der das Betriebsziel erreicht werden soll. Dabei wird auch über die Kapazität an Arbeitskräften und Arbeitszeit entschieden und wie diese Kapazität auf die einzelnen Gebiete, die die Außendienstmitarbeiter betreuen, verteilt wird. Der Arbeitgeber ist somit frei, das Kontingent an Arbeitsstunden festzulegen, die er für die Erreichung seiner unternehmerischen Ziele für erforderlich hält.

Dem wirtschaftlichen Risiko des Arbeitgebers entspricht die Befugnis, die grundlegenden Entscheidungen der Geschäftspolitik zu treffen. Im Bereich der Akquisetätigkeit gehört dazu die Entscheidung über den zeitlichen und räumlichen Umfang des Außendienstes.

2.5.1.1 Sonstige Organisationsvorgaben

Es sind auch zahlreiche weitere Organisationsvorgaben denkbar, die dem Teilzeitwunsch eines Arbeitnehmers entgegenstehen können, zum Beispiel

- Team- oder Projektarbeit,
- Arbeiten mit hohem Termindruck,
- Notwendigkeit der Auftragsbearbeitung „aus einer Hand",
- insbesondere bei Führungskräften die Notwendigkeit, an im Voraus nicht absehbaren Besprechungen teilzunehmen,
- bestimmte Maschinenlaufzeiten,
- Schichtsysteme,
- häufige oder umfangreiche Reisetätigkeiten.

2.5.1.2 Grundsatz der Freiheit der Unternehmerentscheidung

Sie sind als Arbeitgeber bei der Festlegung des Organisationskonzepts für Ihren Betrieb oder Ihr Unternehmen frei. Folglich sind die Fälle, in denen die Arbeitsgerichte bereits auf der ersten Prüfungsstufe ein behauptetes Organisationskonzept nicht akzeptieren, sehr selten.

2.5.1.3 Allgemeine Floskeln reichen zur Begründung nicht aus!

Allerdings müssen Sie beachten, dass allein die Absicht, einen Arbeitsplatz nicht teilen zu wollen, noch kein unternehmerisches Konzept darstellt. Allgemeine Floskeln reichen nicht aus.

▶ **BEISPIEL 1: KTQ-zertifizierte Klinik**

Der Betreiber eines Krankenhauses hatte sich auf Folgendes berufen: Sein Organisationskonzept beruhe auf dem Leitbild der KTQ-zertifizierten Klinik. (KTQ steht für „Kooperation für Transparenz und Qualität im Krankenhaus") Die Patienten könnten von ihm eine optimale Qualität in Medizin, Pflege und Service erwarten. Er wolle seine hoch qualifizierten Mitarbeiter kompetent und effizient einsetzen.

Das Anliegen des Arbeitgebers, die Mitarbeiter „kompetent und effizient" einzusetzen, enthält kein Organisationskonzept, dass den Ausschluss von Teilzeitarbeit bedingt. Dass ein Arbeitgeber effizient arbeiten, Reibungspunkte vermeiden und den Verwaltungsaufwand so gering wie möglich halten will, ist selbstverständliches Ziel jeder Einrichtung von Arbeitsplätzen und Planung von Arbeitsabläufen. Stets gilt es, den Anteil der nicht unmittelbar der Arbeitsaufgabe dienenden Tätigkeiten so gering wie möglich zu halten und so genannte unproduktive Zeiten zu minimieren. Für die Beschäftigten in einem Krankenhaus bestehen insoweit keine Besonderheiten.

▶ **BEISPIEL 2: Vollzeitbeschäftigte Leiterin Controlling**

Wenn ein Arbeitgeber vorbringt, dass die Aufgaben einer Führungskraft nach seiner unternehmerischen Zielsetzung von einer vollzeitbeschäftigten Leiterin Controlling erledigt werden sollen, so reicht dies zur Annahme eines Organisationskonzepts nicht aus. Das gilt auch für Leitungsfunktionen. Sonst könnte der Arbeitgeber jedem Teilzeitverlangen mit dem Argument begegnen, er wolle nur Vollzeitarbeitnehmer beschäftigen.

Der vom Arbeitgeber geäußerte Wille, die Kundenbeziehungen zu intensivieren, ist eine gerichtlich nicht überprüfbare und daher anzuerkennende Motivation. Diese Motivation führt aber nicht automatisch zum Ausschluss von Teilzeitarbeit in allen Abteilungen und auf allen Arbeitsplätzen. Je näher das behauptete unternehmerische Konzept an die Entscheidung, keine Teilzeitbeschäftigung zuzulassen, heranrückt, umso besser muss dieses Konzept dargelegt werden.

Ein genereller und im Übrigen nicht spezifizierter Beschluss eines Arbeitgebers, keine weiteren Teilzeitverträge abzuschließen, ist deckungsgleich mit dem Entschluss, Teilzeitbegehren der Arbeitnehmer abzulehnen. In einem solchen Fall muss das unternehmerische Konzept extrem gut dargelegt werden, um anerkannt zu werden.

> **BEISPIEL: Intensivierung der Kundennähe**
>
> Eine kleine Bank hat das Ziel, den Kunden durch messbare Kundennähe, persönliche Erreichbarkeit und individuelle Ansprechbarkeit einen Gegenwert dafür zu bieten, dass sie gegebenenfalls etwas schlechtere finanzielle Konditionen als die Groß- und Direktbanken bietet. Dies ist ein anzuerkennendes Unternehmenskonzept. Es widerspricht aber nicht zwangsläufig der Teilzeitarbeit. Auch in Teilzeit beschäftigte Bankangestellte können Kundennähe in dem Sinne gewährleisten, dass ein Kunde seine Bankgeschäfte im individuellen ausführlichen Gespräch abwickeln kann, ohne auf technische Substitute zurückgreifen zu müssen und ohne lange Wartezeiten befürchten zu müssen. Die Intensität dieser individuellen Betreuung ist eher eine Frage des Personalschlüssels in der jeweiligen Filiale als eine Frage der persönlichen Arbeitszeit des einzelnen Angestellten. Gleiches gilt für die persönliche Erreichbarkeit und die individuelle Ansprechbarkeit.

2.5.1.4 Organisationskonzept muss „gelebt" werden

Die tatsächliche Durchführung des Konzepts im Betrieb kann und wird von den Arbeitsgerichten vollumfänglich **überprüft**. Es genügt also nicht, lediglich ein bestimmtes Organisationskonzept zu behaupten — dieses Konzept muss im Betrieb auch durchgeführt, das heißt tatsächlich „gelebt" werden.

2.5.2 Stufe 2: Kollision des Teilzeitwunsches und etwaige Änderungsmöglichkeiten für Arbeitgeber

Auf der zweiten Stufe ist zu prüfen, inwieweit Ihre Arbeitszeitregelungen dem Arbeitszeitverlangen des Arbeitnehmers tatsächlich entgegenstehen. Folgende Frage wird dabei gestellt:

Kann der betrieblich als erforderlich angesehene Arbeitszeitbedarf mit dem individuellen Arbeitszeitwunsch des Arbeitnehmers unter Wahrung des Organisationskonzepts zur Deckung gebracht werden?

Ist eine Änderung der betrieblichen Abläufe oder des Personaleinsatzes möglich, die Ihnen als Arbeitgeber zugemutet werden kann?

> ▶ **BEISPIEL: Arbeitszeitwunsch kollidiert mit pädagogischem Konzept**
>
> Die von einer Gruppenleiterin gewünschte Verringerung ihrer Arbeitszeit um zehn Stunden und die Verteilung der Stunden auf vier Vormittage würde dazu führen, dass die Arbeitszeit der Gruppenleiterin noch während der Öffnungszeiten des Kindergartens enden würde.
> Das ist mit dem Betreuungskonzept des Trägervereins als Arbeitgeber unvereinbar. Maßnahmen, die den Arbeitszeitwunsch der Gruppenleiterin mit dem pädagogischen Konzept harmonisieren könnten, wurden nicht entwickelt.

2.5.2.1 Informationsaustausch kollidiert nicht zwangsläufig mit Organisationskonzept

Dass zwei Teilzeitkräfte Informationen austauschen müssen, führt nicht zwangsläufig zu einer Kollision mit dem Konzept, dass innerhalb des Betriebs lückenlos über alle Gegebenheiten und Sachverhalte informiert werden muss.

Die Reibungsverluste und Ablaufstörungen, die üblicherweise mit einer Arbeitsplatzteilung einhergehen, sind vom Arbeitgeber grundsätzlich hinzunehmen. Nur wenn im Einzelfall die Reibungsverluste sehr groß werden, gelten sie als betriebliche Gründe, die einer Teilung des Arbeitsplatzes entgegenstehen können.

> ▶ **BEISPIEL: Große Reibungsverluste stehen Arbeitsplatzteilung entgegen**
>
> Eine unproduktive 45-minütige Übergabezeit während der Mittagessenszeit kann einen solchen betrieblichen Grund darstellen.

2.5.2.2 Kollisionsvermeidung durch Arbeitszeitverteilung

Wenn ein Arbeitnehmer eine Verringerung seiner regelmäßigen Arbeitszeit geltend machen will, ohne dass er eine bestimmte **Verteilung** der reduzierten Arbeitszeit beantragt, überlässt er es dem Arbeitgeber, die Arbeitszeit nach eigenen Vorstellungen zu verteilen. Dieser soll sie in Ausübung seines Direktionsrechts nach billigem Ermessen festlegen.

Wenn Sie als Arbeitgeber der Verringerung der Arbeitszeit widersprechen wollen, müssen Sie in einem solchen Fall darlegen, dass die betrieblichen Gründe, die der Verringerung der Arbeitszeit entgegenstehen, nicht dadurch beseitigt werden können, dass Sie das Weisungsrechts bei der Verteilung der Arbeitszeit ausüben (§ 106 Satz 1 GewO).

2.5.2.3 Stellenteilung während der Elternzeit als Indiz für Teilbarkeit

Wenn die Teilung eines Arbeitsplatzes bereits seit zwei Jahren störungsfrei funktioniert — zum Beispiel während der Elternzeit der Stelleninhaberin —, kann dies ein **Indiz für** eine in der Praxis mögliche **Teilbarkeit** sein.

Sie müssen als Arbeitgeber deshalb vortragen, wenn Sie dem nach Ende der Elternzeit gestellten Teilzeitantrag widersprechen wollen, inwieweit Ihr unternehmerisches Konzept während der Elternzeit beeinträchtigt worden ist oder welche konkreten Störungen Sie erwarten, wenn die in der Elternzeit geübte Verteilungspraxis dauerhaft fortgeführt wird.

2.5.2.4 Umstellung einer Vollzeit- auf zwei Teilzeitstellen

Die Umstellung des Organisationskonzepts von einer Vollzeit- auf zwei Teilzeitstellen scheidet aus, wenn betriebstechnische, wirtschaftliche oder sonstige berechtigte betriebliche Bedürfnisse die Beschäftigung einer ganztags tätigen Vollzeitkraft erfordern und die Aufteilung des Aufgabenbereichs auf zwei Teilzeitkräfte — falls praktisch überhaupt realisierbar — als betriebswirtschaftlich nicht vernünftig erscheint.

2.5.2.5 Ausnahmesituation ist kein Indiz für Teilbarkeit

Das Prinzip, dass ein Gebiet von einem ganztägig tätigen Außendienstmitarbeiter betreut wird, wird nicht dadurch aufgegeben oder obsolet, dass während Urlaubs-, Krankheits- oder sonstigen Ausfallzeiten das Gebiet verwaist ist. Dabei handelt es sich um Ausnahmesituationen. Dass solche Situationen eintreten, ändert nichts an der organisatorischen Vorgabe und betriebswirtschaftlichen Notwendigkeit, grundsätzlich das Gebiet ständig durch einen ganztägig tätigen Außendienstler zu besetzen.

2.5.3 Stufe 3: Wesentliche Beeinträchtigung betrieblicher Belange

Diese Stufe wird relevant, wenn das Arbeitszeitverlangen des Arbeitnehmers nicht mit Ihrem organisatorischen Konzept und der daraus folgenden Arbeitszeitregelung in Übereinstimmung gebracht werden kann. Auf dieser dritten Stufe wird das **Gewicht der betrieblichen Gründe** geprüft, die dem Arbeitszeitverlangen des Arbeitnehmers entgegenstehen. Geprüft wird hier, ob die vom Arbeitnehmer gewünschte Abweichung die besonderen betrieblichen Belange oder das betriebliche Organisationskonzept und die ihm zugrunde liegende unternehmerische Aufgabenstellung **wesentlich**, das heißt erheblich, beeinträchtigt.

> ▶ **BEISPIEL: Wechsel in der Gruppenleitung wäre erheblich**
>
> Die beantragte Arbeitszeitreduzierung einer Gruppenleiterin beeinträchtigt das Konzept des Trägervereins wesentlich. Die durchgängige tägliche Anwesenheit der Gruppenleitung ist Kern des Betreuungskonzepts. Der Einsatz von Hilfskräften oder Neueinstellungen wäre nicht geeignet, die Beeinträchtigung zu beheben. Eine Hilfskraft wäre kein ausreichender „Ersatz" für eine Gruppenleiterin. Die zusätzliche Einstellung einer teilzeitbeschäftigten Gruppenleiterin führte zu eben den Störungen im Kindergartenalltag, die aus pädagogischen Gründen zu verhindern sind. Die Kinder müssten sich innerhalb desselben Tages auf eine weitere Bezugsperson umstellen.

„One face to the customer" im Kassenbereich einer Bank

Das Prinzip „one face to the customer" kann bei einem Bankunternehmen im ländlichen Bereich einen gewissen Wettbewerbsvorteil mit sich bringen (siehe Kapitel 2.5.1, Beispiel 3).

Jedoch kann von diesem aus Wettbewerbsgründen angewandten Prinzip — im Vergleich zu Arbeitsplätzen in der Kundenberatung — bei Arbeitsplätzen im Bereich der Kasse in größerem Umfang abgewichen werden. Denn es ist nicht ohne Weiteres ersichtlich, dass Abweichungen von dem Prinzip „one face to the customer" den Geschäftserfolg einer Bank erheblich beeinträchtigen könnten.

2.5.4 Motiv des Arbeitnehmers ist unbeachtlich

Nach der gesetzlichen Konzeption des Verringerungs- und Neuverteilungsanspruchs kommt es auf das Motiv oder den Grund des Arbeitnehmers für die beantragte Arbeitszeitverringerung nicht an. Persönliche Belange sind in § 8 TzBfG nicht erwähnt. Auch die im Gesetz aufgezählten Beispiele stellen allein auf die **betriebliche Situation** ab, nicht auf die **Lebenssituation des Arbeitnehmers**. Deshalb können Sie als Arbeitgeber einem Teilzeitantrag auch nicht entgegenhalten, die Gründe des Arbeitnehmers seien im Vergleich zu den betrieblichen Belangen weniger schutzwürdig.

> ▶ **BEISPIEL: Kinderbetreuung oder Reduzierung nach Erbschaft**
>
> Ob eine Arbeitnehmerin ihre Arbeitszeit reduzieren möchte, um ihre Kinder zu betreuen, oder ob sie es sich nach einer größeren Erbschaft wirtschaftlich leisten kann, weniger zu arbeiten, ist für die Erfolgsaussichten des jeweiligen Teilzeitantrags völlig unerheblich. Die in § 8 Abs. 4 Satz 2 TzBfG definierten entgegenstehenden betrieblichen Gründe haben keinen Bezug zu der Lebenssituation des Arbeitnehmers.

2.5.5 Ablehnung wegen tariflicher Regelungen

Bei der Beurteilung eines Verteilungswunsches ist immer auch das für das Arbeitsverhältnis geltende Tarifrecht zu beachten.

2.5.5.1 Überforderungsquote

Das Bundesarbeitsgericht erkennt an, dass es ein einer Arbeitszeitverringerung entgegenstehender betrieblicher Grund sein kann, wenn eine festgelegte **Quote von Teilzeitarbeitsverhältnissen** im Verhältnis zu Vollzeitarbeitsplätzen überschritten wird. In einem solchen Fall genügt es, wenn der Arbeitgeber darlegt, dass die Quote überschritten ist. Eine wesentliche Beeinträchtigung braucht er darüber hinaus nicht vorzutragen.

Die Festlegung einer so genannten Überforderungsquote ist jedoch den Tarifvertragsparteien vorbehalten (§ 8 Abs. 4 Satz 3 TzBfG). Das bedeutet, dass es möglich ist, eine solche **Quote** zum Beispiel auch in einen Haustarifvertrag aufzunehmen. Wegen des Tarifvorbehalts ist die Vereinbarung einer Überforderungsquote mit dem Betriebsrat allerdings unzulässig und deshalb nicht möglich.

2.5.5.2 Störung tariflicher Arbeitszeitmodelle

Bewirkt die gewünschte Arbeitszeitreduzierung eine erhebliche Störung der vom Arbeitgeber durchzuführenden tariflichen Arbeitszeitmodelle, so kann der Arbeitgeber ein entsprechendes Verringerungsverlangen wegen entgegenstehender betrieblicher Gründe ablehnen.

2.5.5.3 Festlegung der Arbeitswoche als Bezugsrahmen

Häufig legt der geltende Tarifvertrag für Vollzeitbeschäftigte eine durchschnittliche wöchentliche Arbeitszeit fest. Diese Arbeitswoche bildet dann den Bezugsrahmen und zugleich die Grenze für die **Verteilung der Arbeitszeit**. Dies bedeutet einerseits, dass die verringerte Arbeitszeit innerhalb einer Arbeitswoche auch abweichend verteilt werden kann. Damit ist aber andererseits auch festgelegt, dass in jeder Arbeitswoche Arbeitsstunden zu leisten sind. Nullarbeitszeit für Arbeitswochen kann in einem Teilzeitverlangen also nicht beansprucht werden. Eine Freistellung über eine oder mehrere Wochen oder Monate lässt sich mit dem tarifvertraglich vorgesehenen Modell der wöchentlichen Arbeitszeit nicht in Übereinstimmung bringen. Damit besteht kein Anspruch darauf, die Arbeitszeit, die nach einer Verringerung der Arbeitszeit auf die Hälfte verbleibt, so zu verteilen, dass im Wechsel ein Monat gearbeitet wird und ein Monat arbeitsfrei ist.

2.5.6 Weitere Ablehnungsgründe

2.5.7 Fehlende Ersatzkraft

Das Fehlen einer geeigneten Ersatzkraft für die Stunden, die infolge der Arbeitszeitverringerung ausfallen, kann ein berechtigter Ablehnungsgrund sein. Ihr Einwand als Arbeitgeber, für die durch den Teilzeitwunsch frei werdende Arbeitszeit keine geeignete zusätzliche Arbeitskraft finden zu können, kann somit die Ablehnung des Antrags rechtfertigen. Allerdings müssen Sie als Arbeitgeber nachweisen, dass eine dem Berufsbild des Antragstellers entsprechende zusätzliche Arbeitskraft auf dem maßgeblichen Arbeitsmarkt nicht zur Verfügung steht.

Ein Hauptgrund gegen einen Teilzeitanspruch ist in vielen Branchen also der **Fachkräftemangel**. Denn gesuchte Fachkräfte stehen häufig nicht als Teilzeitkräfte zur Verfügung, die entsprechend der gewünschten Verteilung der Arbeitszeit des anderen Arbeitnehmers eingesetzt werden könnten.

！ ACHTUNG: Nachweispflicht!

Wenn Sie sich als Arbeitgeber bei der Ablehnung des Teilzeitantrags darauf berufen, dass eine benötigte Ersatzkraft weder am Arbeitsmarkt noch im Betrieb verfügbar ist, müssen Sie dies im Streitfall auch nachweisen können.

Hierzu empfiehlt es sich, zumindest die Agentur für Arbeit einzuschalten und nachzufragen, ob ein Arbeitnehmer mit vergleichbaren Qualifikationen verfügbar ist, der seine Arbeitszeit verringern möchte. Dabei muss die gesuchte Ersatzkraft die Anforderungen an den Arbeitsplatz erfüllen. Die Ersatzkraft muss außerdem bereit sein, die Arbeitsstelle in dem Umfang und entsprechend der Verteilung anzunehmen, welche der gewünschten Reduzierung und Verteilung des Antragstellers entspricht.

Aus Dokumentationsgründen empfiehlt es sich, die Auskunft der Agentur für Arbeit schriftlich einzuholen.

Außerdem sollten Sie bei der Suche einer Ersatzkraft die Ausschreibungs- und Personalbeschaffungswege beschreiten, die Sie üblicherweise wählen.

Ob eine Ersatzkraft „geeignet" ist oder nicht, richtet sich nach den anfallenden Arbeitsaufgaben. Eine Einarbeitungszeit ist dabei in Kauf zu nehmen. Geeignet ist eine Kraft, die dem **Anforderungsprofil** entspricht, das Sie üblicherweise bei der Nachbesetzung von Stellen aufstellen. Auf erfolglose Bemühungen zur Nachbesetzung können Sie sich regelmäßig nur berufen, wenn Sie bei der Ausschreibung keine höheren Anforderungen aufgestellt haben als diejenigen, die Sie üblicherweise verlangen.

Zum Nachweis dafür, dass Sie keine geeignete Ersatzkraft gefunden haben, gehört auch das **Ergebnis einer** innerbetrieblichen und außerbetrieblichen **Stellenausschreibung**; soweit bei Ihnen üblich in der regionalen oder überregionalen Tageszeitung oder in Internetjobbörsen etc.

！ ACHTUNG: Zeitschiene beachten!

Der Arbeitnehmer muss den Teilzeitantrag spätestens drei Monate vor dem gewünschten Beginn stellen. Die schriftliche Ablehnung des Arbeitgebers muss dem Arbeitnehmer spätestens einen Monat vor dem gewünschten Beginn zugehen. Das heißt: Ihnen als Arbeitgeber stehen zwei Monate zur Verfügung, um den Antrag zu bearbeiten, ihn mit dem Arbeitnehmer zu erörtern, Gespräche mit den Vorgesetzten zu führen, Kontakt mit der Agentur für Arbeit aufzunehmen und eventuelle inner- und außerbetriebliche Stellenausschreibungen vorzunehmen. Dieser Zeitrahmen ist nicht sehr üppig. Deshalb müssen Sie auf einen eingehenden Teilzeitantrag zeitnah reagieren und die notwendigen Klärungen und Maßnahmen schnell in die Wege leiten.

2.5.7.1 Verweis auf Zeitarbeit oder Subunternehmer

Der antragstellende Arbeitnehmer kann Sie nicht in jedem Fall darauf verweisen, zum Ausgleich der ausfallenden Arbeitszeit Leiharbeit in Anspruch zu nehmen.

Zulässig ist dies aber dann, wenn Sie im Betrieb ohnehin auf Leiharbeit als **übliche Maßnahme** zurückgreifen. Ist dies der Fall, sollten Sie bei einer Ablehnung des Teilzeitantrags nachweisen können, dass Sie sich bei mehreren Personaldienstleistungsunternehmen um eine entsprechende Ersatzkraft bemüht haben. Die Anfrage bei lediglich einem Personaldienstleistungsunternehmen wäre nicht ausreichend, um darzulegen, dass eine Teilzeitersatzkraft auf dem maßgeblichen Arbeitsmarkt nicht zur Verfügung steht. Allerdings könnte von Ihnen allenfalls nur vorübergehend der Einsatz eines Leiharbeitnehmers verlangt werden. Die dauerhafte Besetzung eines Dauerarbeitsplatzes mit einem Leiharbeitnehmer wäre vom AÜG nicht gedeckt.

Auch der Hinweis des Arbeitnehmers, Sie könnten ja für die Arbeitszeit, die durch die Reduzierung fehlt, einen Subunternehmer einschalten, ist grundsätzlich unbeachtlich. Eine Ausnahme gilt allenfalls, wenn Sie in dem betreffenden Bereich bereits in der Vergangenheit regelmäßig mit Subunternehmern gearbeitet haben.

2.5.7.2 Ausgleich durch Überstunden kann nicht verlangt werden

Der Arbeitnehmer, der einen Teilzeitantrag stellt, kann von Ihnen als Arbeitgeber nicht verlangen, dass Sie den durch die gewünschte Arbeitszeitreduzierung entstehenden Arbeitszeitausfall durch die Anordnung dauernder Überstunden für andere Arbeitnehmer ausgleichen. Genau so wenig kann von Ihnen die Einstellung einer Vollzeitkraft verlangt werden, die einerseits die durch die Arbeitszeitreduzierung des Teilzeiters frei werdenden Stunden übernimmt und andererseits zum Abbau von Überstunden anderer Arbeitnehmer beschäftigt wird.

2.5.8 Künstlerische Gründe

Dem Teilzeitwunsch eines Arbeitnehmers können auch künstlerische Belange entgegenstehen. Die durch das Grundgesetz **geschützte Kunstfreiheit** (Art. 5 Abs. 3 Satz 1 GG) schützt auch die künstlerischen Vorstellungen. Es können deshalb auch subjektive künstlerische Gesichtspunkte dem Teilzeitwunsch entgegenstehen. Dabei dürfen die Arbeitsgerichte keine überzogenen Anforderungen an die Darlegung der Beeinträchtigung der Kunstfreiheit durch die verlangte Verringerung der Arbeitszeit stellen. Die Gründe müssen jedoch nachvollziehbar sein.

> ▶ **BEISPIEL: Konzept der „Homogenität des Orchesters"**
>
> Ein Konzept der „Homogenität des Orchesters", das sicherstellen soll, dass die vollzeitbeschäftigten Musiker sich in den Proben und Vorstellungen aufeinander einspielen, ist denkbar. So soll die Klangkultur und der Qualitätsanspruch des Orchesters erhalten werden.
>
> Allerdings muss im Einzelfall nachgewiesen werden, dass eine Teilzeitbeschäftigung die qualitativ hochwertige Erfüllung des künstlerischen Auftrags behindert, weil die Mitwirkung teilzeitbeschäftigter Musiker die Klangkultur und Homogenität des Orchesters beeinträchtigt und die erforderliche Harmonie mit vollschichtig tätigen Berufsmusikern nicht hergestellt werden kann. Wenn der Orchestervorstand und der Chefdirigent einer Teilzeittätigkeit von Musikern generell ablehnend gegenüber stehen, sagt dies noch nichts darüber aus, ob der Teilzeitwunsch der Klägerin künstlerische Vorstellungen beeinträchtigt.

2.5.9 Sonstige betriebliche Gründe

2.5.9.1 Berechtigung zur betriebsbedingten Kündigung

Ein betrieblicher Grund für die Ablehnung eines Teilzeitantrags, liegt ferner vor, wenn der Arbeitgeber dem Arbeitsplatzinhaber betriebsbedingt kündigen könnte, sofern er einen solchen Arbeitsvertrag besäße, wie er ihn mit dem Teilzeitantrag anstrebt.

Betriebsbedingte Kündigungen sind dann möglich, wenn es der **unternehmerischen Entscheidung** unterliegt, ob der Betriebsablauf den Einsatz von Voll- oder Teilzeitkräften erfordert oder ob eine Umwandlung von Teil- in Vollarbeitszeitplätze erforderlich ist. Dies ist nach § 1 Abs. 2 KSchG nur eingeschränkt nachprüfbar Die Umwandlung einer Teilzeit- in eine Vollzeitstelle kann ein Grund für die soziale Rechtfertigung einer betriebsbedingten Änderungskündigung sein.

2.5.9.2 Genehmigungserfordernis für Refinanzierung

Die Ablehnung eines Arbeitszeitverringerungswunsches erfolgt aus „betrieblichen Gründen", wenn der **gemeinnützige Betreiber** einer Einrichtung, der auf die Refinanzierung seiner Betriebskosten durch die öffentliche Hand angewiesen ist, für die Einrichtung der Teilzeitstelle die Genehmigung durch den Kostenträger benötigt und die Genehmigung weder vorliegt noch zu erwarten ist, dass sie erteilt wird — entsprechend dem mit dem Arbeitnehmer abgestimmten Antrag.

▶ **BEISPIEL: gemeinnütziger Betreiber einer Kindertagesstätte**

Der Ablehnung einer Kindertagesstätte lag die unternehmerische Konzeption des Arbeitgebers zugrunde, Arbeitnehmer nur einzustellen, wenn dies von der Betriebserlaubnis gedeckt ist. Denn dies bedeutet, dass die Refinanzierung der Personalkosten, die durch die Anstellung entstehen, gesichert ist. Die öffentliche Stelle, die den Einrichtungsträger (re-)finanzierte, stellte diesem nicht allgemein Finanzmittel für den Personalbedarf zur Verfügung. Sondern sie griff über die Betriebserlaubnis mit dem Personalschlüssel sowie mit weiteren Genehmigungs- und Finanzierungsvorbehalte unmittelbar und regulativ in die personelle Planungskompetenz und wirtschaftliche Dispositionsfreiheit des Arbeitgebers ein. Dieser konnte sich, wenn er nicht unternehmerisch unverantwortlich handeln wollte, über diese Zwänge nicht hinwegsetzen

Im oben geschilderten Fall wird wegen der Besonderheiten des Einzelfalles zwischen gemeinnützigen Trägern und Wirtschaftsunternehmen unterschieden. Grundsätzlich gelten für alle Arbeitgeber aber dieselben Voraussetzungen.

! **ACHTUNG: Unterscheidung zum Ablehnungsgrund „unverhältnismäßige Kosten"**

Die Kosten, die dadurch entstehen, dass eine beantragte Teilzeitstelle nicht genehmigt wird, müssen nicht unverhältnismäßig sein. Es reicht aus, dass sich durch die Arbeitsplatzteilung, die mit einer Zustimmung zum Teilzeitantrag verbunden wäre objektiv nachvollziehbar Mehrkosten ergeben, die nicht unerheblich sind und die der Arbeitgeber nicht aufbringen kann, da ihm nur begrenzte Mittel zur Verfügung stehen und er keiner eigenwirtschaftlichen Tätigkeit nachgeht.

2.5.9.3 Gruppenleiter in Behindertenwerkstatt

Ein Arbeitgeber, der Betreiber einer Werkstatt für behinderte Menschen ist, kann entscheiden, die Stellen von Gruppenleitern nur mit Vollzeitbeschäftigten zu besetzen. Gruppenleiter müssen über eine handwerkliche und eine pädagogische Zusatzausbildung verfügen. Eine solche Entscheidung des Arbeitgebers kann dem Teilzeitverlangen eines Gruppenleiters entgegenstehen.

> ▶ **BEISPIEL: Behindertenwerkstatt mit speziellem Betreuungskonzept**
>
> Ein Gruppenleiter möchte seine Arbeitszeit auf 3/5 reduzieren und auf Montag bis Mittwoch verteilen. Der Ablehnung des Arbeitgebers lag das gerichtlich gebilligte pädagogische Konzept zugrunde, die Bezugsperson der betreuten behinderten Menschen konstant zu halten. Denn ein Gruppenleiter baut zu den von ihm betreuten Personen wichtige Beziehungen auf. Er ist verlässlich und ein pädagogisch geschulter Partner, der nicht beliebig zu ersetzen oder auszutauschen ist. Arbeit mit behinderten Menschen ist hauptsächlich Beziehungsarbeit. Es kann behinderten Menschen in der Produktion daher nicht zugemutet werden, sich für einige Stunden der Woche an fremde Personen zu wenden, zu denen sie noch kein Vertrauen haben.

2.5.10 Ablehnung nur der Arbeitszeitverteilung

Die im Gesetz aufgezählten Beispiele für entgegenstehende betriebliche Gründe gelten nach dem klaren Gesetzeswortlaut nur für die Frage der **Verringerung** der Arbeitszeit. Allgemein wird aber angenommen, dass diese **Beispiele und Maßstäbe ebenfalls gelten**, wenn es darum geht, die vom Arbeitnehmer gewünschte **Verteilung** der reduzierten Arbeitszeit zu beurteilen.

Für eine solche Handhabung sprechen Gründe der Praktikabilität und Rechtssicherheit. Dafür spricht auch, dass die Gesetzesbegründung der betrieblichen Gründe gleichermaßen auf Verringerung und Verteilung der Arbeitszeit Bezug nimmt. Das heißt: Auch die vom Arbeitnehmer gewünschte Verteilung der reduzierten Arbeitszeit muss sich in das Organisationskonzept und den Arbeitsablauf einfügen, die der Arbeitgeber vorgibt.

Besteht ein Anspruch auf eine Vier-Tage-Woche?

§ 8 TzBfG begründet nicht nur für die Verringerung der Arbeitszeit, sondern auch für ihre **Verteilung einen Anspruch auf Vertragsänderung** — bis zu den Grenzen des Rechtsmissbrauchs (§ 242 BGB). Der Arbeitnehmer kann deshalb nicht nur eine proportionale Verkürzung der Arbeitszeit an fünf Tagen von Montag bis Freitag verlangen. Er hat — wenn dem keine betrieblichen Gründe entgegenstehen — auch einen Anspruch darauf, in einer Vier-Tage-Woche statt in der Fünf-Tage-Woche zu arbeiten. Wortlaut und Zusammenhang des Gesetzes geben nicht vor, dass der Arbeitnehmer sich auf das arbeitsvertraglich vereinbarte Arbeitszeitverteilungsmodell beschränken muss.

2.6 Wie der Arbeitnehmer bei Ablehnung reagieren kann

Wenn Sie den Teilzeitantrag eines Arbeitnehmers rechtzeitig und in der gesetzlich vorgesehenen Schriftform ablehnen, bleibt es zunächst bei der Arbeitszeit, die ursprünglich arbeitsvertraglich vereinbart wurde. Der Arbeitnehmer ist verpflichtet im bisherigen zeitlichen Umfang und mit der bisherigen Verteilung der Arbeitszeit weiter zu arbeiten. Eine **eigenmächtige Reduzierung** kann — nach vorheriger erfolgloser Abmahnung — zu einer außerordentlichen Kündigung wegen Arbeitsverweigerung führen.

2.6.1 Klage beim Arbeitsgericht

Will er sein Teilzeitverlangen durchsetzen, muss er dies mit Hilfe des Arbeitsgerichts tun. Eine **Frist**, innerhalb der die Klage nach der Ablehnung des Antrags erhoben werden muss, gibt es nicht. Die Klagemöglichkeit kann allerdings nach Treu und Glauben verwirkt werden (§ 242 BGB). Dies ist der Fall, wenn der Arbeitnehmer nach der Ablehnung über einen Zeitraum von mehreren Monaten keine Klage erhebt und aus den Umständen — insbesondere seiner Reaktion — zu entnehmen ist, dass er die Ablehnung hinnimmt.

Erst bei Rechtskraft tritt Änderung ein

Bei einer Klage muss der Arbeitnehmer die Zustimmung zu einer Vertragsänderung geltend machen. Das heißt, er muss auf Abgabe einer **zustimmenden Willenserklärung** durch den Arbeitgeber klagen.

Die Zustimmung zur Vertragsänderung gilt allerdings erst mit der Rechtskraft des Urteils als erteilt. Das heißt: Wenn der Arbeitnehmer in erster Instanz vor dem Arbeitsgericht zwar obsiegt, der Arbeitgeber aber in **Berufung** zum Landesarbeitsgericht geht, bleibt der ursprüngliche Arbeitsvertrag bestehen. Es gelten also weder veränderte Arbeitszeiten noch eine neue Verteilung, bis das Urteil rechtskräftig wird.

2.6.2 Einstweilige Verfügung

Wie oben dargestellt, gilt die vom Arbeitnehmer beantragte Verringerung des Arbeitszeitumfangs und ihre Verteilung immer erst ab Rechtskraft eines Urteils. Dies wird regelmäßig Monate, unter Berücksichtigung eines Streits durch mehrere Instanzen manchmal Jahre dauern. Aus diesem Grund kann der Arbeitnehmer versuchen, den Erlass einer einstweiligen Verfügung zu erreichen. Der Anspruch eines Arbeitnehmers auf Reduzierung der Arbeitszeit kann grundsätzlich auch auf dem Weg der einstweiligen Verfügung durchgesetzt werden.

Allerdings handelt es sich bei der begehrten einstweiligen Verfügung um eine so genannte Leistungsverfügung. Diese dient nicht nur der Sicherung des streitigen Anspruchs, sondern führt zu seiner teilweisen oder völligen Befriedigung. Deshalb werden von den Arbeitsgerichten in entsprechenden Verfahren **strenge Anforderungen** gestellt, wenn es darum geht, den Anspruch auf eine einstweilige Verfügung darzulegen und glaubhaft zu begründen.

Der Arbeitnehmer muss glaubhaft machen, dass er einen Anspruch auf Verringerung der Arbeitszeit und gegebenenfalls einen Anspruch auf Arbeitszeitverteilung entsprechend seinem Antrag hat. Sie als Arbeitgeber müssen demgegenüber glaubhaft machen, dass der beantragten Arbeitszeitverringerung und/oder deren Verteilung betriebliche Gründe entgegenstehen. Es kann passieren, dass die **Gründe**, die der Arbeitnehmer für das Teilzeitverlangen glaubhaft anführt, in etwa **gleichgewichtig** sind mit den **Gründen**, die Sie als Arbeitgeber für dessen Ablehnung angeben. Dann kann das Arbeitsgericht die einstweilige Verfügung nur erlassen, wenn ein Obsiegen des Arbeitnehmers in der Hauptsache überwiegend wahrscheinlich ist.

2.6.2.1 Gründe für eine einstweilige Verfügung

Ein Verfügungsgrund liegt **nur ausnahmsweise** vor. Entstehen dem Arbeitnehmer wesentliche Nachteile, wenn er die Entscheidung im Hauptsacheverfahren abwartet, kann die einstweilige Verfügung zur Abwehr dieser Nachteile erforderlich erscheinen.

> ▶ **BEISPIEL: Kinderbetreuung als Verfügungsgrund**
>
> Ein Verfügungsgrund kann gegeben sein, wenn eine Arbeitnehmerin ohne die beantragte Arbeitszeitverkürzung nicht in der Lage ist, die Betreuung ihrer Kinder zuverlässig zu gewährleisten. Sie hat dann darzulegen und glaubhaft zu machen, dass sie alle ihr zumutbaren Anstrengungen unternommen hat, die Betreuung der Kinder sicherzustellen. Ähnliches gilt, wenn pflegebedürftige Angehörige betreut werden müssen.

2.7 Folgen einer Teilzeitvereinbarung

2.7.1 Das Diskriminierungsverbot

Das TzBfG verbietet, einen teilzeitbeschäftigten Arbeitnehmer wegen der Teilzeitarbeit schlechter zu behandeln als einen vergleichbaren vollzeitbeschäftigten Arbeitnehmer. Eine Ausnahmeregelung gibt es dafür, dass sachliche Gründe eine unterschiedliche Behandlung rechtfertigen (§ 4 Abs. 1 TzBfG). **Verboten ist also eine Benachteiligung** des teilzeitbeschäftigten Arbeitnehmers. Demgegenüber ist eine Bevorzugung von Teilzeitbeschäftigten kein Verstoß gegen das Diskriminierungsverbot.

2.7.1.1 Betroffene Regelungen

Vom allgemeinen Schlechterstellungsverbot erfasst werden Regelungen über

- die Dauer, Lage und Verteilung der Arbeitszeit,
- die Aufstellung von Urlaubsgrundsätzen,
- die Möglichkeit der Teilnahme an Weiterbildungen sowie sonstigen betrieblichen Aktivitäten,
- den Zugang zu betrieblichen Einrichtungen wie zum Beispiel der Kantine oder dem Betriebskindergarten.

2.7.1.2 Arbeitsentgelt

Einem teilzeitbeschäftigten Arbeitnehmer ist das Arbeitsentgelt oder eine andere teilbare geldwerte Leistung mindestens in dem Umfang zu gewähren, der dem Anteil seiner Arbeitszeit an der Arbeitszeit eines vergleichbaren vollzeitbeschäftigten Arbeitnehmers entspricht (§ 4 Abs. 1 Satz 2 TzBfG). Voraussetzung dafür, dass dieses Schlechterstellungsverbot angewandt werden kann, ist, dass Sie als Arbeitgeber Leistungen nach einem bestimmten generalisierenden Prinzip — dem der Gruppenbildung — gewähren.

Das bedeutet: Die **Teilzeitarbeit ist proportional entsprechend der Teilzeitquote zu vergüten**. Wenn der Teilzeitbeschäftigte vereinbarungsgemäß zeitweise über seine Teilzeitquote hinaus bis hin zur regelmäßigen Arbeitszeit eines vergleichbaren vollzeitbeschäftigten Arbeitnehmers arbeitet, steht ihm auch eine anteilige Vergütung bis hin zur vollen Vergütung zu.

Unzulässig ist

- Teilzeitbeschäftigte von Ansprüchen auf Arbeitgeberdarlehen auszuschließen,
- bei bestehenden Tarifentgeltsystemen Teilzeitbeschäftigte nicht entsprechend einzugruppieren,
- Teilzeitbeschäftigte (zum Beispiel geringfügig Beschäftigte) von der Entgeltfortzahlung im Krankheitsfall auszunehmen,
- eine tarifliche Regelung, die einen Spätarbeitszuschlag für Teilzeitbeschäftigte bei Ende der regelmäßigen Arbeitszeit nach 17.00 Uhr nur vorsieht, wenn Wechselschicht geleistet wird, während Vollzeitbeschäftigte bei gleichem Arbeitszeitende den Zuschlag auch dann erhalten, wenn sie nicht in Wechselschicht tätig sind,
- Teilzeitbeschäftigte aus der betrieblichen Altersversorgung auszuschließen oder Versorgungsvoraussetzungen aufzustellen, die regelmäßig nur von Vollzeitbeschäftigten erfüllt werden können (=mittelbare Diskriminierung von Frauen).

Das TzBfG untersagt (nur) eine Schlechterstellung wegen der Teilzeitarbeit. Teilzeitarbeit und Schlechterstellung sind immer dann kausal verknüpft, wenn die **Dauer der Arbeitszeit das Kriterium** darstellt, an das die unterschiedliche Behandlung bei den Arbeitsbedingungen anknüpft. Eine unzulässige Schlechterstellung wegen Teilzeitarbeit liegt also zum Beispiel vor, wenn bestimmte (bessere) Arbeitsbedingungen ausdrücklich allein für Vollzeitbeschäftigte gelten sollen.

Die Schlechterstellung von Teilzeitkräften ist zulässig, wenn dafür ein **sachlicher Grund** besteht. Allein das unterschiedliche Arbeitspensum berechtigt aber noch nicht zu einer unterschiedlichen Behandlung von Vollzeit- und Teilzeitkräften. Sachliche Gründe für eine Schlechterstellung können die unterschiedliche Arbeitsbelastung, Qualifikation, Berufserfahrung oder die unterschiedlichen Anforderungen am Arbeitsplatz sein.

▶ **BEISPIELE: berechtigte Schlechterstellung**

Ein Arbeitgeber zahlt einen Überstundenzuschlag als Ausgleich für besondere körperliche Belastungen erst, wenn die regelmäßige wöchentliche Arbeitszeit (eines Vollzeitbeschäftigten) überschritten wird. Ein Überstundenzuschlag als Ausgleich für besondere körperliche Belastungen kann einen Sachgrund darstellen, der eine Differenzierung rechtfertigt. Teilzeitbeschäftigte erhalten den Zuschlag dann (ebenfalls) erst, wenn sie durch Mehrarbeit die Arbeitszeit eines Vollzeitbeschäftigten überschreiten.

Ein Arbeitgeber macht den Anspruch auf Zusatzurlaub davon abhängig, dass eine Mindestarbeitszeit erfüllt wird. Dies kann sachlich begründet sein, wenn der Zweck des Zusatzurlaubs ein Belastungsausgleich für gesundheitsgefährdende Arbeit ist. Eine Ungleichbehandlung erfolgt nicht „wegen" der Teilzeitarbeit, sondern wegen der geringeren zeitlichen Belastung durch gesundheitsgefährdende Arbeitsbedingungen.

2.7.2 Das Benachteiligungsverbot

Das TzBfG verbietet es, Arbeitnehmer, die ihren Teilzeitanspruch geltend machen, bei Vereinbarungen oder Maßnahmen (zum Beispiel bei einem beruflichen Aufstieg) zu benachteiligen (§ 5 TzBfG). Wenn der Arbeitgeber auf eine zulässige Rechtsausübung durch den Arbeitnehmer gesetzwidrig mit einer rechtsgeschäftlichen Maßnahme reagiert, ist diese Maßnahme nach § 134 BGB nichtig. Auf ein eventuelles Einverständnis des Arbeitnehmers kommt es dabei gar nicht an.

2.7.3 Aus- und Weiterbildung

Der Arbeitgeber muss die **Gleichbehandlung** von Vollzeitbeschäftigten und Teilzeitbeschäftigten bei einem beruflichen Aufstieg **gewährleisten**. Deshalb hat er dafür zu sorgen, dass auch teilzeitbeschäftigte Arbeitnehmer an Aus- und Weiterbildungsmaßnahmen teilnehmen können. Dazu gehören nicht nur Maßnahmen, die die aktuelle Tätigkeit des Teilzeitbeschäftigten betreffen. Auch Maßnahmen zur Verbesserung der beruflichen Qualifikation, die die berufliche Mobilität fördern, gehören dazu.

Der **Wunsch des Arbeitnehmers**, an einer Aus- und Weiterbildungsmaßnahme teilzunehmen, ist zu **berücksichtigen** — es sei denn, die Bildungswünsche anderer voll- oder teilzeitbeschäftigter Arbeitnehmer, die aus beruflichen oder sozialen Gründen vorrangig sind, oder dringende betriebliche Belange stehen dem entgegen.

> **!** **ACHTUNG: kein allgemeiner Anspruch auf Aus- und Weiterbildung**
>
> Das TzBfG räumt Teilzeitbeschäftigten keinen allgemeinen Anspruch auf Aus- und Weiterbildung ein. Sie haben lediglich einen Anspruch auf gleichberechtigte Teilhabe an den Maßnahmen, die auch den Vollzeitarbeitnehmern angeboten werden.

2.7.4 Teilzeit und Urlaub

Nach § 1 BUrlG hat jeder Arbeitnehmer in jedem Kalenderjahr Anspruch auf bezahlten Erholungsurlaub. Auf den Umfang des Arbeitsdeputats kommt es dabei nicht an. Für Teilzeitbeschäftigte mit starren Arbeitszeiten ergeben sich nur dann einige wenige Besonderheiten, wenn sie nicht an allen üblichen Arbeitstagen der Woche beschäftigt sind. Die Urlaubsdauer ergibt sich bei Teilzeitbeschäftigten wie bei Vollzeitbeschäftigten aus dem Gesetz, dem anzuwendenden Tarifvertrag und/oder dem Arbeitsvertrag:

2.7.4.1 Urlaubstage hängen von Anzahl der Wochenarbeitstage ab

Ist die Arbeitszeit bei einem Teilzeitbeschäftigten gleichmäßig auf die Wochenarbeitstage verteilt, hat er Anspruch auf dieselbe Anzahl von Urlaubstagen wie der Vollbeschäftigte.

Arbeitet der Teilzeitbeschäftigte nicht an jedem Arbeitstag in der Woche, sind zur **Ermittlung der Urlaubsdauer** die Arbeitstage rechnerisch in Beziehung zum Vollzeitarbeitsverhältnis zu setzen. Der Urlaub der Teilzeitkraft wird folgendermaßen errechnet: Die übliche Zahl der Urlaubstage einer vergleichbaren Vollzeitkraft wird mit der Zahl der wöchentlichen Arbeitstage der Teilzeitkraft multipliziert. Das Ergebnis wird durch die übliche Zahl der Wochenarbeitstage einer Vollzeitkraft dividiert.

> **▶** **BEISPIEL: Berechnung der Urlaubstage**
>
> Der Arbeitnehmer arbeitet jede Woche (nur) an drei Arbeitstagen. Vollzeitkräfte arbeiten im betreffenden Betrieb an fünf Tagen in der Woche und haben einen jährlichen Urlaubsanspruch von 30 Arbeitstagen. Dann lautet die Rechnung: 30 × 3 : 5 = 18 Urlaubstage.

2.7.4.2 Urlaubsdauer bei ungleichmäßiger Arbeitszeit

Schwieriger gestaltet sich die Berechnung der Urlaubsdauer eines Teilzeitbeschäftigten, dessen Arbeitszeit ungleichmäßig ist — zum Beispiel, weil er im Rahmen eines **Wechselschichtmodells** arbeitet.

▶ **BEISPIEL: ungleichmäßige Arbeitszeit**

Die betriebliche Arbeitszeit für Vollzeitbeschäftigte beträgt 37 Stunden pro Woche. Ein Arbeitnehmer arbeitet in einem rollierenden Freizeitsystem im Kalenderjahr 26 Wochen lang an fünf Tagen, 21 Wochen lang an vier Tagen und fünf Wochen lang an drei Tagen. Tarifvertraglich stehen jedem Arbeitnehmer 36 Werktage Urlaub zu.

Manchmal ist die regelmäßige Arbeitszeit eines Arbeitnehmers somit auf einen Zeitraum verteilt, der mit einer Kalenderwoche nicht übereinstimmt. Dann müssen längere Zeitabschnitte als eine Woche — zum Beispiel ein Kalenderjahr — in den Blick genommen werden, um einen nach Arbeitstagen bemessenen Urlaubsanspruch auszurechnen.

Damit die individuelle Urlaubsdauer von derartig beschäftigten Arbeitnehmern bestimmt werden kann, müssen laut Rechtsprechung **Arbeitstage und Werktage rechnerisch zueinander in Beziehung gesetzt werden**. Dabei muss diejenige Verteilung der Arbeitszeit auf eine Woche, die nach dem Gesetz oder dem Tarifvertrag maßgeblich ist, der Verteilung der individuellen Arbeitszeit gegenübergestellt werden. Maßgebend ist damit folgende Formel:

$$\text{Urlaubsanspruch (Arbeitstage)} \frac{\text{Urlaubsanspruch (Werktage)} \times \text{Jahresarbeitstage}}{\text{Jahreswerktage}}$$

▶ **BEISPIEL: Berechnung der Urlaubstage bei ungleichmäßiger Arbeitszeit**

Ein Teilzeitbeschäftigter arbeitet auf die einzelnen Wochen ungleich verteilt an insgesamt 180 Tagen im Jahr. Die Urlaubsdauer der Vollzeitbeschäftigten auf eine Fünf-Tage-Woche beträgt 25 Urlaubstage. Und ein Jahr hat 260 Vollzeitarbeitstage (52 Wochen × 5 Tage). So berechnet sich die Urlaubsdauer des Teilzeitbeschäftigten wie folgt:

$$\frac{25 \times 180}{260} = 17,3$$

Dies ergibt einen Urlaubsanspruch von 17,3 Arbeitstagen.

2.7.4.3 Umrechnung bei unterjähriger Arbeitszeitreduzierung?

Ändert sich im Verlauf eines Kalenderjahres die Verteilung der Arbeitszeit auf weniger oder auf mehr Arbeitstage einer Kalenderwoche, verkürzt oder verlängert sich entsprechend die Dauer des dem Arbeitnehmer zustehenden Urlaubs. Sie ist dann jeweils unter Berücksichtigung der nunmehr, d.h. mit Blick in die Zukunft für den Arbeitnehmer maßgeblichen Verteilung seiner Arbeitszeit neu zu berechnen.

Die individuelle Dauer des einem Arbeitnehmer zustehenden Urlaubs richtet sich nicht nach bereits erbrachten Arbeitsleistungen oder nach bereits erledigten Verteilungen der Arbeitszeit, sondern vielmehr nach der für den Arbeitnehmer jeweils maßgeblichen Arbeitszeitverteilung, also den vom Arbeitnehmer an den Arbeitstagen zu erbringenden Dienstleistungen (BAG, Urteil v. 28.4.1998, 9 AZR 314/97). Dies ist auch mit dem Unionsrecht vereinbar. Der EuGH hält die Anwendung des pro-rata-temporis-Grundsatzes, d.h. die zeitanteilige Umrechnung des Urlaubsanspruchs im Verhältnis der Reduzierung der Wochenarbeitstage auf die Gewährung des Jahresurlaubs für eine Zeit der Teilzeitbeschäftigung und die damit verbundene Minderung des Anspruchs auf Jahresurlaub gegenüber dem bei Vollzeitbeschäftigung bestehenden Anspruch aus sachlichen Gründen für gerechtfertigt und angemessen.

Bei der Antwort auf die Frage, ob bei einer Arbeitszeitreduzierung der Urlaubsanspruch, der vor der Reduzierung erworben wurde, entsprechend der Reduzierung in einem Vollzeitarbeitsverhältnis anteilig gekürzt werden kann, hat das BAG seine Rechtsprechung nach vom EuGH gegebenen Vorgaben geändert. Eine gesetzliche Regelung, die eine entsprechende Reduzierung vorsieht und die zur Folge hat, dass der Arbeitnehmer den zuvor erworbenen Urlaub nur mehr mit einem geringeren Urlaubsentgelt verbrauchen kann, verstößt nach Auffassung des EuGH gegen das Diskriminierungsverbot wegen Teilzeitarbeit. Die Inanspruchnahme des Jahresurlaubs zu einer späteren Zeit als dem Bezugszeitraum stehe in keiner Beziehung zu der in dieser späteren Zeit vom Arbeitnehmer erbrachten Arbeitszeit. Folglich dürfe durch eine Veränderung der Arbeitszeit beim Übergang von einer Vollzeit- zu einer Teilzeitbeschäftigung der Anspruch auf Jahresurlaub, den der Arbeitnehmer in der Zeit der Vollzeitbeschäftigung erworben hat, nicht gemindert werden (EuGH, Beschluss v. 13.6.2013, C-415/12, Brandes).

Nach dem EuGH gilt dies allerdings nur für den Fall, dass der Arbeitnehmer tatsächlich nicht die Möglichkeit hatte, den vor der Arbeitszeitänderung erworbenen Urlaub zu nehmen. Diese Rechtsprechung gilt wegen des Begründungsansatzes „Diskriminierungsverbot für Teilzeitbeschäftigte" für den gesamten und nicht nur den gesetzlichen Mindesturlaub.

Aufgrund der Rechtsprechung des EuGH hat das BAG an seiner bisherigen Rechtsprechung nicht festgehalten, nach der die Urlaubstage grundsätzlich umzurechnen waren, wenn sich die Anzahl der mit Arbeitspflicht belegten Tage verringerte. In dem zugrunde liegenden Fall ging es um § 26 Abs. 1 TVöD, wonach sich der für die Fünftagewoche festgelegte Erholungsurlaub nach einer Verteilung der wöchentlichen Arbeitszeit auf weniger als fünf Tage in der Woche vermindert. Der 9. Senat des BAG hält unter Bezugnahme auf die Rechtsprechung des EuGH die Tarifnorm jedoch wegen Verstoßes gegen das Verbot der Diskriminierung von Teilzeitkräften unwirksam, soweit sie die Zahl der während der Vollzeittätigkeit erworbenen Urlaubstage mindert (BAG, Urteil v. 10.2.2015, 9 AZR 53/14 (F).

▶ **BEISPIEL: Umrechnung bei unterjähriger Arbeitszeitreduzierung**

Der Arbeitnehmer hat einen tariflichen Urlaubsanspruch von 30 Tagen; er wechselt ab dem 15. Juli in eine Teilzeittätigkeit und arbeitete nicht mehr an fünf, sondern nur noch an vier Tagen in der Woche. Während seiner Vollzeittätigkeit hatte er keinen Urlaub. Der auf das Arbeitsverhältnis anwendbare Tarifvertrag sieht vor, dass sich der für die Fünftagewoche festgelegte Erholungsurlaub nach einer Verteilung der wöchentlichen Arbeitszeit auf weniger als fünf Tage in der Woche vermindert.

Berechnung nach *alter Rechtsprechung*: Dem Arbeitnehmer stehen nach seinem Wechsel in die Teilzeittätigkeit (nur) 24 Urlaubstage zu (30 Urlaubstage geteilt durch fünf mal vier).

Berechnung nach *neuer Rechtsprechung*: Eine verhältnismäßige Kürzung des Urlaubsanspruchs ist für die Monate Januar bis Juni nicht zulässig, sodass er laufenden Jahr Anspruch auf 27 Urlaubstage hat (für das erste Halbjahr die Hälfte von 30 Urlaubstagen, mithin 15 Urlaubstage, zuzüglich zwölf Urlaubstage für das zweite Halbjahr)

Situation bei noch nicht genommenem Resturlaub

Nach der langjährigen Rechtsprechung des BAG galt **auch** für einen auf das folgende Urlaubsjahr übertragenen **Resturlaub**, wenn der Arbeitnehmer erst seit Beginn des neuen Jahres teilzeitbeschäftigt war, dass sich der übertragene Urlaub hinsichtlich seines Umfangs **nicht nach dem Entstehungsjahr** richtete. Dies beruhte auf der Annahme, dass der Urlaub auch im Übertragungszeitpunkt als Freistellungsanspruch auf die Beseitigung der Arbeitspflicht gerichtet ist.

▶ **BEISPIEL: Berechnung des noch nicht genommenen Resturlaubs**

Ein Arbeitnehmer war bis zum 31.12. in Vollzeit an fünf Tagen pro Woche beschäftigt. Ab dem 1.1. arbeitet er lediglich noch an drei Tagen pro Woche. Von den 30 Urlaubstagen des Vorjahres hatte er bis zum Jahresende 10 Tage noch nicht genommen.

Berechnung nach *alter Rechtsprechung*: In das neue Jahr übertragen wurden damit (lediglich) sechs Urlaubstage (10 Tage Resturlaub geteilt durch fünf Wochenarbeitstage im alten Jahr, multipliziert mit drei Wochenarbeitstagen im neuen Jahr).

Berechnung nach *neuer Rechtsprechung*: Nach der Entscheidung des BAG (Urteil v. 10.2.2015, 9 AZR 53/14 (F), wird man wohl davon ausgehen müssen, dass die gesamten 10 Tage übertragen werden.

● **TIPP: Resturlaub vor Wechsel in Teilzeit gewähren**

Aus Arbeitgebersicht sollte darauf geachtet werden, dass bei einer mit der Reduzierung der Wochenarbeitstage einhergehenden Arbeitszeitreduzierung vor Inkraftsetzung der Änderung der bis dahin erworbene Urlaubsanspruch des Arbeitnehmers aus dem Zeitraum der Vollzeitbeschäftigung erfüllt wird. Sollte der Arbeitnehmer hiermit nicht einverstanden sein, ist das allerdings problematisch. Teilweise wird angenommen, der Urlaub könnte gleichwohl erteilt werden, da bei der zeitlichen Festlegung des Urlaubs zwar die Urlaubswünsche des Arbeitnehmers zu berücksichtigen sind (§ 7 Abs. 1 Satz 1 BUrlG), entgegenstehende „dringende betriebliche Belange" diesen aber vorgehen. Das Interesse des Arbeitgebers, dass der während der Vollzeitbeschäftigung entstandene Urlaub auch in diesem Zeitraum in Anspruch genommen wird, könnte ein solcher „dringender betrieblicher Belang" sein.

Denkbar wäre, einen Wechsel auf weniger Arbeitstage pro Woche abzulehnen, solange noch Resturlaubstage aus der Vollzeitbeschäftigung vorhanden sind. D. h. dem Teilzeitwunsch dürfte vom Arbeitgeber zunächst nur bezüglich des Umfangs der Reduzierung der Arbeitszeit, nicht aber bezüglich der gewünschten Verteilung auf weniger Arbeitstage als in der Vollzeitbeschäftigung zugestimmt werden.

Insgesamt ist zu empfehlen, das Thema Resturlaub zu thematisieren und mit dem Arbeitnehmer möglichst eine einvernehmliche Lösung zu suchen.

2.8 Das Mitbestimmungsrecht des Betriebsrats

Der Betriebsrat hat gesetzlich u. a. die allgemeine Aufgabe, die **Vereinbarkeit von Familie und Erwerbstätigkeit** zu **fördern** (§ 80 Abs. 1 Nr. 2b BetrVG). Ziel ist, dass es für Arbeitnehmerinnen und Arbeitnehmer mit Familienpflichten leichter wird, berufstätig zu sein — beispielsweise, indem die betriebliche Arbeitszeit familienfreundlich gestaltet wird.

Diesem Zweck dient im Hinblick auf den Schutz der Familie auch § 75 Abs. 2 Satz 1 BetrVG. Danach haben Arbeitgeber und Betriebsrat die freie Entfaltung der Persönlichkeit der im Betrieb beschäftigten Arbeitnehmer zu schützen und zu fördern. Die betriebsverfassungsrechtlichen Schutz- und Förderpflichten gehen auf die verfassungsrechtliche Werteordnung und die Schutzpflicht von Ehe und Familie zurück, die Art. 6 GG bestimmt.

Der Betriebsrat muss die betriebsverfassungsrechtlichen **Schutz- und Förderpflichten beachten**. Dies gilt auch, wenn er sein Mitbestimmungsrecht bezüglich Beginn und Ende der täglichen Arbeitszeit sowie deren Verteilung auf die einzelnen Wochentage ausübt (§ 87 Abs. 1 Nr. 2 BetrVG). Die Förderpflichten führen jedoch nicht notwendig zum Vorrang der Interessen desjenigen Arbeitnehmers, der Familienpflichten zu erfüllen hat. Arbeitgeber und Betriebsrat haben einen Beurteilungsspielraum und eine Einschätzungsprärogative, was die tatsächlichen Voraussetzungen und Folgen der von ihnen gesetzten Regeln betrifft.

2.8.1 Entgegenstehende Betriebsvereinbarungen im Bereich der zwingenden Mitbestimmung

Es kann sein, dass es mit dem Betriebsrat abgeschlossene Betriebsvereinbarungen oder Regelungsabreden gibt, die der Festlegung der Verteilung der Arbeitszeit entsprechend dem Änderungsangebot des Arbeitnehmers entgegenstehen. Dies setzt allerdings voraus, dass diese Festlegung einen kollektiven Bezug hat. Die Mitbestimmungsrechte des Betriebsrats aus § 87 Abs. 1 BetrVG sind **kollektive Schutzrechte** zugunsten der Arbeitnehmer des Betriebs. Ihre Rechtsstellung darf in kollektiver Hinsicht nicht verschlechtert werden. Hat die Arbeitszeitverteilung dagegen keinen kollektiven Bezug, ist der Arbeitgeber verpflichtet, die gewünschte Arbeitszeit festzulegen.

2.8.2 Freiwillige Betriebsvereinbarungen

Noch nicht vom Bundesarbeitsgericht entschieden ist die Frage, ob eine freiwillige Betriebsvereinbarung einem Neuverteilungsanspruch entgegenstehen kann. Dies ist denkbar, da sie unmittelbar und zwingend wirkt und eine Durchführungspflicht des Arbeitgebers bedingt.

2.8.3 Einzelner Verteilungswunsch und kollektiver Bezug

Die Zustimmung des Arbeitgebers zu einem Arbeitszeitverteilungsverlangen hat keinen kollektiven Bezug, wenn (nur) ein bestimmtes Arbeitsverhältnis gestaltet werden soll und keine allgemeinen Belange der Arbeitnehmer berührt werden.

Verteilung der Arbeitszeit kann kollektive Interessen berühren

Allgemeine Interessen sind demgegenüber betroffen, wenn die beabsichtigte Arbeitszeitverteilung Auswirkungen auf den ganzen Betrieb, eine Gruppe von Arbeitnehmern oder einen Arbeitsplatz hat. Sie wirkt sich also nicht nur auf den einzelnen Arbeitnehmer aus, der die Arbeitszeitumverteilung wünscht. So berührt zum Beispiel die Festlegung der betriebsüblichen Arbeitszeit typischerweise kollektive Interessen der Arbeitnehmer. Die Einsätze der Arbeitnehmer sind aufeinander abgestimmt. Die Arbeitsabläufe greifen ineinander. Das Mitbestimmungsrecht dient dazu, die Interessen der Arbeitnehmer an der Lage ihrer Arbeitszeit und ihrer freien Zeit zur Gestaltung ihres Privatlebens zur Geltung zu bringen.

> ▶ **BEISPIEL: Verteilungswunsch im flexiblen Wechselschichtsystem**
>
> In einem Betrieb versehen die Arbeitnehmer im Verkaufs-, Kassen- und Informationsbereich ihre Aufgaben in einem flexiblen Wechselschichtsystem. Eine Arbeitnehmerin wünscht eine Festlegung ihrer Arbeitszeit auf montags bis freitags, 8:30 Uhr bis 14:30 Uhr, und höchstens zwei Samstage im Monat. Diese Festlegung hat Auswirkungen auf die allgemeinen Interessen der anderen Arbeitnehmer - das heißt, sie hat kollektiven Bezug. Sie führt nämlich dazu, dass sich die variablen Arbeitszeiten der anderen Arbeitnehmer an den festen Arbeitszeiten der Antragstellerin ausrichten, sich um sie „herumgruppieren" müssten. Für die übrigen Arbeitnehmer stünde zum Beispiel ein geringerer Anteil der Arbeitszeit zwischen 8:30 Uhr und 14:30 Uhr von montags bis freitags zur Verfügung. Sie müssten häufiger am späteren Nachmittag oder am Abend eingesetzt werden.

Das Beispiel zeigt: Eine auf der Grundlage von § 87 Abs. 1 Nr. 2 BetrVG geschlossene Betriebsvereinbarung oder eine Regelungsabrede zwischen Arbeitgeber und Betriebsrat kann den Arbeitgeber dazu verpflichten, den Verteilungswunsch eines Arbeitnehmers abzulehnen.

> ▶ **BEISPIEL: Ablehnung der Arbeitszeitverteilung durch den Betriebsrat**
>
> Arbeitgeber und Betriebsrat haben eine Regelungsabrede getroffen, laut der alle Arbeitnehmer im Verkaufs-, Kassen- und Informationsbereich an fünf Werktagen in einem rollierenden Schichtsystem ohne feste Arbeitszeiten beschäftigt werden. Der Betriebsrat stimmt einer Veränderung der Arbeitszeit, die der Arbeitgeber aufgrund eines Teilzeitantrags mit Verteilungswunsch beantragt, nicht zu. Die Begründung lautet wie folgt:
> „Eine starre, festgelegte Arbeitszeit eines einzelnen Mitarbeiters steht mit den Interessen der anderen Kolleginnen und Kollegen nicht im Einklang. Eine festgelegte Arbeitszeit eines einzelnen Mitarbeiters würde den Betriebsfrieden ganz erheblich stören. Aus diesem Grund lehnen wir eine Zustimmung ab."
> Nach Auffassung des BAG (BAG vom 16.12.2008, 9 AZR 893/07) muss der Arbeitgeber den Verteilungswunsch deshalb ablehnen. Er darf die Arbeitnehmerin nicht mit der gewünschten starren Arbeitszeit beschäftigen, solange die Regelungsabrede gilt.

2.8.4 Zustimmungsverweigerung bei beabsichtigter Einstellung einer Ersatzkraft

Wenn Sie beabsichtigen, für die Arbeitszeit, die durch den Teilzeitantrag frei wird, eine Ersatzkraft einzustellen und wenn der Betriebsrat die erforderliche Zustimmung zur Einstellung dieser Ersatzkraft verweigert (§ 99 Abs. 1 Satz 1 BetrVG), ist das ein **betrieblicher Grund**, den Teilzeitantrag abzulehnen. Sie sind nicht verpflichtet, ein Zustimmungsersetzungsverfahrens durchzuführen(§ 99 Abs. 4 BetrVG).

2.9 Teilzeiter will Arbeitszeit wieder verlängern

Ein teilzeitbeschäftigter Arbeitnehmer zeigt Ihnen an, dass er den Wunsch hat, seine vertraglich vereinbarte Arbeitszeit zu verlängern. In diesem Fall sind Sie als Arbeitgeber gesetzlich verpflichtet, ihn bei **gleicher Eignung bevorzugt zu berücksichtigen**, wenn ein entsprechender Arbeitsplatz zu besetzen ist. Dies gilt nicht, wenn dringende betriebliche Gründe oder Arbeitszeitwünsche anderer teilzeitbeschäftigter Arbeitnehmer dem entgegenstehen (§ 9 TzBfG).

> **!** **ACHTUNG: Wortlaut des Gesetzes ist missverständlich**
>
> Der Gesetzeswortlaut ist insoweit missverständlich, als sich daraus kein Anspruch ergibt, der unmittelbar auf eine Erhöhung der Arbeitszeit gerichtet ist. Sie haben als Arbeitgeber einen Wunsch auf Verlängerung der Arbeitszeit lediglich „bevorzugt zu berücksichtigen".
>
> Das Bundesarbeitsgericht hat aber entschieden, dass dies nicht nur ein unverbindlicher Appell ist, bei mehreren Bewerbern um den zu besetzenden Arbeitsplatz den Verlängerungswunsch des teilzeitbeschäftigten Arbeitnehmers zu erwägen und hierüber ermessensfehlerfrei zu entscheiden. Vielmehr sei die tatsächliche Berücksichtigung des teilzeitbeschäftigten Arbeitnehmers geboten. Sie müssen ihn auswählen, wenn die weiteren Anspruchsvoraussetzungen erfüllt sind. In Umsetzung des Gebots ist mit dem Arbeitnehmer ein Arbeitsvertrag über die verlängerte Arbeitszeit abzuschließen.

2.9.1 Verlängerungswunsch muss angezeigt werden

Der angezeigte Wunsch des Arbeitnehmers muss sich auf die Verlängerung der Arbeitszeit beziehen. Eine bestimmte Form muss er nicht einhalten, ein bestimmter Verlängerungsumfang oder ein bestimmter Arbeitsplatz müssen nicht angegeben werden. Es ist ausreichend, dass der Arbeitnehmer eine **ungefähre Größenordnung** — mithin einen Rahmen der gewünschten Veränderung — angibt Der Verlängerungswunsch muss nicht zwingend gegenüber der Personalabteilung geäußert werden. Er kann auch an den zuständigen Fachvorgesetzten gerichtet sein. Außerdem muss er nicht auf Vollzeit gerichtet sein, sondern kann sich auch auf eine bloße Erhöhung des Arbeitszeitumfangs beziehen. Die regelmäßige Arbeitszeit eines vergleichbaren Vollzeitbeschäftigten ist die Höchstgrenze der gewünschten Verlängerung.

2.9.2 Nach Anzeige des Verlängerungswunsches besteht Informationspflicht

Zeigt Ihnen ein teilzeitbeschäftigter Arbeitnehmer an, dass er seinen Arbeitszeitumfang erhöhen möchte, haben Sie als Arbeitgeber die Pflicht, ihn über **zu besetzende Arbeitsplätze** im Betrieb oder Unternehmen zu unterrichten, wenn er nach seiner Ausbildung und Qualifikation für sie geeignet ist (§ 7 Abs. 2 TzBfG). Davon erfasst sind sowohl frei werdende Arbeitsplätze als auch neu gestaltete oder neu geschaffene.

Kein Anspruch auf laufende Information

Sie sind als Arbeitgeber zu einer einmaligen Information darüber verpflichtet, ob und welche Stellen, die für den Arbeitnehmer in Betracht kommen, derzeit vakant sind oder es in absehbarer Zeit werden. Es besteht kein Anspruch auf fortlaufende Information. Die Information muss aber **direkt an den Arbeitnehmer** gerichtet sein. Ein Aushang am „Schwarzen Brett" beispielsweise reicht also nicht aus.

Stellen Sie nach Prüfung des Verlängerungswunsches eines Arbeitnehmers fest, dass derzeit weder entsprechende Arbeitsplätze frei sind noch in absehbarer Zeit frei werden, sollten Sie ihm dies in Form einer **Negativauskunft** mitteilen.

Musterschreiben: Negativauskunft

Sehr geehrte Frau Müller,

auf Ihre Anzeige vom 12.9.2015, wonach Sie Ihre derzeitige vertragliche Arbeitszeit von 20 Wochenstunden gerne auf 30 Wochenstunden erhöhen möchten, teilen wir nach Prüfung mit, dass derzeit leider keine entsprechende Stelle frei ist. Nach derzeitigem Stand ist in absehbarer Zeit auch nicht mit dem Freiwerden einer solchen Stelle zu rechnen.

Mit freundlichen Grüßen
ppa. Klaus Streng
Personalleiter

Nach einer positiven Information muss der Arbeitnehmer ein hierauf bezogenes **Vertragsangebot** an Sie richten, sofern er seine vertraglich vereinbarte Arbeitszeit zu dem von Ihnen angegebenen Termin und in entsprechendem Umfang erhöhen will. Dieses Vertragsangebot muss so formuliert sein, dass es von Ihnen durch ein bloßes „Ja" angenommen werden kann.

2.9.3 Voraussetzung 1: Entsprechender Arbeitsplatz

Ein Anspruch auf Verlängerung der Arbeitszeit setzt voraus, dass ein „entsprechender Arbeitsplatz" mit längerer Arbeitszeit frei ist. Die zu besetzende Stelle muss **inhaltlich vergleichbar** mit dem Arbeitsplatz sein, auf dem der teilzeitbeschäftigte Arbeitnehmer seine vertraglich geschuldete Tätigkeit ausübt. Beide Tätigkeiten müssen in der Regel dieselben Anforderungen an die persönliche und fachliche Eignung des Arbeitnehmers stellen.

Das Anforderungsprofil für den zu besetzenden Arbeitsplatz legen grundsätzlich Sie als Arbeitgeber fest. Der Teilzeitbeschäftigte muss diesen ohne weitere Ausbildung übernehmen können. Eine Einarbeitungszeit wäre aber — wie bei externen Bewerbern — hinzunehmen.

2.9.3.1 Grundsätzlich kein Anspruch auf Beförderung

Der teilzeitbeschäftigte Arbeitnehmer hat in der Regel keinen Anspruch auf Übertragung einer höherwertigen Tätigkeit. Dies kommt nur ausnahmsweise in Betracht. Ein solcher Ausnahmefall wurde in einem Fall bejaht. In diesem ließ die Personalorganisation des Arbeitgebers Teilzeitarbeit lediglich auf einer niedrigeren Hierarchiestufe zu als der bisher eingenommenen. Deshalb musste die Arbeitnehmerin zur Verwirklichung ihres Teilzeitwunsches einen „Abstieg" in Kauf nehmen. Dies sollte ihr bei der später geltend gemachten Verlängerung der Arbeitszeit nicht zum Nachteil gereichen.

> **BEISPIEL: Verkaufsstellenverwalterin eines Drogeriemarktes[1]**
>
> Eine vollzeitbeschäftigte Verkaufsstellenverwalterin eines Drogeriemarktes wollte die Arbeitszeit auf die Hälfte reduzieren. Da der Arbeitgeber ihr eine hälftige Teilzeitbeschäftigung nur als hierarchisch nachgeordnete Verkäuferin und Kassiererin anbot, akzeptierte sie einen entsprechenden Änderungsvertrag. Drei Jahre später bewarb sie sich um eine ausgeschriebene Vollzeitstelle als Verkaufsstellenverwalterin.
>
> Dadurch, dass der Arbeitgeber die Personalorganisation so vorgegeben hatte, dass die Teilzeitarbeit (in bestimmtem Umfang) nur auf einer niedrigeren Hierarchiestufe als der bisher eingenommenen zuließ, wurde die Grenze zwischen den beiden Hierarchieebenen Verkäuferin/Verkaufsstellenverwalterin für einen späteren Verlängerungswunsch der Arbeitnehmerin abweichend vom Regelfall durchlässig. Die Arbeitnehmerin kann verlangen, dass ihr Verlängerungswunsch auch für den freien Arbeitsplatz als Verkaufsstellenverwalterin berücksichtigt wird, auf dem höherwertige Tätigkeiten zu verrichten sind. Denn dies entspricht dem Anforderungsprofil der Tätigkeit, die sie früher — das heißt vor Aufnahme der Teilzeitarbeit — ausübte.

In einem solchen Fall gilt ausnahmsweise auch der Arbeitsplatz mit der höherwertigen Tätigkeit als „entsprechender Arbeitsplatz".

---

[1]   nach BAG vom 16.9.2008, 9 AZR 781/07

2.9.3.2 Kein Anspruch auf Stellensplitting

Sie sind als Arbeitgeber nicht verpflichtet, einen freien Arbeitsplatz zu splitten, um zum Beispiel die vertragliche Arbeitszeit eines teilzeitbeschäftigten Arbeitnehmers auf 100 Prozent einer Vollzeitarbeitsstelle aufzustocken. Es ist Bestandteil Ihrer **unternehmerischen Handlungsfreiheit**, welche Arbeitsplätze Sie vorhalten. Ihre Organisationsfreiheit ist nicht in der Weise eingeschränkt, dass Sie erhöhten Beschäftigungsbedarf decken müssen, indem Sie neue Stellen einrichten und besetzen. Sie dürfen den gestiegenen Bedarf zum Beispiel auch dadurch befriedigen, dass Sie die Arbeitszeiten von teilzeitbeschäftigten Arbeitnehmern verlängern.

2.9.4 Voraussetzung 2: Gleiche Eignung

Ein Anspruch des teilzeitbeschäftigten Arbeitnehmers auf eine bevorzugte Berücksichtigung besteht nur bei gleicher Eignung im Verhältnis zu den übrigen Bewerbern. Dabei kommt es auf die **Ausbildung und Qualifikation** des Arbeitnehmers an. Zu berücksichtigen sind die wesentlichen Fähigkeiten, Kenntnisse, und sonstigen Eigenschaften. Auch Berufserfahrung kann ein Kriterium sein. Dabei schadet eine gewisse Einarbeitungszeit für den neuen Arbeitsplatz nicht.

Sowohl bei der Beurteilung der einzelnen Kriterien als auch hinsichtlich ihrer Gewichtung haben Sie als Arbeitgeber einen **Beurteilungsspielraum**.

2.9.5 Ablehnungsgrund „dringende betriebliche Gründe"

Dem Wunsch des Arbeitnehmers nach Verlängerung seiner vertraglich vereinbarten Arbeitszeit dürfen keine dringenden betrieblichen Gründe entgegenstehen. Diese Gründe beziehen sich auf die **personelle Auswahl** für die Besetzung des freien Arbeitsplatzes. Das heißt: Wenn Sie einen entsprechenden Arbeitsplatz nach Ihrem Willen besetzen wollen, können Sie nur aus betrieblichen Gründen ablehnen, wenn Sie über die Auswahl entscheiden. Zu dieser Entscheidung gehört beispielsweise die Frage, ob der in Teilzeit Beschäftigte persönlich auch in der Lage ist, die längere Arbeitszeit zu verrichten.

> **! ACHTUNG: Finanzielle Gründe sind nicht geeignet**
>
> Sie können den Berücksichtigungsanspruch eines Ihrer Teilzeitbeschäftigten nicht dadurch umgehen, dass Sie die gleiche Tätigkeit auf dem zu besetzenden Arbeitsplatz anders — insbesondere geringer — vergüten wollen. So rechtfertigt beispielsweise die Entscheidung, generell für neu eingestellte Arbeitnehmer aus Kostengründen das Vergütungssystem zu wechseln und freie Arbeitsplätze bei Neueinstellungen künftig „tariffrei" zu besetzen, eine Ablehnung nicht.

2.9.6 Bei Nichtbeachtung droht Schadensersatz

Wenn Sie den freien Arbeitsplatz unter schuldhaftem Verstoß gegen den Berücksichtigungsanspruch mit einem anderen Bewerber besetzen, steht dem übergangenen Bewerber ein Schadensersatzanspruch zu. Die **Höhe dieses Anspruchs** richtet sich nach der angemessenen Vergütung, die dem übergangenen Bewerber durch die Nichtberücksichtigung entgangen ist.

2.10 Häufig gestellte Fragen

Frage 1: Kann die Arbeitszeit später anders verteilt werden?

Sie haben sich mit einem Arbeitnehmer nach dessen Teilzeitantrag auf eine Reduzierung der Arbeitszeit und eine bestimmte Verteilung geeinigt oder er hat die Reduzierung und Verteilung gerichtlich erstritten. Dies bedeutet nicht, dass die Verteilung der Arbeitszeit unabänderlich feststeht. Laut Gesetz ist es möglich, auch gegen den Willen des Arbeitnehmers und ohne Ausspruch einer Änderungskündigung eine Veränderung der Lage der Arbeitszeit einseitig herbeizuführen (§ 8 Abs. 5 Satz 4 TzBfG).

Voraussetzung dafür ist, dass Sie eine **einmonatige Ankündigungsfrist** einhalten und ein überwiegendes betriebliches Interesse vorliegt. Dies kommt insbesondere bei organisatorischen und wirtschaftlichen Gründen in Betracht. Dazu gehören zum Beispiel die Einführung geänderter Öffnungszeiten oder Ausfälle von anderen Mitarbeitern. Allerdings muss Ihr betriebliches Interesse an der Änderung das relevante Interesse des Arbeitnehmers an der Beibehaltung der Verteilung der Arbeitszeit erheblich überwiegen.

Frage 2: Ist eine Befristung der Teilzeit möglich?

Der gesetzliche Anspruch aus § 8 TzBfG ist auf eine unb**efristete Verringerung und Neuverteilung** der Arbeitszeit gerichtet. Einen Anspruch auf befristete Reduzierung gewährt das Gesetz nicht.

▶ **BEISPIEL: Arbeitszeitreduzierung bis zur Einschulung des Kindes**

Häufig gibt es in der Praxis Teilzeitanträge, die wie folgt lauten: „Ich möchte meine vertragliche Vollzeitarbeitszeit nach dem Ende meiner Elternzeit am 17.11.2015 für die Dauer von vier Jahren auf 20 Wochenstunden reduzieren, bei Verteilung der Arbeitszeit von Montag bis Freitag von 8:30 Uhr bis 12:30 Uhr."

Das Gesetz sieht vor, dass die Arbeitszeit dauerhaft verringert wird. Anders als während der Elternzeit kann ein Arbeitnehmer also nicht verlangen, dass seine Arbeitszeit für einen bestimmten Zeitraum verringert wird. Dies kann er im Streitfall arbeitsgerichtlich nicht durchsetzen.

! **ACHTUNG: Bei befristetem Antrag Klarstellung herbeiführen**

Wenn bei Ihnen ein Antrag eines Arbeitnehmers eingeht, der eine befristete Reduzierung der Arbeitszeit geltend macht, liegt kein ordnungsgemäßer Antrag vor. Gleichwohl sollten Sie den Antragsteller kurzfristig auf den Grundsatz der dauerhaften Arbeitszeitreduzierung hinweisen. Bitten Sie ihn darum klarzustellen, ob der Antrag zurückgenommen oder dahingehend modifiziert wird, dass eine unbefristete Arbeitszeitverringerung geltend gemacht wird.

Einvernehmliche Befristung ist möglich: Selbstverständlich können Sie dem Wunsch von sich aus nachkommen, wenn ein Arbeitnehmer nur für einen befristeten Zeitraum eine Arbeitszeitreduzierung geltend macht. Eine einvernehmliche Befristung ist immer möglich.

Einseitige Befristung durch den Arbeitgeber ist unwirksam: Als Arbeitgeber können Sie keine vertraglich vorformulierte Befristungsabrede zur Arbeitszeitreduzierung treffen, wenn ein ordnungsgemäßer Verringerungsantrag eingegangen ist. Denn dies steht in unvereinbarem Widerspruch zu einem wesentlichen Grundgedanken der Teilzeitgesetzgebung. Die in § 8 TzBfG enthaltene gesetzliche Regelung gewährt dem Arbeitnehmer einen Anspruch auf unbefristete Verringerung der Arbeitszeit, wenn die gesetzlichen Voraussetzungen gegeben sind. Eine vertraglich vorformulierte Befristungsabrede zur Arbeitszeitreduzierung ist nach den Grundsätzen der AGB-Kontrolle daher unwirksam (§ 307 Abs. 1, Abs. 2 Nr. 1 BGB).

Einvernehmliche Befristung bedarf keines Sachgrundes: Nach der Rechtsprechung des Bundesarbeitsgerichts sind bei der Befristung einer erheblichen Aufstockung der Arbeitszeit zur Annahme einer nicht unangemessenen Benachteiligung des Arbeitnehmers solche Umstände erforderlich, die die Befristung des gesamten — über das erhöhte Arbeitszeitvolumen gesondert geschlossenen — Vertrags rechtfertigen würden (siehe unten „Befristung" in Kapitel 1.10). Das beruht darauf, dass die dem Teilzeit- und Befristungsgesetz zugrunde liegende Wertung, dass der unbefristete Vertrag der Normalfall und der befristete Vertrag die Ausnahme ist, auch für die Vereinbarung des Umfangs der Arbeitszeit gilt. Das sozialpolitisch erwünschte — auch seinem Inhalt nach — unbefristete Arbeitsverhältnis soll dem Arbeitnehmer ein dauerhaftes Auskommen sichern und zu einer längerfristigen Lebensplanung beitragen. Für diese Planung des Arbeitnehmers ist auch die Höhe des von ihm erzielten Einkommens maßgebend. Diese hängt u. a. vom Umfang seiner Arbeitszeit ab. Eine längerfristige Planungssicherheit wird dem Arbeitnehmer daher nicht schon allein durch den Abschluss eines unbefristeten Arbeitsvertrags ermöglicht, sondern nur dann, wenn auch der Umfang der Arbeitszeit unbefristet vereinbart wird.

Diese Grundsätze sind auf die befristete Verringerung der Arbeitszeit nicht übertragbar. Zwar besteht auch in diesem Fall keine Planungssicherheit für den Arbeitnehmer hinsichtlich des Umfangs der Arbeitszeit. Durch die Befristung wird das dauerhafte Auskommen aber nicht gefährdet, sondern gesichert. Bei Ablauf der Befristung erhöhen sich die Arbeitszeit und die Vergütung ohne weiteres. Daher ist mit der Befristung der Teilzeittätigkeit auch ein Vorteil für den Arbeitnehmer verbunden, zumal es dem typischen Interesse von Arbeitnehmern entspricht, nach einer Phase der Kindererziehung oder der Pflege von Angehörigen, in der sie teilzeitbeschäftigt waren, die Arbeitszeit wieder zu erhöhen. Außerdem besteht für die Arbeitnehmer jederzeit die Möglichkeit, bei Vorliegen der Voraussetzungen des § 8 TzBfG die dauerhafte Verringerung der Arbeitszeit zu verlangen. Ein Arbeitnehmer kann sich deshalb nicht auf die Unwirksamkeit einer einvernehmlich vereinbarten Befristung berufen und sich weigern, nach Befristungsende zur ursprünglichen Arbeitszeit zurückzukehren.

Frage 3: Kann die Arbeitszeit mehrmals reduziert werden?

Mehrfache Anträge eines Arbeitnehmers auf Reduzierung der Arbeitszeit sind denkbar und möglich, allerdings nur in den gesetzlich vorgegebenen Grenzen. Frühestens **zwei Jahre**, nachdem Sie einer Verringerung zugestimmt oder sie berechtigt abgelehnt haben, kann der betreffende Arbeitnehmer erneut eine Verringerung der Arbeitszeit verlangen (§ 8 Abs. 6 TzBfG). Mit dieser **Sperrfrist** soll Ihnen ein gewisses Maß an Planungssicherheit gegeben werden. Außerdem geht es darum, den Verwaltungsaufwand zu vermeiden, der durch häufige Antragstellungen entstünde.

TIPP: Bei Zeitknappheit auf zweijährige Sperrfrist hinweisen

Ein Arbeitnehmer beantragt mit der gesetzlichen Mindestfrist von drei Monaten eine Reduzierung der Arbeitszeit. Sie sind jedoch zum Beispiel aufgrund betrieblicher Umstände nicht in der Lage, den Antrag innerhalb der bis zu einer Ablehnung zur Verfügung stehenden Zeit von zwei Monaten abschließend zu prüfen. Hier hilft in der Praxis häufig ein Hinweis auf die zweijährige Sperrfrist. Wenn der Arbeitnehmer verhindern will, dass der Antrag abgelehnt wird und — die Berechtigung der Ablehnung unterstellt — die Sperrfrist von zwei Jahren für einen erneuten Antrag eintritt, ist er oft bereit, den gewünschten Beginn der Arbeitszeitverringerung nach hinten zu verschieben. Damit entsteht mehr Spielraum umfassend zu prüfen, ob eine Umsetzung der Teilzeit in der betrieblichen Organisation möglich ist.

3 Teilzeit in der Elternzeit

Was ist Elternzeit?

Elternzeit hat den Zweck, erwerbstätigen Eltern die Betreuung und Erziehung ihres Kindes oder ihrer Kinder zu erleichtern. Deshalb haben Eltern — neben den eventuellen finanziellen Ansprüchen auf Elterngeld — gegenüber dem Arbeitgeber einen arbeitsrechtlichen **Anspruch auf unbezahlte Freistellung** von der Arbeit. Dieser besteht grundsätzlich bis zur Vollendung des dritten Lebensjahres des Kindes. Das dafür maßgebliche Gesetz ist das Bundeselterngeld- und Elternzeitgesetz (BEEG). Elternzeit kann in jedem Arbeitsverhältnis genommen werden, also auch bei

- befristeten Arbeitsverträgen,

- Teilzeitarbeitsverträgen und bei

- geringfügiger Beschäftigung (so genannte „450-Euro-Kräfte").

Flexibilisierung von Auszeiten durch neuen 24-Monatszeitraum

Eltern können künftig — für Geburten ab dem 1.7.2015 — bis zu 24 Monate Elternzeit zwischen dem dritten und dem achten Geburtstag des Kindes nehmen. Die Anmeldefrist für eine Elternzeit in diesem Zeitraum erhöht sich auf 13 Wochen. Für Geburten bis 30.6.2015 bleibt es bei der bisherigen Übertragungsmöglichkeit von bis zu 12 Monaten und der Anmeldefrist von sieben Wochen. Die Elternzeit kann zudem künftig in drei (statt wie bisher zwei) Zeitabschnitte pro Elternteil aufgeteilt werden.

! ACHTUNG: Elternzeit ist unabhängig von der Zustimmung des Arbeitgebers

Elternzeit muss von den Arbeitnehmerinnen und Arbeitnehmern nicht „beantragt" werden: Elternzeit wird geltend gemacht. Das bedeutet, dass der Arbeitnehmer Elternzeit ohne Ihre Zustimmung als Arbeitgeber in Anspruch nehmen kann, denn er hat ein Gestaltungsrecht. Wenn die sonstigen gesetzlichen Voraussetzungen vorliegen, kann er mit einer Ankündigungsfrist von sieben Wochen (§ 16 Abs. 1 Satz 1 BEEG) der Arbeit fernbleiben, ohne dass der Arbeitgeber irgendwie reagieren müsste, für den Zeitraum zwischen dem dritten Geburtstag und dem vollendeten achten Lebensjahr des Kindes mit einer Ankündigungsfrist von mindestens 13 Wochen.

Aus „dringenden betrieblichen Gründen" können Arbeitgeber den (neuen) dritten Abschnitt innerhalb von acht Wochen nach Zugang des Antrags ablehnen. Die Rechtsprechung wird die Ablehnungsmöglichkeit aber voraussichtlich auf sehr enge, kaum praxisrelevante Fälle beschränken.

Elternzeit bleibt bei Arbeitgeberwechsel erhalten

Nach der gesetzlichen Neuregelung hängt die Inanspruchnahme von Elternzeit für Geburten ab dem 1.7.2015 nach Vollendung des 3. Lebensjahres des Kindes nicht mehr von der Zustimmung des (jeweiligen) Arbeitgebers ab. Die in den ersten drei Lebensjahren des Kindes nicht in Anspruch genommene Elternzeit bleibt — entgegen der bisherigen Rechtslage — auch im Falle eines Arbeitgeberwechsels erhalten. Bei Einstellung eines Arbeitnehmers mit einem Kind im Alter zwischen 3 und 8 Jahren muss der Arbeitgeber damit rechnen, dass der Arbeitnehmer noch 2 Jahre Elternzeit in Anspruch nehmen kann. Es gilt dann zwar die verlängerte Ankündigungsfrist von 13 Wochen. Damit kann sich der Arbeitnehmer aber auch kurzfristig Kündigungsschutz verschaffen, in dem er erklärt, Elternzeit in Anspruch nehmen zu wollen, in der Regel verbunden mit einer Teilzeittätigkeit während der Elternzeit.

Arbeitnehmer muss noch freie Elternzeit nachweisen

Der Arbeitnehmer muss gegenüber dem neuen Arbeitgeber bei Geltendmachung der Elternzeit zwischen dem 3. Geburtstag und der Vollendung des 8. Lebensjahrs nachweisen, dass er noch Elternzeit hat. Dies kann er durch Vorlage einer Bescheinigung des alten Arbeitgebers.

Insoweit regelt das BEEG in § 16 Abs. 1 Satz 7: „Bei einem Arbeitgeberwechsel ist bei der Anmeldung der Elternzeit auf Verlangen des neuen Arbeitgebers eine Bescheinigung des früheren Arbeitgebers über bereits genommene Elternzeit durch die Arbeitnehmerin oder den Arbeitnehmer vorzulegen."

Ziel: Förderung der Teilzeitarbeit von Müttern und Vätern

Gleichzeitig sollen Eltern die Möglichkeit haben, den Kontakt zur Berufswelt aufrecht zu erhalten. Mit der für ab dem 1.7.2015 geborene Kinder geltenden gesetzlichen Neuregelung und der Einführung des „ElterngeldPlus" soll es Müttern und Vätern attraktiver gemacht werden, nach der Geburt eines Kindes früher ins Berufsleben zurückzukehren. Auch bisher, d.h. für bis 30.6.2015 geborene Kinder, können Eltern Teilzeitarbeit und Elterngeld kombinieren, allerdings verlieren sie nach der bisherigen Regelung einen Teil ihres Elterngeldanspruchs. Das ändert sich für Geburten ab dem 1.7.2015: Arbeiten Eltern während des Elterngeldbezugs in Teilzeit, bekommen sie länger ElterngeldPlus. Aus einem Elterngeldmonat werden zwei Monate ElterngeldPlus. So können Mütter und Väter ihr Elterngeldbudget besser ausschöpfen. Zudem verlängert das ElterngeldPlus den Elterngeldbezug auch über den 14. Lebensmonat des Kindes hinaus.

Durch die insbesondere finanziell lukrativere Kombination von Elterngeldbezug und Teilzeitarbeit soll die Nachfrage nach Teilzeit gesteigert werden, insbesondere die Nachfrage nach vollzeitnahen Teilzeitmodellen. Teilen sich Mutter und Vater die Kinderbetreuung und arbeiten parallel für vier Monate zwischen 25 und 30 Wochenstunden, erhalten sie jeweils zusätzlich für vier Monate ElterngeldPlus.

Erwerbsarbeit darf im Monatsdurchschnitt 30 Stunden pro Woche nicht überschreiten

Während der Elternzeit ist eine **Erwerbstätigkeit zulässig**, wenn die vereinbarte Wochenarbeitszeit im Monatsdurchschnitt die Dauer von 30 Stunden nicht übersteigt (§ 15 Abs. 4 BEEG). Die Höchstgrenze von 30 Stunden gilt für jeden Elternteil, der eine Elternzeit nimmt. Sowohl die Mutter als auch der Vater des Kindes können während der Elternzeit also monatsdurchschnittlich jeweils maximal 30 Stunden arbeiten. Die 30 Stunden Grenze ist nicht flexibilisierbar; eine anderweitige Aufteilung zwischen den zwei Elternteilen (z.B. 25 + 35 Stunden) ist unzulässig.

Arbeitnehmerinnen und Arbeitnehmer, die vor der Geburt arbeitsvertraglich mehr als 30 Wochenstunden gearbeitet haben, haben unter bestimmten Voraussetzungen einen Anspruch auf Teilzeiterwerbstätigkeit. Dazu mehr im nächsten Kapitel.

3.1　Welche Voraussetzungen müssen erfüllt sein?

3.1.1　Beschäftigtenzahl: Mehr als 15 Arbeitnehmer

Ein Anspruch auf Reduzierung der Arbeitszeit besteht nur für Arbeitnehmer und Arbeitnehmerinnen, deren Arbeitgeber **regelmäßig mehr als 15 Arbeitnehmer** beschäftigt (§ 15 Abs. 7 Nr. 1 BEEG). Entscheidend ist — wie beim allgemeinen Teilzeitanspruch nach dem TzBfG — allein die Anzahl der Arbeitnehmer („Kopf-Prinzip"), unabhängig von der jeweils zu leistenden Stundenzahl. Maßgeblicher Zeitpunkt ist die Arbeitnehmerzahl zum Zeitpunkt des Antrags auf Reduzierung der Arbeitszeit. Teilweise wird auch auf den Zeitpunkt des gewünschten Beginns der Teilzeitarbeit abgestellt.

> **! ACHTUNG: Maßgebend ist Unternehmensgröße**
>
> Bezugsgröße ist der Arbeitgeber, nicht der einzelne Betrieb. Das heißt es reicht aus, wenn derselbe Arbeitgeber in allen seinen (inländischen) Betrieben regelmäßig insgesamt mehr als 15 ArbeitnehmerInnen beschäftigt. Vorübergehende Schwankungen nach oben oder unten bleiben außer Betracht.

Auch ArbeitnehmerInnen, deren **Arbeitsverhältnis ruht** — zum Beispiel längerfristig erkrankte Beschäftigte oder Elternzeiter — sind bei der Ermittlung der Größe grundsätzlich zu berücksichtigen.

Wer befristet vertreten wird, zählt nicht!

Wenn es im Unternehmen bereits andere Elternzeiter gibt, für die ein Vertreter eingestellt wurde, zählen die Elternzeiter nicht mit (§ 21 Abs. 7 BEEG). Dies gilt entsprechend für andere ArbeitnehmerInnen, deren Arbeitsverhältnis ruht und die befristet vertreten werden.

Leiharbeitnehmer und freie Mitarbeiter bleiben ebenfalls unberücksichtigt. Auch Auszubildende werden nicht mitgezählt.

3.1.2 Dauer des Arbeitsverhältnisses

Das Arbeitsverhältnis muss zum Zeitpunkt der Geltendmachung des Anspruchs länger als sechs Monate bestehen (§ 15 Abs. 7 Nr. 2 BEEG). Zeiten in einem Ausbildungsverhältnis werden nicht angerechnet, da ein Berufsausbildungsverhältnis kein Arbeitsverhältnis ist. Wenn ein Arbeitnehmer bei Ihnen bereits die Ausbildung gemacht hat, beginnt die für einen Teilzeitantrag maßgebliche **Mindestfrist von sechs Monaten** erst mit dem Beginn des Arbeitsverhältnisses; die Dauer der Ausbildung zählt nicht.

3.1.3 Antragsform

Der Teilzeitanspruch muss schriftlich geltend gemacht werden (15 Abs. 7 Nr. 5 BEEG). Das bedeutet, der Antrag muss eigenhändig **unterschrieben und im Original** eingereicht sein. Eine Antragstellung durch Kopie, Fax oder E-Mail reicht ebenso wenig aus, wie eine lediglich mündliche Geltendmachung.

3.1.4   Antragsfrist

Der Teilzeitanspruch muss **spätestens sieben Wochen vor dem gewünschten Beginn** geltend gemacht werden (§ 15 Abs.7 Nr. 5 a) BEEG). Dabei handelt es sich um eine Mindestfrist; das heißt eine frühere Geltendmachung ist möglich.

Bei Elternzeit zwischen dem 3. Geburtstag und der Vollendung des 8. Lebensjahres des Kindes muss die Teilzeitbeschäftigung — **neu für ab 1.7.2015 geborene Kinder — 13 Wochen vor Beginn** der Teilzeitarbeit angekündigt werden (§ 15 Abs.7 Nr. 5 b) BEEG).

Der Antrag muss den Beginn und den Umfang der verringerten Arbeitszeit enthalten. Die gewünschte Verteilung der verringerten Arbeitszeit soll im Antrag angegeben werden (§ 15 Abs. 7 Satz 2, 3 BEEG).

> **!** **ACHTUNG: Zweite Reduzierung der Arbeitszeit möglich**
>
> Während der Elternzeit besteht die Möglichkeit, die Arbeitszeit zweimal zu reduzieren. Für den zweiten Antrag muss wiederum die Sieben-Wochen-Frist bzw. für ab dem 1.7.2015 geborene Kinder bei Elternzeit zwischen dem 3. Geburtstag und der Vollendung des 8. Lebensjahres die 13-Wochenfrist eingehalten werden.

3.1.4.1   Gewünschter Beginn täglich möglich

Wenn die Antragsfrist eingehalten ist, kann der Beginn der Teilzeitarbeit zu jedem Kalendertag verlangt werden. Es ist nicht erforderlich, dass der Beginn am Monatsanfang liegt.

3.1.4.2   Ist ein zu kurzfristiges Teilzeitverlangen unwirksam?

Wenn ein Arbeitnehmer bei seinem Antrag auf Reduzierung der Arbeitszeit die siebenwöchige (oder dreizehnwöchige Mindest-Ankündigungsfrist nicht wahrt, wird der Antrag dadurch nicht insgesamt unwirksam. Vielmehr braucht sich der Arbeitgeber erst zum gesetzlich vorgesehenen Zeitpunkt mit der Reduzierung der Arbeitspflicht einverstanden zu erklären.

3.1.4.3 Kann Teilzeit bereits vor der Elternzeit verlangt werden?

Der Teilzeitanspruch des BEEG ist vom **Anspruch auf Elternzeit abhängig**. Solange der Arbeitnehmer also noch nicht verbindlich festgelegt hat, ob und für welche Zeiten er Elternzeit nehmen wird, ist offen, ob der Anspruch auf Reduzierung der Arbeitszeit während der Elternzeit überhaupt entstehen wird. Die Anspruchsberechtigung des Arbeitnehmers als solche darf aber nicht zweifelhaft sein. Der Antrag auf Verringerung der Arbeitszeit während der Elternzeit, kann also frühestens mit der Erklärung, Elternzeit in Anspruch zu nehmen, gestellt werden. Ein früherer Antrag wäre unwirksam.

3.1.4.4 Kann Teilzeit nachträglich verlangt werden?

ArbeitnehmerInnen, die Elternzeit in Anspruch genommen haben, können auch (erst) im **Laufe der Elternzeit** die Verringerung ihrer Arbeitszeit beantragen. Dies ist auch dann zulässig, wenn zunächst nur die völlige Freistellung von der vertraglichen Arbeit (Elternzeit) in Anspruch genommen und keine Verringerung der Arbeitszeit (Elternteilzeit) beantragt worden war (BAG vom 19.4.2005, 9 AZR 233/04). Das Bundesarbeitsgericht hat eindeutig entschieden, dass nur diese Auslegung dem Regelungszweck des BEEG gerecht wird: die Teilerwerbstätigkeit zu erleichtern. Ihre Zulassung diene dem gesellschaftspolitischen Ziel der Vereinbarkeit von Familie und Beruf.

Mit der **Erleichterung der Erwerbstätigkeit** während der Elternzeit sollen erziehende Eltern gegenüber der alten Rechtslage wirtschaftlich besser gestellt werden. Außerdem sollen Väter verstärkt dazu motiviert werden, Erziehungsverantwortung zu übernehmen. Dieser Absicht des Gesetzgebers entspreche es, einem Arbeitnehmer in Elternzeit das Recht einzuräumen, seinen Anspruch auf Elternteilzeit nachträglich geltend zu machen.

Diese Regelung sorgt für **Flexibilität**, wenn es während der Elternzeit zu unvorhergesehenen familiären oder wirtschaftlichen Entwicklungen kommt. Sie führt zu einer höheren Bereitschaft von Vätern und Müttern, Elternzeit in Anspruch zu nehmen. Für viele junge Eltern schiede ansonsten die Inanspruchnahme von Elternzeit aus. Denn sie wären damit überfordert, wenn sie sich bereits kurz nach der Geburt innerhalb der gesetzlichen Fristen erklären müssten — ohne überschauen zu können, ob und wann ihre neue Erziehungsaufgabe eine Teilzeittätigkeit zulässt.

3.1.4.5 Planungssicherheit wird nicht eingeschränkt

Die Haltung des Bundesarbeitsgerichts schränkt Sie als Arbeitgeber in Ihrer Planungssicherheit nicht unbedingt ein. Sie behalten die Möglichkeit, während der Elternzeit des Arbeitnehmers die erforderlichen **organisatorischen und personellen Dispositionen** zu treffen. Der Arbeitnehmer hat Ihnen gegenüber schriftlich zu erklären, für welche Zeiten innerhalb von zwei Jahren er Elternzeit nimmt. Es kann sein, dass Sie aufgrund der Erklärung des Arbeitnehmers, er nehme Elternzeit in Anspruch — ohne gleichzeitig eine Verringerung der Arbeitszeit zu verlangen — Dispositionen getroffen haben, die der nachträglichen Geltendmachung des Anspruchs auf Elternteilzeit entgegenstehen. Dann werden Sie dadurch geschützt, dass Sie sich auf das Vorliegen dringender betrieblicher Gründe berufen können, die dem Anspruch des Arbeitnehmers auf Verringerung der Arbeitszeit entgegenstehen (siehe Kapitel 3.3.1)

3.1.5 Umfang und Mindestdauer der Reduzierung

Die vertraglich vereinbarte regelmäßige Arbeitszeit muss auf einen Umfang **zwischen 15 und 30 Wochenstunden** im Monatsdurchschnitt verringert werden. Der Mindestdauer für eine solche Reduzierung beträgt zwei Monate. Sie korrespondiert mit den so genannten Partnermonaten (§ 4 Abs. 4 Satz 2 BEEG).

!	ACHTUNG: Zeitliche Mindest- und Höchstgrenzen sind verbindlich

> Die ArbeitnehmerInnen können im Streitfall keine Teilzeittätigkeit von nur wenigen Wochenstunden durchsetzen. Sie müssen sich entscheiden, ob sie vollständig von der Arbeitsverpflichtung befreit werden („Elternzeit null") oder mit mindestens 15 und höchstens 30 Wochenstunden im Monatsdurchschnitt arbeiten wollen.

Nur wenn Sie sich mit dem Arbeitnehmer einig sind, kann die wöchentliche Arbeitszeit während der Elternteilzeit auch unter 15 Stunden liegen. Erzwingen kann der Arbeitnehmer Ihre Zustimmung dazu jedoch nicht.

Anders ist die Rechtslage, wenn Ihr Arbeitnehmer bereits vor der Geburt weniger als 15 Wochenstunden gearbeitet hat. Dann hat er das Recht, während der Elternzeit im Umfang seiner bisherigen Arbeitszeit weiterzuarbeiten (§ 15 Abs. 5 Satz 4 BEEG).

3.1.6 Genauer Verringerungswunsch

Der Arbeitnehmer oder die Arbeitnehmerin muss den Umfang der gewünschten Verringerung der Arbeitszeit **konkret** angeben. Wie er dies tut, kann er selbst bestimmen. In Betracht kommt die Angabe der neuen Stundenzahl oder eine Prozentangabe bezogen auf die ursprüngliche und die gewünschte Stundenzahl. Entscheidend ist, dass Sie als Arbeitgeber **eindeutig** erkennen können, was der Arbeitnehmer möchte.

Vertragsrechtlich gesehen ist der Antrag des Arbeitnehmers auf Verringerung der Arbeitszeit ein **Angebot auf Abschluss eines Änderungsvertrags** (§ 145 BGB). Der Inhalt eines solchen Angebots muss nach allgemeinem Vertragsrecht so bestimmt sein, dass es von Ihnen mit einem einfachen „Ja" angenommen werden kann (BAG, Urteil vom 15.4.2008, 9 AZR 380/07). Der Inhalt des zustande kommenden Änderungsvertrags muss im Hinblick auf die verringerte wöchentliche Arbeitszeit feststehen.

▶ **BEISPIELFORMULIERUNGEN: zulässige Antragsformulierungen**

„Ich beantrage Ihre Zustimmung, für die Zeit vom ... bis ... in meiner bisherigen Tätigkeit mit einer Wochenarbeitszeit von 18 Wochenstunden zu arbeiten."
„Ich möchte meine vertragliche Arbeitszeit ab dem .... bis zum Ende der Elternzeit auf 50 Prozent reduzieren."

3.1.7 Verteilungswunsch nicht erforderlich

Für die Wirksamkeit des Teilzeitantrags ist es nicht zwingend erforderlich, dass der Arbeitnehmer auch Angaben zur Verteilung der künftigen Arbeitszeit macht, im Antrag soll aber die gewünschte Verteilung der verringerten Arbeitszeit angegeben werden. Tut er dies nicht, verbleibt es hinsichtlich der Lage der Arbeitszeit bei Ihrem **Direktionsrecht** als Arbeitgeber.

In der Praxis kommt dies aber sehr selten vor. Da ArbeitnehmerInnen, die während der Elternzeit in Teilzeit arbeiten wollen, gleichzeitig die Betreuung des Kindes sicherstellen müssen, sind sie in den allermeisten Fällen auf eine **bestimmte Verteilung der Teilzeitstunden** angewiesen. Aus diesem Grund enthalten fast alle Anträge auf Teilzeit in der Elternzeit auch entsprechende Verteilungswünsche. Außerdem können die ArbeitnehmerInnen den Antrag auf Elternteilzeit mit einem konkreten Verteilungswunsch verbinden, der das Änderungsangebot ausdrücklich von der Festsetzung der gewünschten Arbeitszeitverteilung abhängig macht. Erfolgt dies, kann das Änderungsangebot von Ihnen als Arbeitgeber nur einheitlich angenommen oder abgelehnt werden (§ 150 Abs. 2 BGB).

3.2 So gehen Sie vor: Auf Teilzeitantrag eines Elternzeiters reagieren

Wenn MitarbeiterInnen einen Teilzeitantrag stellen, wenn sie Elternzeit geltend machen oder während sie in Elternzeit sind, müssen Sie als Arbeitgeber aktiv werden.

3.2.1 Eingangsbestätigung

Obwohl es gesetzlich nicht vorgeschrieben ist, sollten Sie dem Arbeitnehmer den Eingang des Antrags auf jeden Fall **schriftlich bestätigen**. Damit können Sie den Eingang des Antrags bei Ihnen dokumentieren.

Mit dem Eingangsdatum halten Sie zudem fest, ob der Arbeitnehmer die Antragsfrist — mindestens sieben Wochen vor Beginn der Teilzeittätigkeit — eingehalten hat.

Bei Elternzeit zwischen dem 3. Geburtstag und der Vollendung des 8. Lebensjahres des Kindes muss die Teilzeitbeschäftigung — neu **für ab 1.7.2015 geborene Kinder — 13 Wochen** vor Beginn der Teilzeitarbeit angekündigt werden.

3.2.2 Prüfung der Antragsvoraussetzungen

Anschließend prüfen Sie, ob der Antrag die oben dargestellten Voraussetzungen überhaupt erfüllt. Wird die begehrte Teilzeit zum Beispiel

- ohne Angabe eines **konkreten Umfangs** der Verringerung (beispielsweise: „… möchte ich um ca. 20 — 25 Wochenstunden verringern") geltend gemacht, liegt ein unwirksamer Antrag vor.
- ohne Einhaltung der Mindestfrist geltend gemacht, tritt an die Stelle des zu frühen Termins der gesetzlich früheste mögliche Termin.

3.2.3 Einigungsversuch

Das Gesetz gibt einer Verhandlungslösung den Vorrang vor einer streitigen Auseinandersetzung. Nach dem Gesetzeswortlaut „sollen sich der Arbeitgeber und der Arbeitnehmer oder die Arbeitnehmerin innerhalb von vier Wochen einigen."

3.2.4 Bei Einigung: Änderungsvertrag

Wird eine einvernehmliche Lösung gefunden, sollte diese in der im Arbeitsvertrag vorgesehenen Form festgehalten werden. Da die Arbeitsverträge für Änderungen in der Regel die Schriftform vorschreiben, sollten Sie in einer Änderungsvereinbarung **schriftlich dokumentieren**, worauf sie sich geeinigt haben. Die Arbeitsbedingungen können im Rahmen der üblichen arbeitsrechtlichen Grenzen frei vereinbart werden, solange sie nicht gegen einen geltenden Tarifvertrag verstoßen. Sie können aber auch unverändert bleiben. Dann wird nur die Stundenzahl verringert. Möglich sind auch ein Wechsel in der Beschäftigungsart und eine Anpassung an eine etwaige niedrigere tarifliche Vergütung.

3.2.4.1 Alternative: Schriftlicher Nachweis der Änderung

Diese Alternative greift, wenn Sie keine schriftliche Änderung des Arbeitsvertrags vornehmen möchten. Sie sind als Arbeitgeber nämlich verpflichtet, dem Arbeitnehmer spätestens einen Monat nach der Vertragsänderung einen von Ihnen unterzeichneten schriftlichen **Nachweis** der Änderung des Arbeitszeitumfangs und gegebenenfalls der -verteilung zu zukommen zu lassen (§ 3 Satz 1 NachwG).

3.2.4.2 Elternteilzeit begründet kein neues Arbeitsverhältnis

Bei dem für die Dauer der Elternzeit vereinbarten Teilzeitarbeitsverhältnis handelt es sich in der Regel nicht um ein gesondertes Arbeitsverhältnis, das neben ein ruhendes Vollzeitarbeitsverhältnis tritt. Beschränkt sich die Änderung der Arbeitsbedingungen lediglich auf die Verminderung oder Erhöhung der wöchentlichen Arbeitszeit, so wird allgemein von einem einheitlichen Arbeitsverhältnis ausgegangen.

Das Recht auf Elternteilzeit ist im Gegensatz zum Recht auf Elternzeit kein einseitiges Gestaltungsrecht, sondern mit einem Anspruch auf Vertragsänderung verbunden. Dieser Anspruch ist auf eine befristete Verringerung der vertraglichen Arbeitszeit gerichtet. Da bei der Elternzeit (ohne Teilzeitarbeit) dagegen der Arbeitnehmer das Gestaltungsrecht besitzt, ruhen die wechselseitigen Hauptpflichten in diesem Fall unmittelbar.

Die Begründung eines anderen Arbeitsverhältnisses zusätzlich zu dem bereits bestehenden, das wegen der Elternzeit ruht, ist (nur) denkbar, wenn die Rechtsbeziehungen in einem Arbeitsvertrag völlig neu geordnet würden — beispielsweise wenn sich die Grundlagen der Vergütung und der Tätigkeitsbereich ändern. Gelten die Grundlagen der Entgeltzahlung und der Arbeitsleistung unverändert fort, wird kein neues Arbeitsverhältnis begründet.

3.2.4.3 Arbeitsrechtliche Vorschriften gelten für Teilzeitbeschäftigung

Auf die Teilzeitbeschäftigung finden alle arbeitsrechtlichen Vorschriften Anwendung. Anwendbar ist damit auch das BEEG selbst. Dies hat zur Folge, dass der Teilzeitbeschäftigte bei der Geburt eines weiteren Kindes für dieses erneut Elternzeit in Anspruch nehmen kann. Er ist hierfür nicht an eine Kündigungsfrist gebunden.

3.2.5 Bei Nichteinigung: Ablehnung – Frist beachten!

Wenn Sie sich mit dem Arbeitnehmer nicht einigen, müssen Sie ihm die Entscheidung über die beantragte Verringerung der Arbeitszeit und ihre Verteilung schriftlich mitteilen. Dies muss spätestens vier Wochen nach Zugang des Antrags auf Elternteilzeit geschehen sein, für Geburten ab dem 1.7.2015 in einer Elternzeit zwischen dem 3. Geburtstag und dem vollendeten 8. Lebensjahr des Kindes spätestens 8 Wochen nach Zugang des Antrags.

1. Schritt: Schriftliche Ablehnung

Die Ablehnung des Teilzeitantrags muss schriftlich erfolgen. „Schriftlich" bedeutet, dass das Ablehnungsschreiben von einem dazu Berechtigten eigenhändig unterschrieben sein muss. Zur Unterschrift berechtigt ist der Geschäftsführer, die Personalleiterin oder eine sonst dazu bevollmächtigten Person. Eine Ablehnung per E-Mail oder per Telefax reicht nicht aus.

2. Schritt: Schriftliche Begründung

Diese Ablehnung muss auch schriftlich begründet werden. Anders als beim allgemeinen Teilzeitanspruch nach dem TzBfG reicht es bei einem Antrag auf Elternteilzeit nicht aus, dass die Ablehnung — das heißt das „Nein" zu dem Teilzeitantrag — erkennbar ist. Wenn Sie der beantragten Verringerung der Arbeitszeit zustimmen, aber deren beantragte Verteilung ablehnen wollen, muss dies in der gleichen Art und Weise geschehen.

Musterschreiben: Ablehnung der Verteilung

Sehr geehrte Frau Schneider,

wir nehmen Bezug auf Ihren Antrag vom 7.9.2015 auf Verringerung der Arbeitszeit ab 28.10.2015 bis zum Ende Ihrer Elternzeit am 27.10.2016 von 38,5 Wochenstunden auf 20 Wochenstunden. Die Arbeitszeit soll auf die Tage Montag bis Freitag jeweils von 8:30 Uhr bis 12:30 Uhr verteilt werden. Nach der Erörterung Ihres Teilzeitwunsches am 21.9.2015 haben wir alle Möglichkeiten noch einmal umfassend geprüft. Wie Ihnen bereits mündlich mitgeteilt, sind wir mit der beantragten Reduzierung einverstanden. Die gewünschte Verteilung der Arbeitszeit müssen wir allerdings leider ablehnen, weil ... (Darstellung der Gründe). Ab 28.10.2015 verteilen sich Ihre 20 Wochenstunden bis auf Weiteres wie folgt: ...

Wir behalten uns vor, die Verteilung der Arbeitszeit im Rahmen der gesetzlichen Regelungen künftig auch anders zu verteilen.

Mit freundlichen Grüßen
ppa. Klaus Streng
Personalleiter

Vorsorglich Originalvollmacht beifügen

Wenn das Ablehnungsschreiben nicht vom Geschäftsführer oder dem Personalleiter sondern von einer vom Arbeitgeber eigens bevollmächtigten Person unterschrieben ist — z.B. von einem Personalreferenten „i.V." oder von einem beauftragten Rechtsanwalt — sollte, soweit die Bevollmächtigung dem Arbeitnehmer nicht zweifelsfrei bekannt ist, dem Ablehnungsschreiben vorsorglich eine Originalvollmacht beigefügt werden, damit die Erklärung nicht zurückgewiesen werden kann (§ 174 BGB).

Eventuell nur einheitliche Entscheidung über den Verringerungs- und Verteilungsantrag möglich

Die unterschiedliche Behandlung des Verringerungs- und des Verteilungswunsches ist nur möglich, wenn der Arbeitnehmer die gewünschte Verringerung nicht von der Bedingung abhängig gemacht hat, dass auch der gewünschten Verteilung zugestimmt wird. Dies wird allerdings nur selten der Fall sein. Wenn ein Arbeitnehmer sowohl einen Verringerungs- als auch einen Verteilungswunsch nach dem BEEG geltend macht, hängt erfahrungsgemäß beides voneinander ab. Üblicherweise ist der Teilzeitwunsch eines Arbeitnehmers nämlich Ergebnis von Planungen, für die auch die Verteilung der Arbeitszeit von Bedeutung ist. Dies gilt insbesondere während der Elternzeit, während der in der Regel auch die Betreuung des Kindes sichergestellt werden muss. Für eine gegenteilige Auslegung bedarf es besonderer Anhaltspunkte. Ohne diese besonderen Anhaltspunkte werden Verringerung und Verteilungswunsch im Sinne einer Bedingung miteinander verbunden, so dass der Antrag nur einheitlich abgelehnt werden kann.

3. Schritt: Rechtzeitiger Zugang

Die schriftliche Entscheidung muss dem Arbeitnehmer spätestens vier Wochen nachdem Ihnen der Antrag auf Elternteilzeit zugegangen ist, zugehen, bei Teilzeitanträgen für Geburten ab dem 1.7.2015 in einer Elternzeit zwischen dem 3. Geburtstag und dem vollendeten 8. Lebensjahr des Kindes spätestens 8 Wochen nach Zugang des Antrags.

Unterschiedliche Rechtsfolgen bei Fristversäumnis oder Formfehler

Die gewünschte Verringerung und Verteilung der Arbeitszeit treten bisher, d.h. bei Anträgen von Eltern von bis 30.6.2015 geborenen Kindern **nicht** automatisch in Kraft, auch wenn Sie

- die Ablehnungsfrist verpassen,
- auf den Antrag überhaupt nicht reagieren,
- die für die Ablehnung gesetzlich vorgeschriebene Schriftform nicht einhalten oder
- die Ablehnung trotz der gesetzlichen Vorgabe nicht (schriftlich) begründen.

Hier unterschied sich das BEEG bisher von der Regelung beim allgemeinen Teilzeitanspruch (§ 8 Abs. 5 Satz 3 TzBfG).

Neu eingeführt wurde im BEEG **für ab 1.7.2015 geborene Kinder** aber eine der TzBfG-Regelung vergleichbare **Zustimmungsfiktion**. Das heißt: Die Zustimmung des Arbeitgebers zu einer beantragten Verringerung der Arbeitszeit sowie zur Verteilung der Arbeitszeit **gilt kraft Gesetzes als erteilt**, sofern der Arbeitgeber diese schriftlich ablehnt

- in einer Elternzeit zwischen der Geburt und dem vollendeten 3. Lebensjahr des Kindes nicht spätestens vier Wochen nach Zugang des Antrags oder
- in einer Elternzeit zwischen dem 3. Geburtstag und dem vollendeten 8. Lebensjahr des Kindes nicht spätestens 8 Wochen nach Zugang des Antrags.

3.3 Gründe für die Ablehnung

3.3.1 Dringende betriebliche Gründe

Der Anspruch auf Verringerung der Arbeitszeit während der Elternzeit setzt voraus, dass diesem keine „dringenden betrieblichen Gründe" entgegenstehen. An das objektive Gewicht der Ablehnungsgründe müssen nach der Rechtsprechung des Bundesarbeitsgerichts erhebliche Anforderungen gestellt werden. Dies verdeutlicht der Begriff „dringend". Mit ihm wird ausgedrückt, dass eine Angelegenheit **notwendig, erforderlich oder auch sehr wichtig ist**. Die entgegenstehenden betrieblichen Interessen müssen mithin von erheblichem Gewicht sein. Sie müssen sich gleichsam als zwingende Hindernisse für die beantragte Verkürzung der Arbeitszeit darstellen (BAG vom 5.6.2007, 9 AZR 82/07).

Als Arbeitgeber müssen Sie berücksichtigen, dass Sie gegen den Anspruch des Arbeitnehmers auf Elternzeit **keine Einwendungen** erheben können. Die „dringenden betrieblichen Gründe" müssen sich folglich daraus ergeben, dass der Wunsch des Elternzeiters nach Teilzeitarbeit zu erheblichen Beeinträchtigungen für Sie führt.

> ● **TIPP: Sämtliche Ablehnungsgründe schriftlich darstellen**
>
> Teilweise wird angenommen, dass Sie sich als Arbeitgeber im Falle eines Rechtsstreits um den Antrag auf Elternteilzeit nur noch auf diejenigen Ablehnungsgründe berufen dürfen, die Sie dem Elternzeiter vorher schriftlich mitgeteilt haben (das nennt sich Präklusion). Aus diesem Grund empfiehlt es sich dringend, die Ablehnungsgründe vollständig und schriftlich darzustellen.

3.3.2 Unteilbarkeit des Arbeitsplatzes

Die so genannte Unteilbarkeit des Arbeitsplatzes oder die fehlende Vereinbarkeit der gewünschten Teilzeitarbeit mit den betrieblichen Arbeitszeitmodellen können „dringende betriebliche Gründe" sein. Wenn dies so ist, müssen Sie als Arbeitgeber die Tatsachen so vortragen, dass sie dem **Prüfschema** entsprechen, das das Bundesarbeitsgericht für die betrieblichen Ablehnungsgründe bei dem allgemeinen Teilzeitanspruch nach § 8 TzBfG entwickelt hat, siehe Kapitel 2.4 „Dreistufige Prüfung des Ablehnungsgrunds". Die Anwendung des gleichen Schemas ergibt sich aus der vergleichbaren Interessenlage. Die Anforderungen hieran sind — wie oben bereits dargestellt — erheblich.

3.3.3 Keine Beschäftigungsmöglichkeit

Das betriebliche Organisationskonzept und daraus abgeleitete Arbeitszeitregelungen sind ohne Bedeutung, wenn Sie geltend machen wollen, es gäbe für den Elternzeiter während der Elternzeit keine (Teilzeit-)Beschäftigungsmöglichkeit. Es geht dann nicht um die Harmonisierung von Verringerungswunsch und betrieblichen Abläufen. Es geht vielmehr darum, ob der Arbeitnehmer in Elternzeit vorübergehend mit verringerter Arbeitszeit beschäftigt werden kann, anstatt weiterhin vollständig bis zum Ende der Elternzeit mit der Arbeit auszusetzen.

Wenn es tatsächlich keine Beschäftigungsmöglichkeit gibt, kann der Verringerungsanspruch des Arbeitnehmers berechtigt abgelehnt werden. Der Elternzeiter hat nämlich keinen Anspruch darauf, besser behandelt zu werden als ein nicht in Elternzeit befindlicher Arbeitnehmer, wenn Beschäftigungsmöglichkeiten wegfallen. Ihnen als Arbeitgeber wird gesetzlich nicht zugemutet, den Arbeitnehmer trotz fehlenden Beschäftigungsbedarfs (allein) wegen der Elternzeit als Teilzeitkraft zu beschäftigen.

> **!** **ACHTUNG: Bloße Behauptung ist nicht ausreichend**
>
> Die bloße Behauptung, es bestehe keine Beschäftigungsmöglichkeit, genügt nicht, um eine Zustimmungsverweigerung schlüssig darzulegen. Vielmehr sind die zugrunde liegenden Tatsachen zu bezeichnen. Die Darlegungen unterscheiden sich insoweit nicht von dem gebotenen Vortrag zur Begründung einer betriebsbedingten Kündigung (§ 1 Abs. 2 KSchG). Die Ausgangssituationen sind vergleichbar. In beiden Varianten geht es um den unbestimmten Rechtsbegriff „dringende betriebliche Gründe" bzw. Erfordernisse. Im Kündigungsrecht müssen sie einer dauerhaften Weiterbeschäftigung des Arbeitnehmers entgegenstehen. Im Recht der Elternteilzeit müssen sie einer befristeten Beschäftigung mit der gewünschten verringerten Arbeitszeit entgegenstehen.

3.3.3.1 Hauptfall: Einstellung einer Ersatzkraft

Die zwischenzeitliche Besetzung des Arbeitsplatzes mit einer Vertretungskraft berechtigt Sie als Arbeitgeber in der Regel zur Ablehnung des Antrags auf Elternteilzeit. Sie können sich auf dringende betriebliche Gründe berufen, wenn Sie für die Dauer der Elternzeit eine Vollzeitvertretung eingestellt haben, die nicht bereit ist, ihre Arbeitszeit zu verringern und wenn keine anderen Beschäftigungsmöglichkeiten vorhanden sind — insbesondere weil andere vergleichbare Mitarbeiter zu keiner Verringerung ihrer Arbeitszeit bereit sind.

▶ **BEISPIEL: Einstellung einer Ersatzkraft**

Eine Krankenhausgesellschaft beschäftigt in ihrem Betrieb (nur) zwei Diätassistentinnen. Für die Dauer der für drei Jahre geltend gemachten Elternzeit einer der beiden Arbeitnehmerinnen wird eine weitere Diätassistentin als Vollzeitvertretung eingestellt. Sieben Monate nach der Geburt beantragt die Elternzeiterin Elternteilzeit im Umfang von 15,4 Wochenstunden, zu verteilen auf zwei Wochentage nach Dienstplan. Weder die Ersatzkraft noch die andere Arbeitnehmerin erklären sich bereit, ihre Arbeitszeit zugunsten der Klägerin zu verringern. Andere Beschäftigungsmöglichkeiten bestehen wegen der eingeschränkten Verwendungsbreite für die Elternzeiterin nicht.
BAG vom 19.4.2005, 9 AZR 233/04

In diesem Fall ist der Arbeitgeber berechtigt, den Antrag auf Elternteilzeit abzulehnen. Andernfalls wäre er gezwungen, die Arbeitnehmerin in Elternzeit während der Elternzeit mit verringerter Arbeitszeit zu beschäftigen, obwohl kein Beschäftigungsbedarf für die Elternzeiterin besteht, da eine Vertretungskraft eingestellt wurde. Eine solche zusätzliche **wirtschaftliche Belastung** kann ihm jedoch regelmäßig nicht auferlegt werden.

● **TIPP: Arbeitnehmer nach Verringerungsbereitschaft fragen**

Sie wollen sich zur Ablehnung eines Antrags auf Elternteilzeit auf die Einstellung einer Ersatzkraft berufen. Dann müssen Sie nachweisen, dass Sie die Vertretungskraft und weitere ArbeitnehmerInnen, die mit dem Elternzeiter vergleichbare Tätigkeiten ausüben, gefragt haben, ob sie ihrerseits einer vorübergehenden Verringerung ihrer Arbeitszeit zustimmen — und zwar in dem Umfang, der dem Teilzeitarbeitswunsch des Elternzeiters entspricht. Damit genügen Sie Ihren Verpflichtungen.
Besteht eine solche Bereitschaft nicht, dürfen Sie den Teilzeitantrag ablehnen.

Ein besonderes **Kündigungsrecht** gegenüber dem vertretungsweise eingestellten Arbeitnehmer besteht ohnehin nicht. Denn § 21 Abs. 4 BEEG sieht ein solches nur vor, wenn die Elternzeit ohne Zustimmung des Arbeitgebers vorzeitig endet oder wenn der Arbeitgeber die vorzeitige Beendigung der Elternzeit wegen der Geburt eines weiteren Kindes oder wegen eines besonderen Härtefalles nicht ablehnen darf (§ 16 Abs. 3 Satz 2 BEEG).

❗ **ACHTUNG: Weder Sozialauswahl noch (Änderungs-)Kündigung erforderlich**

Bei der Prüfung der entgegenstehenden dringenden betrieblichen Gründe müssen Sie keine Sozialauswahl zwischen dem Elternzeiter und eventuellen anderen, um die Arbeitsplätze konkurrierenden Arbeitnehmern vornehmen.

Mit der Besetzung der Stellen durch ihre anderen Arbeitnehmer erfüllen Sie Ihre Beschäftigungspflichten. Gegenüber dem Elternzeiter besteht wegen der Inanspruchnahme der Elternzeit grundsätzlich keine Beschäftigungspflicht. Es fehlt deshalb schon die für eine Sozialauswahl erforderliche Vergleichbarkeit. Sie sind auch nicht gezwungen, gegenüber der Vertretungskraft oder anderen Arbeitnehmern Kündigungen oder Änderungskündigungen auszusprechen, um Arbeitskapazität für eine Teilzeitbeschäftigung des Arbeitnehmers in Elternzeit freizumachen. Die Durchführung eines Kündigungsverfahrens stellt für Sie eine unzumutbare Beeinträchtigung dar, welche die Ablehnung des Teilzeitanspruchs eines Arbeitnehmers in Elternzeit rechtfertigt.

3.3.3.2 Weitere Fälle fehlender Beschäftigungsmöglichkeit

Auch sonstige Fälle fehlender Beschäftigungsmöglichkeit berechtigen zur Ablehnung des Antrags auf Elternteilzeit. Dies gilt insbesondere dann, wenn sich die betrieblichen Verhältnisse seit Antritt der Elternzeit geändert haben. Berücksichtigungsfähig sind zum Beispiel

- die Schließung der Abteilung,
- die Auflösung der Arbeitsgruppe oder
- die Verlagerung der Arbeiten auf Dritte.

Dabei muss wie im Kündigungsrecht näher konkretisiert werden, aufgrund welcher Umstände kein betrieblicher Beschäftigungsbedarf besteht. Sie können sich nur auf die Tätigkeit beziehen, die der Arbeitnehmer vor Beginn der Elternzeit auf seinem Arbeitsplatz ausgeübt hat. In die erforderliche Darlegung sind alle Aufgaben einzubeziehen, die Sie dem Arbeitnehmer aufgrund Ihres Direktionsrechts (§ 106 GewO) übertragen können.

Dies erfordert, dass Sie den Gesamtbedarf an Arbeitszeitkapazität vortragen, der bei Ihnen besteht. Diesem stellen Sie dann die tatsächliche Besetzungssituation gegenüber. Insbesondere bei größeren Betrieben kann hierauf nicht verzichtet werden, da sich der Personalbereich durch Fluktuation oder Inanspruchnahme von Elternzeit dynamisch entwickelt (BAG vom 5.6.2007, 9 AZR 82/07).

3.3.4 Ablehnung der Arbeitszeitverteilung

Die im Gesetz aufgezählten Beispiele für betriebliche Gründe, die dem Antrag auf Teilzeit entgegenstehen, gelten nach dem klaren Gesetzeswortlaut nur für die

Frage der **Verringerung** der Arbeitszeit. Es wird aber allgemein angenommen, dass diese Beispiele und Maßstäbe ebenso gelten, wenn es darum geht, die vom Arbeitnehmer gewünschte **Verteilung** der reduzierten Arbeitszeit zu beurteilen.

Für eine solche Handhabung sprechen Gründe der Praktikabilität und Rechtssicherheit. Dafür spricht auch, dass sich die Gesetzesbegründung zu den betrieblichen Gründen gleichermaßen auf eine Verringerung und eine Verteilung der Arbeitszeit bezieht. Das heißt: Auch die vom Arbeitnehmer gewünschte Verteilung der reduzierten Arbeitszeit muss sich in das vom Arbeitgeber vorgegebene Organisationskonzept und in den Arbeitsablauf einfügen.

3.3.4.1 Andere Verteilung in der Fünf-Tage-Woche oder Einstieg in die Vier-Tage-Woche?

§ 8 TzBfG begründet nicht nur für die Verringerung der Arbeitszeit, sondern auch für ihre Verteilung einen **Anspruch auf Vertragsänderung** — bis zu den Grenzen des Rechtsmissbrauchs (§ 242 BGB). Der Arbeitnehmer kann deshalb nicht nur eine proportionale Verkürzung der Arbeitszeit an fünf Tagen von Montag bis Freitag verlangen. Er hat — wenn dem nicht dringende betriebliche Gründe entgegenstehen — auch einen Anspruch darauf, in der Vier-Tage-Woche statt in der Fünf-Tage-Woche zu arbeiten. Wortlaut und Zusammenhang des Gesetzes geben keine Beschränkung auf das arbeitsvertraglich vereinbarte Arbeitszeitverteilungsmodell vor.

3.3.4.2 Keine automatische Vertragsänderung in ein Elternteilzeitarbeitsverhältnis

Wenn Sie einen Antrag auf Elternteilzeit ablehnen, kommt es nicht zu einer Vertragsänderung. Der Arbeitnehmer ist dann nicht berechtigt, während der Elternzeit bei Ihnen in Teilzeit zu arbeiten.

Neu eingeführt wurde im BEEG **für ab 1.7.2015 geborene Kinder** allerdings eine **Zustimmungsfiktion**. Das heißt: Ihre Zustimmung als Arbeitgeber zu einer beantragten Verringerung der Arbeitszeit sowie zur Verteilung der Arbeitszeit gilt kraft Gesetzes als erteilt, sofern Sie den Antrag schriftlich ablehnen

- in einer Elternzeit zwischen der Geburt und dem vollendeten 3. Lebensjahr des Kindes nicht spätestens vier Wochen nach Zugang des Antrags oder
- in einer Elternzeit zwischen dem 3. Geburtstag und dem vollendeten 8. Lebensjahr des Kindes nicht spätestens 8 Wochen nach Zugang des Antrags.

3.4   Wie der Arbeitnehmer bei Ablehnung reagieren kann

3.4.1   Klage beim Arbeitsgericht

Will der Elternzeiter sein Teilzeitverlangen durchsetzen, muss er dies mit Hilfe des Arbeitsgerichts tun. Es gibt **keine gesetzliche Frist** für die Klage. Die Klagemöglichkeit kann allerdings nach Treu und Glauben verwirken (§ 242 BGB), wenn der Arbeitnehmer über einen Zeitraum von mehreren Monaten nach der Ablehnung keine Klage erhebt und aus den Umständen — insbesondere seiner Reaktion — zu entnehmen ist, dass er die Ablehnung hinnimmt.

Erst bei Rechtskraft tritt Änderung ein

Mit einer Klage muss der Arbeitnehmer die Zustimmung zu einer Vertragsänderung geltend machen. Das heißt, dass er auf Abgabe einer zustimmenden Willenserklärung durch den Arbeitgeber klagen muss. Wie beim allgemeinen Teilzeitanspruch besteht auch hier die Besonderheit, dass die Zustimmung zur Vertragsänderung erst mit der Rechtskraft des Urteils als erteilt gilt. Das heißt: Selbst wenn der Arbeitnehmer in erster Instanz vor dem Arbeitsgericht obsiegt, ruht der ursprüngliche Arbeitsvertrag wegen der Elternzeit weiterhin, wenn der Arbeitgeber in Berufung zum Landesarbeitsgericht geht. Der Elternzeiter hat dann keinen Anspruch auf Beschäftigung in reduziertem Umfang und mit der gewünschten Verteilung.

3.4.2   Einstweilige Verfügung

Eine streitige Auseinandersetzung vor dem Arbeitsgericht dauert in der Regel Monate, unter Berücksichtigung eines Streits durch mehrere Instanzen manchmal Jahre. Elternzeit besteht aber nur bis zur Vollendung des dritten Lebensjahres des Kindes. Elternteilzeit kann also auch nur innerhalb dieses Zeitraums verlangt werden. Deshalb ist ein Streit über die Berechtigung des Antrags auf Elternteilzeit aus Arbeitnehmersicht bereits in **zeitlicher** Hinsicht problematisch. Aus diesem Grund kann der Arbeitnehmer einen Antrag auf Erlass einer einstweiligen Verfügung in Betracht ziehen.

Bei der zu beantragenden einstweiligen Verfügung handelt es sich um eine so genannte Leistungsverfügung. Sie führt nicht nur zur Sicherung, sondern auch zur teilweisen oder völligen Befriedigung des streitigen Anspruchs. Deshalb werden an Darlegung und Glaubhaftmachung von Verfügungsanspruch und Verfügungsgrund strenge **Anforderungen** gestellt. Ein Verfügungsgrund liegt in der Praxis nur selten vor. Der Elternzeiter müsste dafür glaubhaft machen, dass für ihn wesentliche Nachteile entstehen, wenn er die Entscheidung im Hauptsacheverfahren abwarten muss. Nur dann erscheint die einstweilige Verfügung zur Abwehr dieser Nachteile erforderlich. Dies wäre denkbar, wenn der Elternzeiter seine Vertragsarbeitszeit wegen der Betreuung des Kindes nicht beibehalten kann, er aber zugleich auf die Einkünfte aus der (reduzierten) Arbeitszeit dringlich angewiesen ist. Entsprechende Auseinandersetzungen sind in der Praxis jedoch sehr selten.

3.5 Vorgehen nach Ende der Elternzeit

3.5.1 Rückkehr zur alten Arbeitszeit?

Während der Elternzeit ruht das Arbeitsverhältnis. Denn die arbeitsvertraglichen Hauptleistungspflichten, also die Pflicht des Arbeitnehmers zur Arbeitsleistung und die Pflicht des Arbeitgebers zur Zahlung des Arbeitsentgelts, entfallen. Mit Beendigung der Elternzeit lebt das Arbeitsverhältnis zu den „alten" Bedingungen wieder auf. Mit dem Ende der Elternzeit gelten also die Rechte und Pflichten des Arbeitsvertrages in der Fassung von vor der Elternzeit wieder. Das heißt, der Umfang der Arbeitszeit entspricht dann wieder dem Umfang, der vor Geburt und Elternzeit gültig war. Gleiches gilt für die Verteilung der Arbeitszeit.

> ▶ **BEISPIEL: Regelung nach dem Ende der Elternzeit**
>
> Eine Arbeitnehmerin war bis zum Beginn der vorgeburtlichen Mutterschutzfrist in Vollzeit (40 Wochenstunden) beschäftigt. Nach einem Jahr Elternzeit ohne Beschäftigung hat sie Elternteilzeit in einem Umfang von 20 Wochenstunden beantragt und vom Arbeitgeber bewilligt bekommen.
>
> Mit dem Ende der Elternzeit hat die Arbeitnehmerin einen Anspruch auf Beschäftigung in Vollzeit. Gleichzeitig ist sie auch verpflichtet, in Vollzeit zu arbeiten. Die Elternteilzeitvereinbarung endet mit dem Ende der Elternzeit.
>
> Will sie die Teilzeittätigkeit nach der Elternzeit fortsetzen, muss sie einen Antrag auf Verringerung der Arbeitszeit nach den allgemeinen Regelungen des TzBfG stellen (siehe 2.1.3 ff). Über diesen hat der Arbeitgeber dann neu zu entscheiden. Ohne neue Vereinbarung ist die Arbeitnehmerin aber verpflichtet, zu den gleichen Bedingungen wie vor der Elternzeit zu arbeiten.

3.5.2 Anspruch auf den alten Arbeitsplatz?

Ein Anspruch auf Rückkehr auf den alten Arbeitsplatz besteht nach Ende der Elternzeit in der Regel nicht. Es besteht aber ein **Anspruch** auf **vertragsgemäße Beschäftigung**. Zum wesentlichen Inhalt eines Arbeitsverhältnisses gehört das auf dem Arbeitsvertrag beruhende Weisungsrecht (Direktionsrecht). Insbesondere hat der Arbeitgeber das Recht, die im Arbeitsvertrag nur rahmenmäßig umschriebene Leistungspflicht des Arbeitnehmers im Einzelnen festzulegen. Auf der Grundlage dieses Weisungsrechts kann der Arbeitgeber dem Arbeitnehmer auch einen Wechsel in der Art der Beschäftigung auferlegen oder zum Beispiel seinen Arbeitsbereich verkleinern.

In der Regel behält sich der Arbeitgeber im Arbeitsvertrag somit vor, dem Arbeitnehmer bei betrieblicher Notwendigkeit auch andere Aufgaben zu übertragen, die seinen Kenntnissen und Fähigkeiten entsprechen. Nur wenn im Arbeitsvertrag die Beschäftigung an einem bestimmten Arbeitsplatz zugesagt wurde und keine wirksame Versetzungsklausel vereinbart ist, besteht ein Anspruch auf Beschäftigung am alten Arbeitsplatz.

3.6 Erwerbstätigkeit bei anderem Arbeitgeber oder Selbstständigkeit

Ihr Arbeitnehmer kann während der Elternzeit auch bei einem anderen Arbeitgeber in Teilzeit arbeiten oder einer selbständigen Tätigkeit nachgehen. Die Voraussetzung dafür ist aber, dass die Tätigkeit einen Umfang von 30 Wochenstunden im Monatsdurchschnitt nicht übersteigt und dass Sie dem zustimmen.

Wann müssen Sie zustimmen?

Sie können dem Arbeitnehmer, der sich in Elternzeit befindet, die Zustimmung zur Teilzeitarbeit bei einem Dritten oder zu einer selbständigen Tätigkeit aus dringenden betrieblichen Gründen verweigern (§ 15 Abs. 4 Satz 4 BEEG). Damit Sie dies prüfen können, muss der Arbeitnehmer einen entsprechenden Antrag stellen. Darin muss er konkret beschreiben, welcher Tätigkeit er bei wem nachgehen will und was der Inhalt dieser Tätigkeit ist.

> ▶ **BEISPIEL: Ablehnungsgrund Interessenkollision**
>
> Zur Ablehnung berechtigen Interessenkollisionen, die auftreten können,
>
> - wenn der Arbeitnehmer für ein Konkurrenzunternehmen tätig werden möchte,
> - wenn im Aufgabenbereich der Teilzeitarbeit Betriebs- oder Geschäftsgeheimnisse des Arbeitgebers berührt werden,
> - wenn der Arbeitnehmer Insider-Kenntnisse, die er bei seinem bisherigen Arbeitgeber gewonnen hat, verwerten kann,
> - wenn das Geschäftsziel des Arbeitgebers und das des anderen Arbeitgebers sich dermaßen widersprechen, dass sich die Nebentätigkeit negativ auf die Wahrnehmung der Geschäftspartner oder der Öffentlichkeit auswirkt (dies betrifft zum Beispiel die Nebentätigkeit eines Krankenpflegers als Leichenbestatter).

Wenn keine dringenden betrieblichen Gründe der Teilzeitarbeit bei einem Dritten entgegenstehen, müssen Sie die Zustimmung erteilen. Sie müssen dies innerhalb einer **Frist von vier Wochen** ab Antragstellung durch den Arbeitnehmer tun.

> ❗ **ACHTUNG: Nach Fristablauf entfällt Zustimmungserfordernis**
>
> Wenn Sie die Ihnen gesetzlich zugebilligte Frist von vier Wochen ab Antragseingang untätig verstreichen lassen, entfällt das Zustimmungserfordernis. Der Arbeitnehmer kann dann der Teilzeittätigkeit bei dem anderen Arbeitgeber oder als Selbständiger nachgehen, ohne dass ihn die fehlende Zustimmung daran hindert.

3.7 Elternzeit und Urlaub

Der Arbeitgeber kann den Erholungsurlaub des Elternzeiters anteilig für Zeiten der Elternzeit kürzen. Die Kürzung kann jedoch nur für volle Kalendermonate der Elternzeit erfolgen (§ 17 BEEG). Selbst wenn in einem Monat lediglich Tage ohne Arbeitspflicht (z.B. Feiertage) fehlen, verhindert das die Kürzung.

Der Urlaub kann jedoch **nicht** gekürzt werden, soweit der Arbeitnehmer in Teilzeit während der Elternzeit arbeitet. In solchen Fällen ist der Urlaub wie bei jeder Teilzeit zeitanteilig umzurechnen. Dies gilt jedenfalls für den Urlaub, den der Arbeitnehmer für den auf die Teilzeit entfallenden Zeitraum erwirbt (siehe hierzu oben Kapitel 2.7.4.3).

4 Teilzeitarbeit bei Schwerbehinderung

4.1 Anspruchsvoraussetzungen

Schwerbehinderten Menschen steht ein spezieller Anspruch auf Teilzeitbeschäftigung zu (§ 81 Abs. 5 Satz 3 SGB IX). Der Anspruch auf Teilzeitbeschäftigung besteht, sofern die kürzere Arbeitszeit wegen der Art und Schwere der Behinderung erforderlich ist.

Um die Notwendigkeit einer Verkürzung der Arbeitszeit darzulegen genügt es, wenn der schwerbehinderte Arbeitnehmer eine **ärztliche Bescheinigung** vorlegt, nach der eine Verkürzung der Arbeitszeit aus gesundheitlichen Gründen indiziert ist.

Der Anspruch ist weder von der Größe des Betriebs noch von einer bestimmten Dauer der Betriebszugehörigkeit abhängig. Sofern die arbeitsvertraglich geschuldete Leistung aus Gründen, die durch die Behinderung verursacht werden, nicht in vollem zeitlichem Umfang erbracht werden kann, müssen Sie als Arbeitgeber dem Antrag entsprechen.

Dauer der Teilzeitbeschäftigung

Es gibt **keine gesetzliche Einschränkung** hinsichtlich der Dauer der Teilzeitbeschäftigung. § 81 Abs. 5 Satz 3 SGB IX ermöglicht dem Arbeitnehmer, eine nur vorübergehende Verringerung der Arbeitszeit zu erreichen. Das Schwerbehindertenrecht enthält im Unterschied zum TzBfG keine Einschränkungen. Im Vordergrund steht allein das Interesse des schwerbehinderten Menschen, dem eine Arbeitszeit ermöglicht werden soll, die er mit seiner Behinderung vereinbaren kann — so wie das Interesse des schwerbehinderten Menschen auch bei dem Anspruch auf eine Beschäftigung, bei der er seine Fähigkeiten und Kenntnisse möglichst voll verwerten und weiterentwickeln kann, im Vordergrund steht (§ 81 Abs. 4 Satz 1 Nr. 1 SGB IX).

4.2   Kann der Anspruch abgelehnt werden?

Der schwerbehinderte Mensch hat einen individualrechtlichen Anspruch auf tatsächliche Beschäftigung mit der verringerten Arbeitszeit. Dieser schwerbehindertenrechtliche Beschäftigungsanspruch entsteht nach der Rechtsprechung des Bundesarbeitsgerichts unmittelbar bei Vorliegen der gesetzlichen Voraussetzungen.

Dabei ist es nicht erforderlich, dass sich ein Arbeitnehmer auf die im SGB IX enthaltenen Anspruchsgrundlagen beruft. Es reicht aus, ist aber auch notwendig, dass Ihnen als Arbeitgeber seine Schwerbehinderung als solche bekannt ist und er die Beschäftigung mit einer kürzeren Arbeitszeit mit Rücksicht auf seine Behinderung auch tatsächlich verlangt. Dabei muss er auch den Umfang der behinderungsbedingten Kürzung der Arbeitszeit unmissverständlich angeben.

Daran könnte es beispielsweise fehlen, wenn ein Arbeitnehmer die Teilzeitbeschäftigung von nicht behinderungsbedingten Umständen abhängig macht. Dies könnte der Fall sein, wenn ein Schwerbehinderter, der eine Teilerwerbsminderungsrente bekommt, geltend macht, er wolle „im Rahmen der Hinzuverdienergrenze" tätig sein.

> **!** **ACHTUNG: Keine Zustimmung notwendig**
>
> Das Teilzeitverlangen des schwerbehinderten Menschen nach § 81 Abs. 5 Satz 3 SGB IX bewirkt unmittelbar eine Verringerung der geschuldeten Arbeitszeit, ohne dass es Ihrer Zustimmung als Arbeitgebers zur Änderung der vertraglichen Pflichten bedarf. Es bedarf **keiner** vorhergehenden Vertragsänderung. Der schwerbehinderte Mensch kann vielmehr — ohne an Formen und Fristen gebunden zu sein — jederzeit verlangen, nur noch in einem seiner Behinderung Rechnung tragenden zeitlichen Umfang eingesetzt zu werden.

Wird auf ein Teilzeitverlangen entsprechend die Arbeitszeit verkürzt, besteht nach § 81 Abs. 4 Nr. 1 SGB IX ein dem verbliebenen Leistungsvermögen entsprechender Anspruch auf tatsächliche Beschäftigung. Als Arbeitgeber können Sie dem entgegentreten und das Teilzeitbegehren ablehnen, wenn Ihnen dessen Erfüllung „nicht zumutbar oder mit unverhältnismäßigen Aufwendungen verbunden wäre" (§ 81 Abs. 4 Satz 3 SGB IX). Ihre möglichen Einwendungen sind also enger als diejenigen, die Sie dem allgemeinen Teilzeitanspruch nach § 8 TzBfG („betriebliche Gründe") entgegenhalten können (siehe 2.4.1).

Konkrete Ablehnungsgründe

Ein Ablehnungsgrund liegt vor, wenn

- Änderungen in der Arbeitsorganisation vorgenommen werden müssten, die einen Eingriff in andere Arbeitsverhältnisse erforderten oder
- wenn aufgrund besonderer Qualifikationen und Kenntnisse des Schwerbehinderten der Einsatz einer Ersatzperson besondere Probleme bereitet.

Nicht ausreichend wäre es, wenn Sie befürchten, dass es zu Auseinandersetzungen über die Verteilung der Arbeitszeit kommen wird.

„Unverhältnismäßige Aufwendungen" stehen dem Teilzeitanspruch des schwerbehinderten Mitarbeiters entgegen, wenn eine sehr schlechte Kosten-Nutzen-Relation zu besorgen ist. Das ist zum Beispiel der Fall, wenn die erforderlichen Aufwendungen sehr hoch wären und das Arbeitsverhältnis wegen der Rentennähe ohnehin in absehbarer Zeit sein Ende finden wird.

4.3 Verhältnis zum allgemeinen Teilzeitanspruch

Der **spezielle** Teilzeitanspruch schwerbehinderter Arbeitnehmer steht neben dem **allgemeinen** Teilzeitanspruch nach § 8 TzBfG. Wenn ein schwerbehinderter Mitarbeiter bei Ihnen einen Teilzeitanspruch geltend macht, müssen Sie den Anspruch im Zweifelsfall unter Beachtung der rechtlichen Anforderungen beider Rechtsgrundlagen auf seine Berechtigung überprüfen.

Ein schwerbehinderter Arbeitnehmer, der seine Arbeitszeit bereits nach § 81 Abs. 4 SGB IX vermindert hat, kann durchaus eine **weitere Reduzierung** auf der Basis des allgemeinen Teilzeitanspruchs (§ 8 TzBfG) verlangen. Die zweijährige Wartefrist des allgemeinen Teilzeitanspruchs, innerhalb derer der Arbeitnehmer nicht erneut eine Reduzierung der Arbeitszeit verlangen darf, gilt im Falle der Kombination von Teilzeitansprüchen nach unterschiedlichen gesetzlichen Grundlagen nicht.

5   Teilzeit bei Pflegezeit und Familienpflegezeit

Das am 1.7.2008 in Kraft getretene Pflegezeitgesetz (PflegeZG) soll Beschäftigten insbesondere die Möglichkeit eröffnen, pflegebedürftige nahe Angehörige in häuslicher Umgebung zu pflegen und damit die Vereinbarkeit von Beruf und familiärer Pflege zu verbessern. Hierzu sieht das Gesetz es in § 3 PflegeZG neben dem Anspruch auf vollständige Freistellung auch einen Anspruch auf teilweise Freistellung von der Arbeitsverpflichtung vor. Ausweislich der Gesetzesbegründung sind die Regelungen der Pflegezeit und der Pflegeteilzeit an die Elternzeitbestimmungen der §§ 15 ff BEEG angelehnt.

Eine Familienpflegezeit ist nach der Definition in § 2 Abs. 1 des FamPflegeZG eine Teilzeittätigkeit mit einer wöchentlichen Mindestarbeitszeit von 15 Stunden für die Dauer von maximal 24 Monaten zur Pflege eines pflegebedürftigen nahen Angehörigen. Seit 1.1.2015 haben Arbeitnehmer grundsätzlich einen Rechtsanspruch, entsprechend teilweise von der Arbeit freigestellt zu werden. Der Freistellungsanspruch im Rahmen des Familienpflegezeitgesetz besteht auch für die „Betreuung" eines minderjährigen pflegebedürftigen nahen Angehörigen (§ 2 Abs. 5 FamPflegeZG). Dies ermöglicht eine Betreuung eines pflegebedürftigen minderjährigen Angehörigen, selbst wenn dieser sich in einer stationären Einrichtung befindet.

Pflegezeit als einseitiges Gestaltungsrecht

Das Recht eines Arbeitnehmers, einen nahen Familienangehörigen in häuslicher Umgebung zu pflegen, ist kein Anspruch des Arbeitnehmers iSd. § 194 BGB, zu dessen gerichtlicher Durchsetzung eine Leistungsklage geeignet wäre. § 3 PflegeZG räumt dem Beschäftigten nach der Auslegung durch das Bundesarbeitsgericht vielmehr ein einseitiges Gestaltungsrecht ein. Soweit nach dem Wortlaut des § 3 Abs. 1 Satz 1 PflegeZG der Beschäftigte „von der Arbeitsleistung vollständig oder teilweise freizustellen" ist, handelt es sich um eine redaktionelle Ungenauigkeit des Gesetzgebers. Einer Freistellungserklärung des Arbeitgebers bedarf es gerade nicht. Durch die Erklärung, Pflegezeit in Anspruch zu nehmen, treten unmittelbar die gesetzlichen Rechtsfolgen der Pflegezeit ein, ohne dass es noch eines weiteren Handelns des Arbeitgebers bedürfte. Der Arbeitnehmer schuldet während der in Anspruch genommenen Pflegezeit keine Arbeitsleistung mehr.

Gilt nicht für Familienpflegezeit und Pflegeteilzeit

Dies gilt allerdings nicht, soweit für die Dauer der Pflegezeit eine Teilzeitbeschäftigung geltend gemacht wird. Hier bedarf es einer vorherigen schriftlichen Vereinbarung mit ihnen als Arbeitgeber. Auch für die Familienpflegezeit, die zwingend eine Teilzeittätigkeit voraussetzt, gilt der Automatismus nicht.

5.1 Welche Voraussetzungen müssen erfüllt sein?

5.1.1 Beschäftigtenzahl: Mehr als 15 bzw. 25 Arbeitnehmer

Ein Anspruch auf Pflegezeit existiert nur, wenn Sie als Arbeitgeber regelmäßig mehr als 15 Arbeitnehmer beschäftigen (§ 3 Abs. 1 Satz 2 PflegeZG). Demgegenüber besteht der Rechtsanspruch auf Familienpflegezeit nicht „gegenüber Arbeitgebern mit in der Regel 25 oder weniger Beschäftigten ausschließlich der zu ihrer Berufsbildung Beschäftigten" (§ 2 Abs. 1 Satz 4 FamPflegeZG), was mehr als sieben Millionen Arbeitnehmer von einem Anspruch ausschließt.

5.1.2 Dauer des Arbeitsverhältnisses

Anforderungen an eine bestimmte Dauer des Arbeitsverhältnisses stellen weder das PflegeZG noch das FamPflegeZG. Der Anspruch besteht ab dem ersten Tag des Bestehens des Arbeitsverhältnisses.

5.1.3 Pflegbedürftiger naher Angehöriger

Pflegebedürftig i.S.d. PflegeZG und FamPflegeZG ist, wer wegen einer körperlichen, geistigen oder seelischen Krankheit oder Behinderung für die gewöhnlichen und regelmäßig wiederkehrenden Verrichtungen im Ablauf des täglichen Lebens auf Dauer, voraussichtlich für mindestens 6 Monate, in erheblichem oder höherem Maße der Hilfe bedarf. Diese Voraussetzungen erfüllen Personen, bei denen mindestens Pflegestufe I festgestellt ist (zu den Stufen der Pflegebedürftigkeit vgl. § 15 Abs. 1 SGB XI). Die Prüfung, ob die Voraussetzungen der Pflegebedürftigkeit erfüllt sind und welche Stufe der Pflegebedürftigkeit vorliegt, obliegt den Pflegekassen, welche diese durch den Medizinischen Dienst der Krankenversicherung (MDK) erledigen lassen.

Ihr Arbeitnehmer ist verpflichtet, die Pflegebedürftigkeit des nahen Angehörigen nachzuweisen. Das Gesetz verlangt insoweit die Vorlage einer Bescheinigung der Pflegekasse oder des Medizinischen Dienstes der Krankenversicherung (§ 3 Abs. 2 Satz 1 PflegeZG bzw. § 2a Abs. 4 FamPflegeZG). Ist der Pflegebedürftige in einer privaten Pflegekasse, ist ein entsprechender Nachweis zu erbringen. Die Vorlage der Bescheinigung ist allerdings keine Voraussetzung für den Antritt der Pflegezeit. Der Arbeitnehmer kann den Anspruch vielmehr auch bereits geltend machen und die Pflegezeit antreten, wenn das MDK-Verfahren noch nicht abgeschlossen ist. Er trägt dann allerdings das Risiko, dass die Pflegebedürftigkeit nicht bescheinigt wird.

5.1.4 Frist und Form eines Teilzeitantrags

Für die Ankündigung von Pflegegezeit und Familienpflegezeit gelten folgende Ankündigungsfristen:

Pflegezeit

- Bei Freistellung zur Pflege von bis zu 6 Monaten: 10 Arbeitstage vor Beginn
- Bei Freistellung für die Betreuung minderjähriger pflegebedürftiger naher Angehöriger: 10 Arbeitstage vor Beginn
- Bei Freistellung für die Begleitung eines nahen Angehörigen in der letzten Lebensphase: 10 Arbeitstage vor Beginn
- Beim Übergang von der Familienpflegezeit in die Pflegezeit: spätestens 8 Wochen vor Beginn

Familienpflegezeit

- Bei Teilfreistellung von bis zu 24 Monaten zur Pflege: vor gewünschtem Beginn
- Bei Teilfreistellung für die Betreuung minderjähriger pflegebedürftiger naher Angehöriger: 8 Wochen vor gewünschtem Beginn
- Beim Übergang von der Pflegezeit in die Familienpflegezeit: spätestens 3 Monate vor gewünschtem Beginn

Die der Inanspruchnahme muss in allen Fällen schriftlich erfolgen. Für die Fristwahrung entscheidend ist der Zugang der Ankündigung bei Ihnen als Arbeitgeber. Eine verspätete Ankündigung ist nicht unwirksam. Der Beginn der Pflegezeit verschiebt sich lediglich um die fehlenden Arbeitstage.

Die Ankündigung muss wegen des Erfordernisses der Schriftform eigenhändig unterschrieben und im Original eingereicht sein. Eine Antragstellung durch Kopie, Fax oder E-Mail reicht ebenso wenig aus, wie eine lediglich mündliche Geltendmachung.

5.1.5   Inhalt eines Teilzeitantrags

In der schriftlichen Ankündigung muss der Arbeitnehmer erklären, für welchen Zeitraum er Pflegezeit oder Familienpflegezeit in Anspruch nehmen will. Außerdem muss er mit der Ankündigung der Pflegezeit auch den Umfang der begehrten Freistellung und die gewünschte Verteilung der verbleibenden Arbeitszeit angeben. Bei der Pflegezeit ist weder ein bestimmter Mindest- noch ein Höchstumfang vorgeschrieben.

Während der Familienpflegezeit muss eine Mindestarbeitszeit im Umfang von wöchentlich 15 Stunden ausgeübt werden. Es besteht kein Rechtsanspruch auf eine Vollfreistellung. Die Arbeitszeit kann unterschiedlich verteilt werden, die wöchentliche Arbeitszeit darf im Durchschnitt eines Zeitraums von bis zu einem Jahr 15 Stunden nicht unterschreiten.

> **!** **ACHTUNG: Pflegezeit ist nur einmaliges Gestaltungsrecht des Arbeitnehmers**
>
> Das Pflegezeitgesetz räumt einem Arbeitnehmer nur ein einmaliges Gestaltungsrecht ein. Hat er dieses durch die Mitteilung an Sie als Arbeitgeber, für einen bestimmten Zeitraum Pflegezeit zu nehmen, ausgeübt, ist sein Anspruch auf Pflegezeit zur Pflege des jeweiligen Angehörigen damit verbraucht. Das PflegeZG erlaubt es einem Arbeitnehmer nicht, Pflegezeit für ein und denselben nahen Angehörigen mehrfach in Anspruch zu nehmen. Hat der Arbeitnehmer die Pflegezeit durch Erklärung gegenüber dem Arbeitgeber in Anspruch genommen, ist sein Anspruch erloschen, sofern sich die Pflegezeit auf denselben Angehörigen bezieht (einmaliges Gestaltungsrecht). Das gilt auch dann, wenn die in Anspruch genommene Pflegezeit kürzer als sechs Monate ist.

Verlängerung der Familienpflegezeit

Macht der Arbeitnehmer Familienpflegezeit für einen kürzeren als den höchstzulässigen Zeitraum von 24 Monaten, geltend so kann sie mit Zustimmung des Arbeitgebers verlängert werden. Der Arbeitgeber hat seine Entscheidung über die Zustimmung zu einer beantragten Verlängerung im billigen Ermessen nach Abwägung der Arbeitnehmer- und Arbeitgeberinteressen zu treffen. Kann ein vorgesehener Wechsel in der Person des oder des Pflegenden aus einem wichtigen Grund nicht erfolgen, so kann der Beschäftigte eine Verlängerung der Familienpflegezeit bis zur Gesamtdauer von 24 Monaten verlangen (§ 2a Abs. 3 FamPflegeZG).

5.1.6 Schriftliche Vereinbarung über Teilzeit zwingend

Nimmt der Arbeitnehmer nur eine teilweise Freistellung in Anspruch, sieht das PflegeZG vor, dass Sie als Arbeitgeber mit ihm eine schriftliche Vereinbarung über die Verringerung und die Verteilung der Arbeitszeit zu treffen haben. Für die Vereinbarung ist die Schriftform wegen der Warn- und Beweisfunktion, d. h. im Interesse der Rechtssicherheit zwingend. Gleiches gilt für die Familienpflegezeit.

5.1.7 Ablehnung aufgrund dringender betrieblicher Gründe

Sie haben den Teilzeitwünschen des Arbeitnehmers zu entsprechen, es sei denn, dringende betriebliche Belange stehen entgegen (§ 3 Abs. 4 PflegeZG, § 2a Abs. 2 FamPflegeZG). Der gesetzliche Begriff der „entgegenstehenden dringenden betrieblichen Gründe" ist im Gesetz nicht näher erläutert. Das können Interessen jeglicher Art sein. Sie sind zu berücksichtigen, wenn sie „betrieblich" sind, sich also auf die Verhältnisse des Betriebs beziehen. Im Gegensatz zu § 8 Abs. 4 TzBfG genügen für die Ablehnung eines Anspruchs auf Verringerung der wöchentlichen Arbeitszeit nach § 3 Abs. 4 PflegeZG nicht lediglich „betriebliche" Gründe. Sie müssen vielmehr „dringend", d. h. von besonderem Gewicht sein. Bloße Störungen im Betriebsablauf genügen dafür nicht. Diese treten regelmäßig beim Fehlen eines Mitarbeiters auf. Sie sind hinzunehmen und durch entsprechenden Vorhalt von Personal auszugleichen. Andererseits sind dringende betriebliche Gründe nicht nur anzunehmen, wenn Ihnen durch die Arbeitsbefreiung zum gewünschten Termin ein Schaden entsteht. Die Regelung ist insoweit dem Bundeselterngeld- und Elternzeitgesetz nachgebildet. Nach der Gesetzesbegründung ist davon auszugehen, dass Arbeitnehmer und Arbeitgeber regelmäßig eine einvernehmliche Lösung über die Arbeitszeitgestaltung erzielen.

Dringende betriebliche Gründe sollen dem grundsätzlich bestehenden Anspruch auf Pflegeteilzeit und Familienpflegezeit nach der gesetzlichen Konzeption also nur im Ausnahmefall entgegenstehen. Sie können eine Reduzierung der Arbeitszeit zur Pflege von nahen Angehörigen nur ablehnen, wenn sich die Teilzeitarbeit in keiner Weise mit den betrieblichen Belangen in Übereinstimmung bringen lässt.

Kein Automatismus bei Teilzeitverlangen

Eine automatische Durchführung des Teilzeitwunsches im Falle der fehlenden Einigung zwischen Arbeitgeber und Arbeitnehmer gibt es weder bei der Pflegezeit noch bei der Familienpflegezeit. Ohne Einigung mit Ihnen als Arbeitgeber muss der Arbeitnehmer seinen Teilzeitanspruch für die Dauer der Pflegezeit bzw. seinen Anspruch auf Familienpflegezeit also ggf. gerichtlich durchsetzen. Aufgrund der zeitlichen Umstände müsste er versuchen, dies im Wege einer einstweiligen Verfügung durchzusetzen. Dabei sollten Sie als Arbeitgeber darlegen, dass Sie alle Möglichkeiten der betrieblichen Umorganisation geprüft haben und im Fall der Familienpflegezeit eine Reduzierung der bisherigen Arbeitszeit für die gewünschte Dauer bzw. im Fall der Pflegezeit anstelle der vom PflegeZG ohne Einschränkung vorgesehenen Totalfreistellung nicht durchführbar ist. Gleiches gilt für die vom Arbeitnehmer gewünschte Verteilung sowie die Lage der Arbeitszeit.

5.1.8 Konkurrierende Regelungen – Vorrang der Pflegezeit

Die Gesetze sehen für den Fall der Geltendmachung einer Teilfreistellung, d. h. des Teilzeitanspruchs, eine Konkurrenzregelung vor. Teilt der Arbeitnehmer unter Einhaltung der Ankündigungsfrist von 8 Wochen mit, dass er eine bis zu 6-monatige Auszeit zur Pflege eines nahen Angehörigen in Anspruch nimmt, ohne eindeutig festzulegen, ob Pflegezeit oder Familienpflegezeit beansprucht wird, so gilt die Erklärung als Ankündigung von Pflegezeit (§ 2a Abs. 1 Satz 3 FamPflegeZG; § 3 Abs. 3 PflegeZG). Bei fehlender Konkretisierung wird somit dem Instrument der Pflegezeit Vorrang eingeräumt vor der Familienpflegezeit.

Teil 2: Befristung

Der Anteil der abhängig Erwerbstätigen (ohne Auszubildende) mit einem befristeten Arbeitsvertrag hat sich in Deutschland in den letzten zwanzig Jahren mehr als verdoppelt. Dabei kommen befristete Arbeitsverträge in den jüngeren Altersgruppen häufiger vor als in älteren. Im Jahr 2012 waren in der Altersgruppe der 15 bis 25-jährigen 24,6 Prozent, der 25- bis 35-Jährigen 14,1 Prozent, der 35- bis 45-Jährigen 7 Prozent und der 45- bis 55-Jährigen 5,2 Prozent der Kernerwerbstätigen befristet beschäftigt. Bei Neueinstellungen sind 42 Prozent der Verträge befristet. Dies zeigen die Ergebnisse des Mikrozensus, der europaweit größten jährlichen Haushaltsbefragung zu den Lebens- und Arbeitsbedingungen in Deutschland.

Diese Ergebnisse belegen, dass vor allem Berufsanfängerinnen und Berufsanfänger zeitlich befristete Arbeitsverträge eingehen. Wenn man alle Altersjahre betrachtet und dabei die Auszubildenden ausklammert, so liegt die Quote der befristet Erwerbstätigen in Deutschland bei 8,5 Prozent. Damit liegt sie etwas unter dem Durchschnitt in den 25 EU-Staaten. Nach der Haltung des deutschen Gesetzgebers als auch der EU, soll das unbefristete Arbeitsverhältnis die Regel und das befristete Arbeitsverhältnis die Ausnahme sein.

In vielen Fällen werden Jüngere nach einer Einstiegszeit mit befristeten Arbeitsverhältnissen in ein unbefristetes Arbeitsverhältnis übernommen. Die Quote der Übernahmen im selben Betrieb ist in den letzten Jahren kontinuierlich angestiegen, allerdings im Jahr 2013 leicht zurückgegangen.

1 Wichtige Basisinformationen

1.1 Übersicht: Sachgründe für befristete Arbeitsverträge

Gesetzliche Sachgründe

1	Vorübergehender betrieblicher Mehrbedarf
2	Erstanstellung (Anschluss an Ausbildung oder Studium)
3	Vertretungskraft (z.B. bei Krankheit, Beurlaubung, Fortbildung …)
4	Eigenart der Arbeitsleistung (z.B. künstlerischer Bereich)
5	Erprobung (Eignung des Arbeitnehmers prüfen)
6	Person des Arbeitnehmers (z.B. Wunsch, Arbeitsbeschaffungsmaßnahme)
7	Vergütung aus Haushaltsmitteln für befristete Beschäftigung (im öffentlichen Dienst)
8	Befristung aufgrund gerichtlichen Vergleichs

Weitere Sachgründe

9	Befristung bei der Aus-, Fort- und Weiterbildung (Berufsbildungsgesetz)
10	Planung einer anderweitigen Besetzung des Arbeitsplatzes
11	Sicherung der personellen Kontinuität des Betriebsrats
12	Konkurrentenklage im öffentlichen Dienst

Sachgrundbefristungen in anderen Gesetzen

13	Befristungen nach dem Elterngeld- und Elternzeitgesetz
14	Gesetz über befristete Arbeitsverträge mit Ärzten in der Weiterbildung
15	Pflegezeitgesetz und Familienpflegezeitgesetz
16	Altersteilzeitgesetz
17	Wissenschaftszeitvertragsgesetz
18	Tarifvertrag für den öffentlichen Dienst

1.2 Vertragsfreiheit ist eingeschränkt

Eigentlich gilt im deutschen Privatrecht der Grundsatz der Vertragsfreiheit. Das heißt zum Beispiel, Sie können mit einem Vertragspartner einen **befristeten** oder auch einen **unbefristeten** Vertrag abschließen.

Doch im Arbeitsrecht ist dieser Grundsatz eingeschränkt. Denn hier wird dem Schutz der Arbeitnehmer und vor allem dem sozialen Kündigungsschutz ein hoher Stellenwert beigemessen. Deshalb ist die Vertragsfreiheit im Bereich des Arbeitsrechts eingeschränkt. Und insbesondere die Möglichkeit, befristete Arbeitsverträge abzuschließen, wird begrenzt. Diese Beschränkungen ergeben sich vor allem

- aus dem Teilzeit- und Befristungsgesetz (TzBfG) sowie
- aus Grundsätzen, die das Bundesarbeitsgericht und zunehmend auch der Europäische Gerichtshof (EuGH) aufstellen.

Das Ziel der Befristungsregelungen des TzBfG ist, die

- Regeln für die Zulässigkeit befristeter Arbeitsverträge festzulegen sowie
- Diskriminierung von befristet Beschäftigten zu verhindern.

1.3 Kein Kündigungsschutz

Eine wichtige Besonderheit eines befristeten Vertrages ist, dass er endet, ohne dass es einer Kündigung bedarf. Das hat in der Folge gravierende Auswirkungen. Denn wenn ein Vertrag durch Zeitablauf endet, ist für die Beendigung keine Kündigung erforderlich. Dann gelten selbstverständlich auch die verschiedenen Kündigungsschutzvorschriften nicht, wie sie zum Beispiel in diesen Gesetzen enthalten sind:

- Kündigungsschutzgesetz (KSchG),
- Mutterschutzgesetz (MuSchG),
- Bundeselterngeld- und Elternzeitgesetz (BEEG),
- Neuntes Buch des Sozialgesetzbuchs (SGB IX).

Auch die Einschränkungen, die mit den Kündigungsfristen verbunden sind, fallen weg (z.B. § 622 BGB).

1.4 Zeitbefristung ist ohne Sachgrund möglich

Ja, es ist möglich, einen Arbeitsvertrag ohne einen sachlichen Grund zu befristen, jedoch muss er dann zwingend **zeitlich** befristet sein. Zu beachten ist dabei:

- Eine Zeitbefristung liegt vor, wenn die Dauer des Arbeitsvertrags kalendermäßig bestimmt oder bestimmbar ist — der Zeitablauf somit nach dem Kalender festgelegt ist.
- Die Zeitbefristung muss in der Befristungsvereinbarung formuliert werden.

> **▶ BEISPIELFORMULIERUNGEN: für Zeitbefristung**
>
> „Das Arbeitsverhältnis beginnt am 1.9.2015 und endet am 31.3.2016."
> „Das Arbeitsverhältnis beginnt am 1.9.2015 und ist für die Dauer von zwei Jahren befristet."

Unbestimmte oder vage Formulierungen wie „für die Dauer von etwa einem Jahr", „für 2 bis 3 Monate" oder „über den Sommer" sind ungenügend und führen zu einem unbefristeten Vertrag.

Wichtige Informationen zur sachgrundlosen Befristung

Wenn Sie mehr über die Möglichkeiten und Voraussetzungen der zeitlichen Befristung erfahren möchten, lesen Sie in Kapitel 5 weiter. Dort finden Sie alle wichtigen Informationen, die Sie benötigen, detailliert aufgeführt.

1.5 Extra: Rente mit 67 verändert automatisch Renteneintrittsalter

Wenn eine Vereinbarung festlegt, dass das Arbeitsverhältnis mit der Vollendung eines bestimmten Lebensjahres enden soll, handelt es sich um eine kalendermäßige Befristung dieses Arbeitsverhältnisses. Denn der Beendigungszeitpunkt kann hinreichend bestimmt werden.

Klausel für Rentenaltersgrenze

Folgende Klausel ist sehr oft auch in Arbeitsverträgen mit unbefristet beschäftigten Arbeitnehmerinnen und Arbeitnehmern enthalten: „Das Arbeitsverhältnis endet, ohne das es einer Kündigung bedarf, mit Ablauf des Monats, in dem der Arbeitnehmer das 65. Lebensjahr vollendet."

Gesetzliche Veränderungen wie die Anhebung der Rentenregelaltersgrenze müssen dabei beachtet werden. Durch die gesetzliche Erhöhung der Rentenaltersgrenze von 65 auf 67 Jahre empfiehlt sich bei neuen Arbeitsverträgen folgender Wortlaut: „Das Arbeitsverhältnis endet ohne Kündigung mit Ablauf des Monats, in dem die/der Arbeitehmer/in das gesetzlich festgelegte Alter zum Erreichen einer abschlagsfreien Regelaltersrente vollendet hat."

Anpassung alter Verträge in der Regel nicht erforderlich

Durch das Rentenversicherungs-Altersgrenzenanpassungsgesetz wird der bis Ende 2011 gesetzlich angenommene Zeitpunkt, an dem ein Arbeitnehmer in Rente geht, vom 65. Lebensjahr des Arbeitnehmers auf die für jeweils maßgebliche Regelaltersgrenze angehoben.

Es ist in der Regel nicht notwendig, dass Sie bestehende Arbeitsverträge wegen der Verschiebung der Altersgrenzen bei der gesetzlichen Rente ändern. Man wird vielmehr durch Auslegung des Vertrages zu dem Schluss kommen können, dass an die Stelle des ursprünglichen Renteneintrittsalters jetzt die neue gesetzliche Altersgrenze tritt.

> ▶ **BEISPIEL: Neuberechnung der Altersgrenze**
>
> Wenn es zum Beispiel in einem Arbeitsvertrag, der mit einem am 29.10.1951 geborenen Arbeitnehmer zum 1.1.1981 geschlossen wurde, heißt **„Das Arbeitsverhältnis endet, ohne dass es einer Kündigung bedarf, mit Ablauf des Monats, in dem der Arbeitnehmer das 65. Lebensjahr vollendet."**, wurde diese Regelung im Jahre 1981 vor dem Hintergrund getroffen, dass Arbeitnehmer damals mit 65 Jahren Altersrente beanspruchen konnten.
>
> Aufgrund der gesetzlichen Neuregelung ist jetzt die (jeweilige) Regelaltersgrenze maßgebend. Diese beträgt für einen 1951 geborenen Arbeitnehmer 65 Jahre und fünf Monate (§ 235 SGB VI). Der Arbeitsvertrag endet also ohne eine Kündigung mit Ablauf des 31.3.2017.

Hintergrundinformation: Rente mit 67

Die bislang geltende Altersgrenze des 65. Lebensjahres wurde gesetzlich durch eine neue Regelaltersgrenze ersetzt. Diese galt erstmals ab 2012 und wird für alle nach 1963 geborenen Versicherten mit Vollendung des 67. Lebensjahres erreicht (§ 35 SGB VI).

- **Übergangsregelung:** Für Versicherte der Geburtsjahrgänge 1947 bis 1963 gilt eine Übergangsregelung (§ 235 SGB VI): Beginnend mit dem Jahrgang 1947 wird die Regelaltersgrenze stufenweise von 65 Jahren auf 67 Jahre angehoben. Die Stufen der Anhebung betragen zunächst einen Monat pro Jahrgang und dann ab Jahrgang 1959 zwei Monate pro Jahrgang.
- **Vertrauensschutzregelung:** Für Versicherte, die vor dem 1.1.1955 geboren sind und bereits vor dem 1.1.2007 mit ihrem Arbeitgeber verbindlich Altersteilzeitarbeit vereinbart haben, gilt eine Vertrauensschutzregelung (§ 235 Abs. 2 Satz 3 SGB VI). Für sie wird die Altersgrenze von 65 Jahren nicht angehoben.

Den Umfang der Anhebung und das erhöhte Renteneintrittsalter können Sie der nachfolgenden Tabelle entnehmen.

Anhebung und das erhöhte Renteneintrittsalter			
Jahrgang	Anhebung um ... Monate	auf Alter	
		Jahr	Monat
1947	1	65	1
1948	2	65	2
1949	3	65	3
1950	4	65	4
1951	5	65	5
1952	6	65	6
1953	7	65	7
1954	8	65	8
1955	9	65	9
1956	10	65	10
1957	11	65	11
1958	12	66	0
1959	14	66	2
1960	16	66	4

Anhebung und das erhöhte Renteneintrittsalter			
Jahrgang	Anhebung um ... Monate	auf Alter	
		Jahr	Monat
1961	18	66	6
1962	20	66	8
1963	22	66	10
1964	24	67	

1.6 Befristung mittels Zweck ist möglich

Ein zweckbefristeter Arbeitsvertrag liegt vor, wenn sich seine Dauer aus **Art, Zweck oder Beschaffenheit der Arbeitsleistung** ergibt. Für eine Zweckbefristung ist es kennzeichnend, dass die Dauer des Arbeitsverhältnisses nicht kalendermäßig bestimmt ist. Sie wollen, dass das Arbeitsverhältnis mit Eintritt eines von Ihnen und dem Arbeitnehmer als gewiss angesehenen Ereignisses enden soll. Der Zweck muss in diesem Fall klar benannt werden. Die Zeit, wann das Ereignis eintritt, ist dagegen ungewiss.

▶ **BEISPIELFORMULIERUNGEN: Zweckbefristung**

„Sie werden befristet eingestellt als Krankheitsvertretung für Herrn Matthias Müller."
„Das Arbeitsverhältnis ist befristet für die Dauer der Spargelsaison 2016."

Zweck deutlich hervorheben

Eine Zweckbefristung setzt voraus, dass der Zweck in der Befristungsvereinbarung genannt ist.

- Dies erfordert zum einen eine **unmissverständliche Einigung** darüber, dass das Arbeitsverhältnis bei Zweckerreichung enden soll.
- Zum anderen muss der Zweck, mit dessen Erreichung das Arbeitsverhältnis enden soll, so **genau bezeichnet** sein, dass hieraus das Ereignis, dessen Eintritt zur Beendigung des Arbeitsverhältnisses führen soll, zweifelsfrei feststellbar ist.

Zu unbestimmt ist zum Beispiel diese Zweck-Formulierung: „Das Arbeitsverhältnis ist befristet für die Dauer des Mehrbedarfs an Arbeitskräften".

1.7 Zweck- und Zeitbefristung können kombiniert werden

Wenn eine Zweckbefristung mit einer Zeitbefristung gekoppelt wird, nennt man das eine **Doppelbefristung**. Davon können Sie insbesondere bei der Vertretung erkrankter oder beurlaubter Arbeitnehmer Gebrauch machen.

▶ **BEISPIELFORMULIERUNG: Doppelbefristung**

„Das Arbeitsverhältnis ist befristet für die Dauer der Erkrankung von Herrn Michael Bauer, längstens jedoch bis zum 31.10.2015."

Folge bei Beschäftigung über ersten Beendigungszeitpunkt hinaus

Vom Bundesarbeitsgericht (BAG) zwischenzeitlich entschieden ist die die lange Zeit streitige Frage, ob die Weiterbeschäftigung über den ersten Beendigungszeitpunkt hinaus bis zum Ablauf des zweiten Beendigungszeitpunkts möglich ist, oder ob sie zur Begründung eines unbefristeten Arbeitsverhältnisses führt. Bei einer Kombination von Zweck- und zeitlicher Höchstbefristung ist Rechtsfolge der widerspruchslosen Weiterarbeit über die Zweckerfüllung hinaus nicht die unbefristete Fortdauer des Arbeitsverhältnisses. Die Fiktionswirkung (15 Abs. 5 TzBfG) ist auf den nur befristeten Fortbestand des Arbeitsverhältnisses beschränkt

● **TIPP: Weiterbeschäftigung bei Tod des zu Vertretenden**

Die befristete Einstellung eines Arbeitnehmers zur Wahrnehmung der Arbeitsaufgaben eines wegen Krankheit zeitweilig ausfallenden Arbeitnehmers ist regelmäßig durch den Sachgrund der Vertretung gerechtfertigt. Der sachliche Grund für die Befristung liegt in diesen Fällen darin, dass der Arbeitgeber bereits zu dem vorübergehend ausfallenden Arbeitnehmer in einem Arbeitsverhältnis steht und mit dessen Rückkehr rechnen muss. Deswegen besteht für die Verrichtung der Tätigkeiten, die sonst von dem arbeitsunfähigen Arbeitnehmer versehen würden, von vornherein nur ein zeitlich begrenztes Bedürfnis. Eine Zeitbefristung, die zur Vertretung eines erkrankten Arbeitnehmers geschlossen wird, wird nicht deshalb unwirksam, weil der vertretene Arbeitnehmer während dieser Zeit stirbt. Fällt der bei Vertragsschluss gegebene Sachgrund für die Befristung später weg, entsteht kein unbefristetes Arbeitsverhältnis. Die Wirksamkeit der Befristung hängt allein davon ab, ob der sachliche Grund bei Vertragsschluss bestand.

1.8 Befristung kann an eine Bedingung geknüpft werden

Sie können die Beendigung eines Arbeitsverhältnisses auch davon abhängig machen, dass eine bestimmte Bedingung eintritt. Diese Bedingung wird „auflösende Bedingung" genannt.

Im Gegensatz zum zweckbefristeten Arbeitsverhältnis, bei dem nur der exakte Zeitpunkt der Zweckerreichung und damit der Endzeitpunkt des Arbeitsverhältnisses ungewiss ist, nicht aber der Umstand, dass das Ereignis eintritt, ist bei einer auflösenden Bedingung das Eintreten des zukünftigen Ereignisses ungewiss.

> ▶ **BEISPIEL: Feststellung der Erwerbsunfähigkeit oder Feststellung der Fluguntauglichkeit**
>
> Eine auflösende Bedingung ist beispielsweise eine tarifliche Regelung, wonach das Arbeitsverhältnis bei Feststellung der Erwerbsunfähigkeit durch die Rentenversicherung endet (zum Beispiel § 33 Abs. 2 TVöD). Denn das Eintreten dieser Bedingung kann in der Regel nicht als sicher angesehen werden.
> Auch die tariflich vorgesehene Beendigung des Arbeitsverhältnisses im Falle der Feststellung der Fluguntauglichkeit bei fliegerischem Personal ist eine auflösende Bedingung

Das Teilzeit- und Befristungsgesetz regelt in § 21, dass für Arbeitsverhältnisse, die einer auflösenden Bedingung unterliegen, diejenigen Vorschriften des TzBfG, die für befristete Arbeitsverhältnisse gelten, wesentlich entsprechend angewandt werden.

1.9 Bedingung und Zeitbefristung können kombiniert werden

Es ist auch zulässig, eine auflösende Bedingung mit einer Zeitbefristung zu kombinieren. Dabei darf allerdings, anders als bei der Doppelbefristung, der Sachgrund für die Befristung nicht derselbe sein wie für die auflösende Bedingung. Zulässig wäre zum Beispiel folgende Klausel in der Befristungsvereinbarung mit einem Schauspieler.

> **BEISPIELFORMULIERUNG: Schauspieler**
>
> „Das Arbeitsverhältnis endet mit dem Abdrehen der letzten Folge, voraussichtlich am 31.10.2016. Es endet ferner, wenn die Rolle des Arbeitnehmers in der Serie nicht mehr enthalten ist."

Auch folgende Befristungsvereinbarung mit einer Flugbegleiterin wäre zulässig:

> **BEISPIELFORMULIERUNG: Flugbegleiterin**
>
> „Das Arbeitsverhältnis endet nach Ablauf von zwei Jahren, das heißt am 31.12.2016. Es endet ohne Ausspruch einer Kündigung auch bei einer festgestellten Fluguntauglichkeit auf Dauer zu dem Zeitpunkt, zu dem nach Feststellung und Bekanntgabe der Fluguntauglichkeit an die Betroffene eine Kündigung des Arbeitsverhältnisses nach den tarifvertraglichen Fristen zulässig wäre."

> **BEISPIELFORMULIERUNG: Sicherheitsdienst und Einsatzgenehmigung**
>
> „Die Einsatzgenehmigung des Bundesministeriums der Verteidigung oder einer von diesem bestimmten Stelle ist Geschäftsgrundlage des Vertrages. Das Arbeitsverhältnis endet nach Ablauf von zwei Jahren, das heißt am 31.12.2016. Es endet ohne Ausspruch einer Kündigung auch bei Widerruf der Einsatzgenehmigung wegen Nichteinhaltung der Bedingungen, Anforderungen und Standards der jeweiligen Kundenspezifikationen mit Ablauf der gesetzlichen Kündigungsfrist."

Auflösende Bedingung muss sachlich begründet sein

Eine den Arbeitsvertrag ohne Kündigung auflösende Bedingung ist (nur) bei Vorliegen eines sachlichen Grundes im Sinne des Befristungsrecht (§ 14 Abs. 1 TzBfG) zulässig. Die Arbeitsgerichte prüfen, ob die Parteien eine rechtlich statthafte Vertragsgestaltung zur Beendigung eines Arbeitsverhältnisses ohne Kündigung objektiv funktionswidrig zu Lasten des Arbeitnehmers verwendet haben. Der Widerruf der Einsatzgenehmigung stellt allein keinen ausreichenden Sachgrund für die auflösende Bedingung dar. Erst die sich aus dem Entzug der Einsatzgenehmigung des Arbeitnehmers ergebende fehlende Beschäftigungsmöglichkeit des Arbeitgebers rechtfertigt die Beendigung des Arbeitsverhältnisses ohne Kündigung. Der Arbeitgeber muss daher dem Arbeitnehmer einen anderen freien Arbeitsplatz anbieten, bevor er sich auf die auflösende Bedingung berufen darf. Besteht nach dem Entzug der Einsatzgenehmigung kein freier und geeigneter Arbeitsplatz, wäre die Aufrechterhaltung des bisherigen Vertragsverhältnisses sinnentleert, da der Arbeitgeber den Arbeitnehmer nicht mehr beschäftigen kann. Die sich nach einem Entzug einer Einsatzgenehmigung ergebende fehlende Beschäftigungsmöglichkeit zählt bei der Bewachung militärischer Einrichtungen nicht zum allgemeinen Wirtschaftsrisiko des Arbeitgebers, das er durch die Vereinbarung einer auflösenden Bedingung auf den Arbeitnehmer nicht überwälzen kann. Der Arbeitgeber kann bei der Bewachung von militärischen Einrichtungen über das eingesetzte Personal nicht frei entscheiden, sondern darf nur solche Arbeitnehmer einsetzen, die über eine Einsatzgenehmigung seines Auftraggebers verfügen, auf deren Erteilung und Entzug der Arbeitgeber keinen Einfluss hat. Allerdings darf der Arbeitgeber den Entzug der Einsatzgenehmigung nicht gegenüber seinem Vertragspartner veranlassen, um das Vertragsverhältnis mit seinem Arbeitnehmer zu beenden.

1.10 Einzelne Vertragsbedingungen können befristet werden

Wenn Sie ausschließlich einzelne Arbeitsbedingungen befristen wollen, zum Beispiel den Umfang der Arbeitszeit, liegt kein befristeter Arbeitsvertrag vor. Da das Teilzeit- und Befristungsgesetz nur für die Befristung des gesamten Arbeitsverhältnisses gilt, ist es nicht anwendbar.

Regeln für Befristung einzelner Vertragsbestandteile

Das heißt aber nicht, dass die Befristung einzelner Vertragsbedingungen ohne Einschränkung zulässig ist und keiner Kontrolle mehr unterliegt.

AGB-Kontrolle

Eine Kontrolle von solchen befristeten Vereinbarungen einzelner Arbeitsbedingungen findet nach den Grundsätzen der AGB-Kontrolle (§§ 305 ff. BGB) statt.

Gebot von Treu und Glauben

Es kommt darauf an, ob die Arbeitnehmer durch die Befristung einer Arbeitsbedingung entgegen dem Gebot von **Treu und Glauben** unangemessen benachteiligt werden. Jede Beeinträchtigung eines rechtlich anerkannten Interesses des Arbeitnehmers, die nicht durch begründete und billigenswerte Interessen des Arbeitgebers gerechtfertigt ist oder durch gleichwertige Vorteile ausgeglichen wird, wird als unangemessen angesehen.

Das bedeutet: Ihr Interesse an einer befristeten Vereinbarung einer einzelnen Vertragsbedingung muss ebenso berücksichtigt und bewertet werden wie das Interesse des Arbeitnehmers an einer **un**befristeten Vereinbarung. Jedenfalls bei der befristeten Erhöhung der Arbeitszeit „in einem erheblichen Umfang" bedarf es zur Annahme einer nicht ungerechtfertigten Benachteiligung des Arbeitnehmers solcher Umstände, die auch bei einem gesonderten Vertrag über die Arbeitszeitaufstockung dessen Befristung nach § 14 Abs. 1 TzBfG rechtfertigen würden.

Für den Personalpraktiker bedeutet das, dass er auch bei der Befristung einzelner Vertragsbestandteile darauf achten muss, dass es dafür einen anerkennenswerten Sachgrund gibt. Zur Begründung verweist das Bundesarbeitsgericht darauf, dass sich eine befristete Aufstockung der Arbeitszeit — jedenfalls ab einem erheblichen Umfang — der Sache nach kaum noch vom Abschluss eines zusätzlichen befristeten Arbeitsvertrags unterscheiden lasse, der unmittelbar der Befristungskontrolle nach dem Teilzeit- und Befristungsgesetz unterfällt. Wenn ein Teilzeitarbeitsverhältnis von 1/2 der regelmäßigen durchschnittlichen Arbeitszeit eines Vollzeitbeschäftigten für drei Monate um 1/2 aufgestockt wird, ist dies nach Auffassung des BAG eine „wesentliche Änderung"

▶ BEISPIELE: Arbeitszeit befristet erhöhen

Die Ungewissheit des künftigen Arbeitskräftebedarfs ist nicht als anerkennenswertes Interesse des Arbeitgebers anzusehen, aufgrund dessen die Arbeitszeit befristet erhöht werden könnte.

Auch die Unsicherheit über die künftige Auftragslage reicht allein zur Rechtfertigung für eine befristete Arbeitszeiterhöhung nicht aus.

Dagegen wäre eine ausreichende Rechtfertigung, wenn die Arbeitszeit einer halbtags Beschäftigten für die Dauer der Beurlaubung eines ebenfalls halbtags beschäftigten Kollegen befristet auf Vollzeit erhöht wird; in diesem Fall wäre nämlich auch der Abschluss eines gesonderten befristeten Arbeitsvertrags aufgrund des Sachgrunds der Vertretung gerechtfertigt (§ 14 Abs. 1 Nr. 3 TzBfG).

Wahlrecht zwischen befristeter Arbeitszeiterhöhung und Abschluss eines zweiten Vertrages

Im Rahmen der Vertragsfreiheit bleibt es Ihnen grundsätzlich unbenommen, mit einem Arbeitnehmer entweder mehrere — sich zeitlich überschneidende — befristete Verträge zu schließen, von denen dann jeder durch einen Sachgrund gerechtfertigt sein muss, oder innerhalb eines befristeten Arbeitsvertrags zusätzlich eine Arbeitsbedingung — wie etwa die Arbeitszeit — befristet zu ändern.

AGB-Kontrolle umgehen

Jede Befristung einzelner Arbeitsbedingungen unterliegt der AGB-Kontrolle. Es gibt aber einen Weg, diese zu umgehen, nämlich indem Sie Befristungen im Einzelnen aushandeln. Wenn Sie die Befristung der einzelnen Arbeitsbedingung — zum Beispiel der befristeten Erhöhung der Arbeitszeit — mit dem Arbeitnehmer im Einzelnen aushandeln, findet eine AGB-Kontrolle nicht statt. Aushandeln bedeutet aber mehr als „verhandeln".

„Ausgehandelt" (§ 305 Abs. 1 S 3 BGB) ist eine Vertragsbedingung nur, wenn Sie die betreffende Klausel inhaltlich ernsthaft zur Disposition stellen und dem Arbeitnehmer Gestaltungsfreiheit zur Wahrung eigener Interessen einräumen mit der realen Möglichkeit, die inhaltliche Ausgestaltung der Vertragsbedingungen zu beeinflussen. Das setzt voraus, dass Sie sich deutlich und ernsthaft zu gewünschten Änderungen der zu treffenden Vereinbarung bereit erklären.

1.11   Andere Befristungsregeln für Existenzgründer

Wenn Sie ein Existenzgründer sind, wird es Ihnen für eine verlängerte Zeit erleichtert, ohne Sachgrund befristete Arbeitsverträge abzuschließen. Sie benötigen dann für die **Dauer von vier Jahren** keinen Sachgrund für die Befristung (§ 14 Abs. 2a TzBfG).

● TIPP: Vertragsabschluss am Ende des vierten Jahres

Sie können noch am Ende der ersten vier Jahre nach der Neugründung Ihres Unternehmens einen sachgrundlos befristeten Arbeitsvertrag bis zur Dauer von vier Jahren abschließen. Damit ist die Beschäftigung von Arbeitnehmern mit sachgrundlos befristeten Arbeitsverträgen bis zum achten Jahr nach der Unternehmensgründung möglich.

Zu beachten ist aber, dass es sich um eine **Ersteinstellung** handeln muss.

Außerdem sind im Fall der Existenzgründung die **Verlängerungsmöglichkeiten zahlenmäßig nicht begrenzt**. Es können somit deutlich mehr als nur drei Verlängerungen vorgenommen werden. Die formellen Voraussetzungen für die Verlängerung des befristeten Vertrages sind aber zu beachten (siehe Kapitel 5.4.1 ff).

Neugründung — Übernahme eines alteingesessenen Betriebs

Maßgeblich für eine Existenzgründung ist zunächst alleine die **Neugründung des Unternehmens**. Auch wenn ein neu gegründetes Unternehmen einen „alteinge-sessenen" Betrieb übernimmt, kann es sich auf diese Vorschrift berufen. Umge-kehrt kommt ein älteres Unternehmen nicht in den Genuss der Vorschrift, selbst wenn es einen völlig neuen Betrieb mit neuen Arbeitsplätzen gründet.

Die Erleichterungen sollen nur solchen Unternehmensneugründungen zugute-kommen, die auch wirkliche Existenzgründungen sind. Sie gelten deshalb nicht für „Neugründungen im Zusammenhang mit der rechtlichen Umstrukturierung von Unternehmen und Konzernen" (§ 14 Abs. 2a Satz 2 TzBfG). Davon erfasst werden vor allem Vorgänge im Zusammenhang mit der Umwandlung von Unternehmen (beispielsweise Verschmelzung oder Spaltung) nach dem Umwandlungsgesetz (UmwG). Aber auch die Neugründungen von Unternehmen durch andere Unter-nehmen zählen regelmäßig hierzu, sofern die neu gegründeten Unternehmen Aufgaben übernehmen, die bisher von anderen Konzernunternehmen ausgeführt wurden. Es reicht aus, wenn unternehmerische Aktivitäten von einer rechtlichen Einheit auf eine andere übertragen werden.

1.12 Andere Befristungsregeln bei Arbeitnehmern ab 52 Jahren

Die sachgrundlose Befristung eines Arbeitsvertrags mit älteren Arbeitnehmern ist unter den in § 14 Abs. 3 TzBfG geregelten Voraussetzungen möglich, wenn der Arbeitnehmer

- bei Beginn des befristeten Arbeitsverhältnisses das 52. Lebensjahr vollendet hat und
- er davor mindestens vier Monate lang beschäftigungslos im Sinne des § 138 Abs. 1 Nr. 1 SGB III war oder er in diesem Zeitraum Transferkurzarbeitergeld be-zogen oder an einer öffentlich geförderten Beschäftigungsmaßnahme nach dem SGB II oder dem SGB III teilgenommen hat.

Sind die Voraussetzungen des § 14 Abs. 3 TzBfG erfüllt, ist die Befristung des Ar-beitsvertrags ohne Sachgrund bis zur **Dauer von fünf Jahren** zulässig. Bis zu die-ser Gesamtdauer können Sie den Arbeitsvertrag auch mehrfach verlängern.

1.12.1 Sonstige Befristungsvereinbarungen sind möglich

Diese erleichterte Befristungsmöglichkeit tritt neben die sonstigen Befristungs-möglichkeiten; sie schließt sie nicht aus. Das heißt, Sie können mit einem älteren Arbeitnehmer selbstverständlich auch eine „normale" sachgrundlose Befristung bis zur Höchstdauer von zwei Jahren vereinbaren, wenn mit ihm nicht bereits zuvor einmal ein Arbeitsverhältnis bestand.

1.12.2 Nur bei Zeitbefristung möglich

Wie allgemein bei der sachgrundlosen Befristung gilt auch die Erleichterung der Befristung von Verträgen mit älteren Arbeitnehmern nur für Zeitbefristungen. Die Dauer muss somit kalendermäßig eindeutig bestimmt („bis 31.12.2016") oder be-stimmbar sein („vom 1.8.2015 für die Dauer von drei Jahren"). Zweckbefristungen („bis zum Abschluss des Projekts Sanierung XY-Schule") sind nicht möglich.

TIPP: Gebrauch nur bei eindeutigen Voraussetzungen

Die Voraussetzungen für eine erleichterte Befristung sind — wie die nachfol-genden Ausführungen zeigen werden — nicht unproblematisch. Sie sind als Arbeitgeber für deren Vorliegen im Streitfall beweispflichtig. Um das Risiko zu begrenzen sollten Sie von der erleichterten sachgrundlosen Befristung älterer Arbeitnehmer deshalb nur Gebrauch machen, wenn die Voraussetzungen im jeweiligen Einzelfall zweifelsfrei ermittelt werden können.

Im Folgenden werden die Voraussetzungen dargestellt, die erfüllt sein müssen, da-mit Sie von der erleichterten sachgrundlosen Befristung Gebrauch machen können.

1.12.3 Vollendung des 52. Lebensjahres

Der Arbeitnehmer muss das 52. Lebensjahr vollendet haben. Dies gilt **bei Beginn des befristeten Arbeitsverhältnisses**, nicht schon zum Zeitpunkt des Vertrags-abschlusses. Der erste Tag des Arbeitsverhältnisses darf also frühestens der 52. Geburtstag des Arbeitnehmers sein.

1.12.4 Beschäftigungslosigkeit

Der Arbeitnehmer muss unmittelbar vor Beginn des befristeten Arbeitsverhältnisses mindestens vier Monate lang beschäftigungslos im Sinn des § 138 Abs. 1 Satz 1 SGB III gewesen sein. Diese Vorschrift definiert die Voraussetzungen für die Arbeitslosigkeit und lautet:

§ 138 Abs. 1 SGB III

(1) Arbeitslos ist ein Arbeitnehmer, der

1. *nicht in einem Beschäftigungsverhältnis steht (Beschäftigungslosigkeit)*
2. *sich bemüht, seine Beschäftigungslosigkeit zu beenden (Eigenbemühungen) und*
3. *den Vermittlungsbemühungen der Agentur für Arbeit zur Verfügung steht (Verfügbarkeit).*

Für die Befristungsvoraussetzungen kommt es nur auf eine Teilvoraussetzung der Arbeitslosigkeit an: die Beschäftigungslosigkeit (§ 138 Abs. 1 Nr. 1 SGB III). Der Begriff der Beschäftigungslosigkeit ist also nicht gleichzusetzen mit demjenigen der Arbeitslosigkeit.

Beschäftigungslosigkeit liegt nicht nur vor, wenn das Arbeitsverhältnis rechtlich und tatsächlich beendet ist und eine neue Beschäftigung noch nicht wieder aufgenommen wurde. Sie besteht auch dann, wenn das Arbeitsverhältnis rechtlich fortbesteht, der Arbeitnehmer aber tatsächlich nicht mehr beschäftigt wird. Sie besteht beispielsweise,

- wenn ein Arbeitnehmer nach Ablauf der Kündigungsfrist während des Kündigungsschutzprozesses nicht weiterbeschäftigt wird, auch wenn die Kündigung später für unwirksam erklärt wird;
- bei längerer Arbeitsunfähigkeit des Arbeitnehmers und fehlender Beschäftigungsmöglichkeit;
- wenn Sie den Arbeitnehmer unter Fortzahlung der Vergütung während der Dauer der Kündigungsfrist oder nach Abschluss eines Aufhebungsvertrags bis zum vereinbarten Vertragsende unwiderruflich von der Verpflichtung zur Arbeitsleistung freistellen — das heißt, wenn Sie auf die Ausübung Ihres Direktionsrechts verzichten;
- wenn der Insolvenzverwalter einen Arbeitnehmer unwiderruflich von der Verpflichtung zur Arbeitsleistung freistellt.

! **ACHTUNG: Ermittlung der Beschäftigungslosigkeit ist schwierig**

Bei Ausübung einer Erwerbstätigkeit als mithelfender Familienangehöriger, im Rahmen eines 450-Euro-Jobs oder einer selbständigen Tätigkeit liegt **keine** Beschäftigungslosigkeit im befristungsrechtlichen Sinne vor. Dies gilt auch, wenn diese Beschäftigung weniger als 15 Wochenstunden umfasst.

Sie müssen Bewerber somit vor Vertragsabschluss umfassend und gezielt nach etwaigen Beschäftigungen befragen. Die Tatsache, dass ein Bewerber schon länger Arbeitslosengeld bezieht, sagt für die erleichterte Befristungsmöglichkeit noch nichts aus. Denn Arbeitslosigkeit im leistungsrechtlichen Sinn ist nicht gleichbedeutend mit Beschäftigungslosigkeit im befristungsrechtlichen Sinn.

1.12.5 Bezug von Transferkurzarbeitergeld oder einer öffentlich geförderten Beschäftigungsmaßnahme nach dem SGB II oder III

Anstelle der Beschäftigungslosigkeit reicht es aus, wenn der Arbeitnehmer Transferkurzarbeitergeld (§ 211 SGB III) bezieht oder an einer öffentlich geförderten Beschäftigungsmaßnahme nach dem Zweiten oder Dritten Buch SGB teilnimmt.

1.12.6 Begriff der geförderten Beschäftigungsmaßnahme ist unklar

Im Zweiten und Dritten Buch SGB fanden sich **unterschiedlichste Förderungsmodelle**. Dazu gehören zum Beispiel die Arbeitsbeschaffungsmaßnahmen (§§ 260 ff SGB III). Diese waren zu Zeiten hoher Arbeitslosigkeit von der Agentur für Arbeit geförderte Tätigkeiten auf dem sogenannten zweiten Arbeitsmarkt, um Arbeitssuchenden bei der Wiedereingliederung in eine Beschäftigung zu helfen oder ein Einkommen zu sichern. Seit dem 1. April 2012 werden keine neuen ABM-Maßnahmen mehr gefördert, das sechste Kapitel (§§ 260 bis 271) des SGB III ist weggefallen. Welche Maßnahmen die befristungsrechtlichen Voraussetzungen erfüllen, ist unklar, so dass bei der Vereinbarung von Befristungen mit älteren Arbeitnehmern nach öffentlich geförderten Beschäftigungsmaßnahmen über die ohnehin nach § 14 Abs. 2 TzBfG zulässigen zwei Jahre hinaus Zurückhaltung geboten ist.

1.12.7 Viermonatsfrist

Der Arbeitnehmer muss in den letzten vier Monaten vor Beginn des befristeten Arbeitsverhältnisses durchgängig beschäftigungslos gewesen sein oder Transferkurzarbeitergeld bezogen haben oder an einer öffentlich geförderten Beschäftigungsmaßnahme nach dem Zweiten oder Dritten Buch SGB teilgenommen haben. Das befristete Arbeitsverhältnis muss **nahtlos** daran anschließen.

1.12.8 Welche Verlängerungen sind bis zur Höchstdauer von fünf Jahren möglich?

Der maximale Befristungszeitraum ist auf fünf Jahre begrenzt. Innerhalb dieses Korridors ist auch die **mehrfache Verlängerung** des Arbeitsvertrags möglich. Die Zahl der Verlängerungsverträge ist ebenso wenig begrenzt wie die (Mindest-)Dauer der einzelnen Perioden. Ob unter verfassungsrechtlichen Gesichtspunkten beliebig viele Befristungen innerhalb des Fünf-Jahreszeitraums unbedenklich wären, ist allerdings zweifelhaft. Da innerhalb von zwei Jahren nach § 14 Abs. 2 TzBfG drei Verlängerungen zulässig sind, erscheinen innerhalb von fünf Jahren fünf Verlängerungen unproblematisch, wobei diese Frage vom BAG noch nicht entschieden ist.

1.12.9 Erleichterte Befristung älterer Arbeitnehmer ist unionsrechts- und verfassungsgemäß

Die Regelungen in § 14 Abs. 3 Sätze 1 und 2 TzBfG sind nach Auffassung des Bundesarbeitsgerichts, jedenfalls soweit es um deren erstmalige Anwendung zwischen denselben Arbeitsvertragsparteien geht, mit Unionsrecht und nationalem Verfassungsrecht vereinbar. Abzuraten ist allerdings von einer wiederholten Inanspruchnahme der Fünfjahresbefristung, sofern nur jeweils eine Beschäftigungslosigkeit von mindestens vier Monaten dazwischengeschaltet wird.

1.12.10 Bei Verlängerung unbedingt Formalien beachten

Bei der Verlängerung eines sachgrundlos befristeten Vertrags mit einem älteren Arbeitnehmer müssen Sie alle formalen Voraussetzungen erfüllen (siehe Kapitel 5.4.1 ff.). Denn sonst handelt es sich nicht um eine Verlängerung, sondern um den Abschluss eines neuen, unbefristeten Vertrags.

1.13 Arbeitnehmer kann Befristung prüfen lassen

Der Arbeitnehmer kann die rechtliche Zulässigkeit einer Befristung vom Arbeitsgericht überprüfen lassen. Dabei spielt es keine Rolle, auf welchen Befristungsgrund sie gestützt wird. Er muss die Klage spätestens drei Wochen nach dem vereinbarten Ende des befristeten Arbeitsvertrags erheben. Nach Ablauf der **Dreiwochenfrist** gilt die Befristung oder die auflösende Bedingung des Arbeitsverhältnisses als von Anfang an rechtswirksam.

Das Arbeitsgericht überprüft — auch wenn mehrere befristete Arbeitsverträge vereinbart waren — immer nur die **letzte Befristung**. Durch den vorbehaltlosen Abschluss eines weiteren befristeten Arbeitsvertrags haben Sie und der Arbeitnehmer Ihr Arbeitsverhältnis nämlich auf eine neue rechtliche Grundlage gestellt. Diese ist für Ihre Vertragsbeziehung künftig allein maßgeblich. Damit wird zugleich ein etwaiges unbefristetes Arbeitsverhältnis aufgehoben.

Das bedeutet: Eine **unwirksame Befristung** wird bedeutungslos, wenn sie durch eine wirksame Befristungsvereinbarung in einem Folgevertrag ersetzt wird. Das gilt auch, wenn Sie und der Arbeitnehmer irrtümlich davon ausgegangen sind, in einem wirksam befristeten Arbeitsverhältnis gestanden zu haben oder wenn dem Arbeitnehmer nicht bewusst war, in einem unbefristeten Arbeitsverhältnis zu stehen.

2 Was Sie auf jeden Fall beachten müssen!

2.1 Befristungen müssen Sie schriftlich fixieren

Die Vereinbarung einer Befristung bedarf zu ihrer Wirksamkeit der Schriftform (§ 14 Abs. 4 TzBfG). Die Anforderungen an die gesetzliche Schriftform regelt § 126 Abs. 2 BGB.

§ 126 BGB

„Bei einem Vertrage muss die Unterzeichnung der Parteien auf derselben Urkunde erfolgen. Werden über den Vertrag mehrere gleichlautende Urkunden aufgenommen, so genügt es, wenn jede Partei die für die andere Partei bestimmte Urkunde unterzeichnet."

2.1.1 Ziel der Schriftform

Das Schriftformerfordernis soll in erster Linie den Arbeitnehmer schützen. Es hat Klarstellungs-, Beweis- und Warnfunktion. Dem Arbeitnehmer soll deutlich gemacht werden, dass er nicht den Bestandsschutz erhält, der mit einem unbefristeten Arbeitsverhältnis verbunden ist. Um ihn vor Übereilung zu schützen, kann er nicht mündlich einwilligen, sondern muss eigenhändig unterschreiben.

2.1.2 Eigenhändige Unterschrift auf einer Urkunde

Das bedeutet, dass Sie und Ihr Arbeitnehmer die Befristungsvereinbarung auf derselben Urkunde unterschreiben müssen. Da Sie von einer Vereinbarung immer zwei Exemplare anfertigen, müssen Sie zumindest auf dem Exemplar, das für den Arbeitnehmer bestimmt ist, unterschreiben und der Arbeitnehmer auf dem für Sie bestimmten Vertragsexemplar. Die Unterschrift muss **eigenhändig** erfolgen.

> **! ACHTUNG: Eigenhändige Unterschrift muss sein**
>
> Der Abschluss und Austausch der Vereinbarung per Fax, E-Mail, SMS oder Briefwechsel genügen nicht dem Schriftformerfordernis. In allen diesen Fällen befinden sich auf den ausgetauschten Dokumenten nämlich nicht die Originalunterschriften.
>
> Die Schriftform könnte bei E-Mails allerdings durch die qualifizierte elektronische Signatur ersetzt werden. Davon wird in der Praxis bisher aber praktisch noch kein Gebrauch gemacht. (§§ 126 Abs. 3, 126a BGB)

Die Anforderungen an die Schriftform werden zum Beispiel auch erfüllt, wenn Sie mit einem Arbeitnehmer in einem Vergleich vor dem Arbeitsgericht eine Befristung vereinbaren: Die gerichtliche Protokollierung wahrt die Schriftform (§ 127a BGB in Verbindung mit § 126 Abs. 4 BGB). Auch wenn Sie einzelvertraglich eine Altersgrenze vereinbaren, müssen Sie dies schriftlich tun.

2.1.3 Schriftform gilt nicht für gesamten Vertrag

Sie müssen nur die Befristung unbedingt schriftlich vereinbaren, die übrigen Vertragsbedingungen nicht. Auch die Rechtsgrundlage für die Befristung oder den sachlichen Grund müssen Sie grundsätzlich nicht schriftlich vereinbaren. Entscheidend ist, dass ein sachlicher Grund zum Zeitpunkt des Vertragsabschlusses objektiv vorgelegen hat oder — wie zum Beispiel bei der sachgrundlosen Befristung (siehe Kapitel 5) — gar nicht erforderlich war.

Für eine Zeitbefristung wäre folgende Formulierung ausreichend, um der Schriftform Genüge zu tun:

> **▶ BEISPIELFORMULIERUNG: Zeitbefristung**
>
> Das Arbeitsverhältnis wird befristet abgeschlossen. Es beginnt am 1.1.2016 und endet am 31.12.2017.
>
> Unterschrift Arbeitgeber, Unterschrift Arbeitnehmer

> **▶ BEISPIELFORMULIERUNG: Zweckbefristung**
>
> Das am 1.12.2015 beginnende Arbeitsverhältnis wird befristet für die Dauer der Erkrankung des Mitarbeiters Christian Hermann.
>
> Unterschrift Arbeitgeber, Unterschrift Arbeitnehmer

▶ **BEISPIELFORMULIERUNG: Doppelbefristung**

Das am 1.12.2015 beginnende Arbeitsverhältnis wird befristet für die Dauer der Erkrankung des Mitarbeiters Christian Hermann, längstens jedoch bis 30.6.2016.

Unterschrift Arbeitgeber, Unterschrift Arbeitnehmer

Alle übrigen Vereinbarungen wie zum Beispiel Gehalt, Arbeitszeit oder Urlaub können Sie wirksam mündlich treffen; für diese gilt das Schriftformerfordernis nicht.

2.2 Befristungen müssen Sie vor Vertragsbeginn vereinbaren

Achten Sie unbedingt darauf, dass Sie die schriftliche Befristungsabrede **vor** dem Zeitpunkt des vereinbarten Vertragsbeginns vereinbaren. Außerdem sollten sowohl Sie als auch Ihr Arbeitnehmer vor Vertragsbeginn über ein Exemplar der Befristungsvereinbarung verfügen.

▶ **BEISPIELE: verspätete Abgabe von Vertragsexemplaren**

Wenn Ihr Arbeitnehmer ein von ihm unterschriebenes Exemplar des befristeten Arbeitsvertrags mit Vertragsbeginn 1.5. erst zum Arbeitsbeginn am 2.5. mitbringt und in der Personalabteilung abgibt, ist dies zu spät.
Gleiches gilt, wenn Sie die Vertragsexemplare mit Arbeitsbeginn 1.5., die der Arbeitnehmer bereits am 25.4. unterzeichnet und abgegeben hat, erst am 2.5. unterzeichnen und das für den Arbeitnehmer bestimmte Exemplar diesem dann über die Hauspost zukommen lassen.

Nachträgliche schriftliche Fixierung ist unwirksam

Sie vereinbaren mündlich mit einem Bewerber im Vorstellungsgespräch, den Arbeitsvertrag zu einem bestimmten Zeitpunkt zu befristen. Allerdings halten sie diese Befristungsabrede in einem Arbeitsvertrag schriftlich fest, der erst nach Vertragsbeginn unterzeichnet wurde. Dann ist die mündlich vereinbarte Befristung unwirksam. Die restlichen Vereinbarungen, zum Beispiel Arbeitszeit, Gehalt oder Urlaub, sind aber wirksam. Für diese schreibt das Gesetz nämlich nicht die Schriftform vor. Das Ergebnis ist somit ein unbefristeter Arbeitsvertrag (§ 16 Abs. 1 TzBfG).

Was Sie auf jeden Fall beachten müssen!

Sie übersenden einem Arbeitnehmer vor Vertragsbeginn zwei bereits von Ihnen unterschriebene Vertragsexemplare. Dabei sollten Sie im Begleitbrief unbedingt darauf hinweisen, dass Sie den Abschluss des befristeten Arbeitsvertrags davon abhängig machen, dass der Arbeitnehmer die Vertragsurkunde rechtzeitig vor Vertragsbeginn unterzeichnet und zurücksendet. Dieses Angebot kann der Arbeitnehmer dann nur durch Unterzeichnung und Rücksendung der Vertragsurkunde annehmen. Eine konkludente Annahme des Vertragsangebots durch Aufnahme der Tätigkeit kommt in diesem Fall nicht in Betracht. Damit verhindern Sie das Zustandekommen eines von Ihnen nicht gewollten unbefristeten Vertrags.

Vertragsverlängerung: Schriftform ist vorgeschrieben

Auch wenn Sie die Laufzeit eines befristeten Vertrags verlängern möchten, müssen Sie dies zwingend schriftlich vereinbaren. Dies müssen Sie bereits vor dem Auslaufen des zu verlängernden Vertrags tun.

Sonderfall: Prozessbeschäftigung

Sie haben einem Arbeitnehmer gekündigt und dieser hat gegen die Kündigung vor dem Arbeitsgericht **Kündigungsschutzklage** erhoben. Im Gütetermin weist das Gericht darauf hin, dass ein Kammertermin aufgrund der Arbeitsbelastung des Gerichts und der Komplexität des Falles erst in einigen Monaten stattfinden könne. Sie wollen mit dem Arbeitnehmer deshalb vereinbaren, dass Sie ihn nach Ablauf der Kündigungsfrist weiterbeschäftigen, bis der Kündigungsschutzprozess vor dem Arbeitsgericht abgeschlossen ist.

Für Sie hat das den Vorteil, dass Sie im Falle, dass Sie den Prozess verlieren, das Gehalt nicht nachzahlen müssen, ohne dass der Arbeitnehmer dafür gearbeitet hat. (Das wird Annahmeverzugsrisiko genannt.) Der Arbeitnehmer hat den Vorteil, dass er weiterbeschäftigt wird und seine Vergütung erhält. Bei dieser Vereinbarung, einer so genannten **Prozessbeschäftigung**, handelt es sich um die Vereinbarung einer Befristung, deren Zulässigkeit anerkannt ist.

Die befristete Weiterbeschäftigung des Arbeitnehmers nach Ablauf der Kündigungsfrist bis zum rechtskräftigen Abschluss des Kündigungsschutzprozesses muss aber in Schriftform festgehalten werden, damit sie als Befristung wirksam wird. Wird diese nicht eingehalten, gilt der Arbeitsvertrag als auf unbestimmte Zeit abgeschlossen (§ 16 Satz 1 TzBfG). Dann nützt es Ihnen nichts, wenn Sie den Kündigungsschutzprozess rechtskräftig gewinnen. Durch die vereinbarte Prozessbeschäftigung ist bei nicht eingehaltener Schriftform nämlich ein neues unbefristetes Arbeitsverhältnis entstanden.

Die Anforderungen an die Schriftform werden auch dann erfüllt, wenn Sie die Befristung mit einem Arbeitnehmer in einem Vergleich vor dem Arbeitsgericht vereinbaren und diese — zum Beispiel im Gütetermin — vom Richter protokolliert wird.

3   Sachgründe für Befristungen

In diesem Kapitel möchte ich Ihnen alle wichtigen Sachgründe, die Sie für eine Befristung nutzen können, vorstellen. Dabei gehe ich ein auf die

- gesetzlichen Sachgründe, die im Teilzeit- und Befristungsgesetz als Beispiele genannt werden,
- weitere Sachgründe, die zumeist aus der Rechtsprechung erwachsen sind sowie
- Sachgründe, die in anderen Gesetzen festgeschrieben sind.

Grundlageninformationen zum Thema Sachgründe

Die Befristung eines Arbeitsvertrages ist grundsätzlich nur zulässig, wenn sie durch einen sachlichen Grund gerechtfertigt ist. Diese Anforderung aus § 14 Abs. 1 TzBfG entspricht einem Grundsatz, den das Bundesarbeitsgericht bereits vor Inkrafttreten des Teilzeit- und Befristungsgesetzes entwickelt hat (BAG, Urteil vom 12.10.1960, GS 1/59).

Sachgrund muss bei Vertragsabschluss vorliegen

Der sachliche Grund für die vereinbarte Befristung muss zum Zeitpunkt des Vertragsabschlusses (objektiv) vorliegen. Wenn sich die Sachlage nach Abschluss des befristeten Vertrages ändert, ist dies befristungsrechtlich gleichgültig.

Wenn sich der Sachgrund nachträglich ändert, ist das unschädlich

Ist die Befristung einmal wirksam, verbietet es die **Rechtsklarheit**, dass die Befristung nachträglich unwirksam wird und der Arbeitsvertrag sich ohne Weiteres als unbefristeter Vertrag fortsetzt, wenn der Befristungsgrund wegfällt. Während der Vertragslaufzeit eintretende Änderungen berühren die ursprüngliche Wirksamkeit der vereinbarten Befristung grundsätzlich nicht.

> ► **BEISPIEL: Änderung der Sachlage durch Todesfall**
>
> Sie stellen die Arbeitnehmerin A befristet als Krankheitsvertreterin für die erkrankte Arbeitnehmerin B ein, die sich einer Operation mit anschließendem mehr-

monatigem Aufenthalt in einer Rehabilitationsklinik unterziehen muss. Aufgrund von Komplikationen verstirbt B zwei Tage nach der Operation. Dies ändert an der Wirksamkeit der von Ihnen vereinbarten Befristung nichts. Denn zum Zeitpunkt des Abschlusses des befristeten Arbeitsvertrags lag der Sachgrund Krankheitsvertretung vor. Der nachträgliche Tod der Vertretenen B führt insbesondere nicht zu einem unbefristeten Arbeitsverhältnis mit der Vertreterin A.

Die nachträgliche Möglichkeit der unbefristeten Beschäftigung ist bedeutungslos

Die Befristung bleibt auch dann wirksam, wenn eine unbefristete Beschäftigung nachträglich möglich wird.

▶ BEISPIEL: Unbefristete Stelle einer Elternzeiterin wird frei

Sie stellen die Mitarbeiterin V als Vertreterin für die Dauer der Elternzeit der Mitarbeiterin E befristet bis zum 18.5.2018 ein. E teilt im Januar 2016 mit, dass sie aufgrund eines Wegzugs mit der Familie ihr Arbeitsverhältnis nach Ende der Elternzeit nicht mehr fortsetzen möchte. Sie bittet Sie daher um den Abschluss eines Aufhebungsvertrags.
Das nachträgliche Ausscheiden von E hat keinen Einfluss auf die Wirksamkeit der Befristung des Arbeitsverhältnisses mit V. Es führt insbesondere nicht zu einem unbefristeten Arbeitsverhältnis. Ohne anderweitige Vereinbarung endet das Arbeitsverhältnis — wie vereinbart — mit Ablauf des 18.5.2018.

Nachträglich eintretender Sonderkündigungsschutz ändert an der Befristung nichts

Auch andere nachträgliche Ereignisse — zum Beispiel solche, die einen Sonderkündigungsschutz zugunsten des befristet eingestellten Arbeitnehmers begründen — haben keinen Einfluss auf die Wirksamkeit der Befristungsvereinbarung.

▶ BEISPIELE: Wahl zum Betriebsrat

Sie haben Herrn Meier am 1.8.2015 für die Dauer von zwei Jahren bis zum 31.7.2017 als Vertreter für die Frau Schulz eingestellt, die wegen einer Weiterbildungsmaßnahme unbezahlt beurlaubt ist. Herr Meier wird am 18.3.2016 bei den wegen des Rücktritts des Betriebsrats notwendig gewordenen Betriebsratswahlen in den Betriebsrat gewählt.

Damit wird er zwar für die Dauer der vierjährigen Amtszeit ordentlich unkünd-
bar (§ 15 KSchG). Dies ändert dennoch nichts daran, dass das Arbeitsverhältnis
aufgrund der wirksamen Befristung mit Ablauf des 31.7.2017 endet!
Die Wahl in den Betriebsrat führt weder zu einem unbefristeten Arbeitsverhältnis noch zu einer Verlängerung des Arbeitsverhältnisses für die Dauer der
Amtszeit des Betriebsrats.

▶ **BEISPIEL: Elternzeit**

Die als Vertreterin der sich in Elternzeit befindenden Frau Hönig bis zum
18.5.2016 eingestellte Frau Schröder wird selbst schwanger. Nach Geburt und
Mutterschutz nimmt sie ab dem 14.12.2015 ihrerseits Elternzeit in Anspruch.
Während der Elternzeit hat sie Sonderkündigungsschutz (§ 18 BEEG). Das be-
deutet, dass Sie Frau Schröder in dieser Zeit grundsätzlich ordentlich nicht
kündigen können.
Die Inanspruchnahme der Elternzeit führt aber weder zu einem unbefristeten
Arbeitsverhältnis noch zu einer Verlängerung des Arbeitsverhältnisses für die
Dauer der Elternzeit. Das zur Vertretung befristete Arbeitsverhältnis mit Frau
Schröder endet (während der Elternzeit) mit Ablauf des 18.5.2016.

Diskriminierungsverbote beachten

Es gibt allerdings Umstände, die zu beachten sind, wenn es um die Verlängerung
eines befristeten Arbeitsverhältnisses geht: Der befristet Angestellte darf nicht
diskriminiert werden.

Das kann zum Beispiel dann der Fall sein, wenn sich nach Abschluss eines zeitlich
befristeten Arbeitsvertrags die Möglichkeit zu einer Dauerbeschäftigung ergibt
und Sie den befristet Beschäftigten bei der Entscheidung über die Verlängerung
oder unbefristete Fortsetzung des Arbeitsvertrages übergehen.

An dem Grundsatz, dass die vereinbarte Befristung wirksam ist, ändert sich hierdurch nichts. Auch in einem solchen Fall wandelt sich das befristete Arbeitsverhältnis nicht in ein unbefristetes um. Der diskriminierte Arbeitnehmer hat aber Anspruch auf Schadensersatz.

Eine Diskriminierung liegt ebenfalls vor, wenn der Vertrag einer Arbeitnehmerin
nicht verlängert wird, weil sie schwanger geworden ist.

▶ **BEISPIEL: Schadensersatzanspruch wegen Diskriminierung**

Frau Zander wird als Krankheitsvertreterin befristet eingestellt. Ihr Betriebsleiter, Herr Abel stellt ihr bei Abschluss des befristeten Arbeitsvertrages in Aussicht, dass dieser bei Fortdauern der Erkrankung des Vertretenen verlängert werden könnte. Während der Vertretungszeit wird Frau Zander schwanger.

Der zu Vertretende bleibt krank, der Arbeitsvertrag mit Frau Zander wird aber nicht verlängert.

Herr Abel teilt der Mutter Frau Zanders auf deren Nachfragen hin mit, dass er den Vertrag mit Frau Zander aufgrund der bekannt gewordenen Schwangerschaft nicht verlängert habe. Seine Ehefrau, so Herr Abel, sei nach der Geburt in Schwangerschaftsurlaub gegangen. Bei Frau Zander sei er davon ausgegangen, dass sie dasselbe vorhabe.

Frau Zanders befristetes Arbeitsverhältnis wurde somit nicht verlängert, weil eine Schwangerschaft vorliegt. Deshalb hat sie Anspruch auf Schadensersatz wegen entgangenem Verdienst. Außerdem hat sie Anspruch auf eine angemessene Entschädigung wegen einer Benachteiligung nach dem Allgemeinen Gleichbehandlungsgesetz (AGG). Die Befristung des ursprünglichen Vertrages ist und bleibt aber wirksam.

3.1 Gesetzliche Sachgründe

Im Teilzeit- und Befristungsgesetz wird zwar nicht definiert, was ein sachlicher Grund ist, der die Befristung eines Arbeitsverhältnisses rechtfertigt. Es werden jedoch **acht Beispielsfälle** aufgezählt, in denen ein Sachgrund vorliegt. Damit wird der unbestimmte Rechtsbegriff „sachlicher Grund" konkretisiert. Die einzelnen Beispielsfälle waren bereits bevor das TzBfG in Kraft trat von der arbeitsgerichtlichen Rechtsprechung entwickelt und überwiegend anerkannt worden.

3.1.1 Vorübergehender betrieblicher Mehrbedarf

Wenn der betriebliche Bedarf an der Arbeitsleistung des befristet einzustellenden Arbeitnehmers für Sie nur vorübergehend besteht, ist dies ein Sachgrund, der die Befristung rechtfertigen kann (§ 14 Abs. 1 Satz 2 Nr. 1 TzBfG). Um dies festzustellen müssen Sie zum Zeitpunkt des Vertragsabschlusses für sich selbst folgende Überlegung anstellen: **Kann ich mit hinreichender Sicherheit erwarten, dass für eine Beschäftigung des befristet einzustellenden Arbeitnehmers über das vorge-**

sehene Befristungsende hinaus **kein Bedarf besteht?** Diese **Prognose** müssen Sie stellen. Ihr müssen **konkrete Anhaltspunkte** zugrundeliegen.

3.1.1.1 Bloße Unsicherheit über Arbeitskräftebedarf reicht nicht aus

Bei der Prognose müssen Sie bedenken, dass eine etwaige Unsicherheit über die künftige Entwicklung des Arbeitskräftebedarfs in Ihrem Unternehmen als Begründung nicht ausreicht. Denn die allgemeine Unsicherheit rechtfertigt die Befristung nicht. Eine solche Unsicherheit gehört zu Ihrem unternehmerischen Risiko als Arbeitgeber. Dieses können Sie durch den Abschluss eines nur befristeten Arbeitsvertrages nicht wirksam auf den Arbeitnehmer abwälzen.

Der vorübergehende betriebliche Bedarf an Arbeitsleistung kann sich zum Beispiel daraus ergeben,

- dass für einen begrenzten Zeitraum in Ihrem Betrieb zusätzliche Arbeiten anfallen, die mit dem Stammpersonal allein nicht erledigt werden können und
- dass der Arbeitnehmer gerade zur Deckung dieses Mehrbedarfs eingestellt wird.

3.1.1.2 Mehrbedarf und durch Einstellungen geschaffene zusätzliche Kapazitäten müssen sich entsprechen

Sie dürfen einen zeitweiligen Mehrbedarf an Arbeitskräften nicht zum Anlass nehmen, beliebig viele Arbeitnehmer einzustellen. Die Zahl der befristet eingestellten Arbeitnehmer muss sich an dem vorübergehenden Mehrbedarf orientieren und darf diesen nicht überschreiten.

3.1.1.3 Ohne Prognosemöglichkeit kein Sachgrund

Wenn Sie den zukünftigen Arbeitskräftemehrbedarf nicht prognostizieren können, fehlt es an der notwendigen Grundlage für eine Befristung, die auf diesen Sachgrund gestützt wird.

3.1.1.4 Zeitlich begrenzte Projektarbeit als Sachgrund

Ein zeitlich begrenztes Projekt kann dazu führen, dass ein vorübergehender Arbeitskräftemehrbedarf auftritt. Wenn Ihre reguläre (Stamm-)Personalstärke nicht ausreicht, um dieses Projekt durchzuführen, kann der projektbedingt erhöhte Personalbedarf ein Sachgrund für die Befristung eines Arbeitsvertrags sein. Für die Prognose müssen Sie sich dazu folgende **Kontrollfragen** stellen:

- Ist zum Zeitpunkt des Vertragsabschlusses zu erwarten, dass die Aufgabe, die der einzustellende Mitarbeiter erledigen soll, nur für die Laufzeit des befristeten Arbeitsvertrags innerhalb des Projekts anfällt?
- Gibt es **konkrete Anhaltspunkte,** die es erlauben, diese Frage mit „Ja" zu beantworten?

Dabei muss sich Ihre Prognose **nur auf das konkrete Projekt** beziehen. Auch wenn der Arbeitnehmer nach Fristablauf aufgrund seiner Qualifikation auf einem freien Arbeitsplatz in einem anderen Projekt befristet oder unbefristet beschäftigt werden könnte und Sie dies bei Vertragsabschluss erkennen konnten, bleibt die projektbezogene Prognose korrekt.

> **!** **ACHTUNG: Projektbefristung nicht bei Daueraufgaben**
>
> Sie können sich auf eine „Projektbefristung" nur dann berufen, wenn es sich bei den im Rahmen des Projekts zu bewältigenden Aufgaben um eine auf vorübergehende Dauer angelegte und gegenüber den bei Ihnen anfallenden Daueraufgaben abgrenzbare Zusatzaufgabe handelt. Wird ein Arbeitnehmer für die Mitwirkung an einem Projekt befristet eingestellt, muss bereits im Zeitpunkt des Vertragsschlusses zu erwarten sein, dass die im Rahmen des Projekts durchgeführten Aufgaben nicht dauerhaft anfallen. Für eine solche Prognose bedarf es ausreichend konkreter Anhaltspunkte.
>
> Wenn es sich allerdings nicht um ein zeitlich begrenztes Projekt, sondern um eine Daueraufgabe handelt, die als Projekt „verkleidet" ist, rechtfertigt dies eine Befristung nicht.

3.1.1.5 Saisonbedingte Arbeiten als Sachgrund

Ein lediglich vorübergehender Bedarf an der Arbeitsleistung kann auch bestehen, wenn Ihr Betrieb nicht während des gesamten Jahres arbeitet. Dies ist bei so genannten **Kampagnenbetrieben** der Fall, zum Beispiel bei einem Freibad oder einem Zuckerrübenverarbeitungsbetrieb.

Auch wenn Ihr Betrieb zwar ganzjährig arbeitet, aber die dauerhaft anfallenden Tätigkeiten typischerweise während einer bestimmten Zeit des Jahres ansteigen, kann das die Befristung des Vertrages eines einzustellenden Mitarbeiters rechtfertigen. Das ist bei so genannten **Saisonbetrieben** der Fall, zum Beispiel bei Hotel- und Gastronomiebetrieben in Ferienregionen oder bei Betrieben, die Weihnachtsartikel oder Speiseeis herstellen.

> **!** **ACHTUNG: Befristung nur für saisonbedingte Arbeiten**
>
> Sie sollten darauf achten, dass Sie nur die Arbeitsverträge der für die typischen Saisonarbeiten eingestellten Mitarbeiter befristen. Zu den saisonbedingten Arbeiten zählen bei einem Süßwarenhersteller zum Beispiel diejenigen Arbeiten in der Produktion, die auf den verstärkten Auftragseingang in der Weihnachts- oder Ostersaison zurückzuführen sind sowie die unmittelbar davon abhängigen Arbeiten im Lager, in der Verpackung und in der Auslieferung. Auch Reinigungsarbeiten in den Produktionsräumen, die während der Saison zusätzlich benutzt werden, sind Teil dieser Arbeiten. Die Reinigung von Sozialräumen und Toiletten, die das ganze Jahr über benutzt werden und zu säubern sind, gehören jedoch nicht dazu.

Saisonarbeitsverhältnisse können sowohl aufgrund einer Zweck- als auch einer Zeitbefristung enden. Voraussetzung für die Zweckbefristung ist, dass ein Zeitpunkt bestimmt werden kann, der als Saisonende gilt. Lässt sich dies nicht mit Sicherheit vorhersagen, sollte eine Zeitbefristung vereinbart werden.

Auch die Einstellung von Mitarbeitern zur Durchführung oder Unterstützung von **Inventurarbeiten** rechtfertigt eine zeitliche Befristung.

3.1.1.6 Befristung wegen geplanter Umstrukturierung

Ein vorübergehender zusätzlicher Bedarf an Arbeitskräften oder das bevorstehende Absinken des Arbeitskräftebedarfs kann die Befristung eines Arbeitsverhältnisses rechtfertigen. Absinken kann der Bedarf wegen einer geplanten Betriebs(teil)schließung oder wegen Rationalisierungsmaßnahmen. Ein Grund für die Reduzierung des Arbeitskräftebedarfs könnte auch sein, dass Sie in absehbarer Zeit eine neue technische Anlage in Betrieb nehmen.

Auch dazu müssen Sie zum Zeitpunkt des Vertragsabschlusses mit einiger Sicherheit prognostizieren können, wann der Mehrbedarfs mit dem Auslaufen der befristeten Arbeitsverträge wegfallen wird.

3.1.1.7 Übergangsweise Befristung bis zum Einsatz von Leiharbeitnehmern ist kein Sachgrund

Sie entschließen sich, in Ihrem Betrieb anfallende Arbeitsaufgaben künftig nicht mehr eigenen Mitarbeitern zu übertragen, sondern von Leiharbeitnehmern erledigen zu lassen. Dies rechtfertigt **nicht** die Befristung von Arbeitsverträgen in der Zeit, die sie bis zur Umsetzung der Entscheidung noch benötigten. Denn auch mit den Leiharbeitnehmern erledigen Sie die Tätigkeiten nach wie vor selbst innerhalb Ihrer betrieblichen Organisation. Dazu benötigen Sie weiterhin Arbeitskräfte, die diese Arbeitsaufgaben für Sie ausführen — auch wenn Sie mit diesen Mitarbeitern nicht selbst Arbeitsverträge abschließen. Stattdessen decken Sie Ihren Arbeitskräftebedarf mit Arbeitnehmern eines anderen Arbeitgebers, der sie Ihnen auf der Grundlage eines Arbeitnehmerüberlassungsvertrags zur Verfügung stellt, damit sie Ihre Betriebszwecke fördern. Durch den (geplanten) Einsatz von Leiharbeitnehmern entfällt daher zwar der Bedarf an der Beschäftigung von Arbeitnehmern, die in einem Arbeitsverhältnis zu Ihnen stehen, das durch einen Arbeitsvertrag begründet wird. Darauf kommt es jedoch für den Sachgrund des vorübergehenden „betrieblichen" Bedarfs an der Arbeitsleistung nicht an. Was zählt, ist der Beschäftigungsbedarf innerhalb Ihrer betrieblichen Organisation.

Das bedeutet: Der betriebliche Bedarf an der Arbeitsleistung besteht so lange, wie Sie die Tätigkeiten, die von dem befristet eingestellten Arbeitnehmer ausgeübt werden, innerhalb Ihrer betrieblichen Organisation erledigen lassen. Dies ist auch dann der Fall, wenn die Arbeiten mithilfe von Leiharbeitnehmern erledigt werden.

3.1.2 Im Anschluss an Ausbildung oder Studium

Die Einstellung eines Arbeitnehmers im Anschluss an seine Ausbildung oder im Anschluss an sein Studium kann ein Sachgrund für eine Befristung des Arbeitsvertrages sein. Die Voraussetzung dafür ist, dass durch die Einstellung der Übergang des Arbeitnehmers in eine Anschlussbeschäftigung erleichtert werden soll (§ 14 Abs. 1 Satz 2 Nr. 2 TzBfG).

Hintergrundinformation

Der Sinn und Zweck dieses Sachgrundes besteht darin, eine mögliche Arbeitslosigkeit nach der Ausbildung oder dem Studium zu vermeiden und Berufsanfängern den **Berufsstart zu erleichtern**. In einem befristeten Arbeitsverhältnis können sie Berufserfahrung sammeln und dadurch ihre Einstellungschancen auf dem Arbeitsmarkt verbessern.

Aus dem Tatbestandsmerkmal „Anschluss" ergibt sich, dass es sich um die Befristung des **ersten** Arbeitsvertrags handeln muss, den der Arbeitnehmer nach dem Ende der Ausbildung oder des Studiums abschließt (so genannte **Erstanstellung**). Hatte der Auszubildende oder der Studierende nach der Ausbildung oder dem Studium bereits ein Arbeitsverhältnis, schließt dies eine Befristung auf der Grundlage dieses Sachgrunds aus. Denn damit ist der Start in das Berufsleben bereits erfolgt und der Arbeitnehmer kann sich unter Berufung auf die in dem Arbeitsverhältnis erworbene Berufserfahrung um eine Anschlussbeschäftigung bemühen.

3.1.2.1 Befristungen aus Übernahmeverpflichtungen in Tarifverträgen oder Betriebsvereinbarungen fallen nicht unter den Sachgrund Erstanstellung

Wenn Sie aufgrund eines für Sie geltenden Tarifvertrages oder einer Vereinbarung mit ihrem Betriebsrat verpflichtet sind, einen (eigenen) Auszubildenden nach Abschluss der Ausbildung für einen bestimmten Zeitraum in ein Arbeitsverhältnis zu übernehmen, ist dies **kein** Fall, für den der Sachgrund Erstanstellung nach § 14 Abs. 1 Satz 2 Nr. 2 TzBfG gilt.

3.1.2.2 Die Verlängerung einer Erstanstellungsbefristung ist nicht möglich

§ 14 Abs. 1 Satz 2 Nr. 2 TzBfG lässt **nur den einmaligen Abschluss** eines befristeten Arbeitsvertrags nach dem Ende der Ausbildung oder des Studiums zu. Deshalb können Sie einen mit diesem Sachgrund befristeten Arbeitsvertrag nicht mit demselben Sachgrund „verlängern".

Eine Vertragsverlängerung ist eine während der Laufzeit eines befristeten Arbeitsvertrags getroffene Vereinbarung zwischen Ihnen und dem Arbeitnehmer, mit der der Beendigungszeitpunkt des Arbeitsverhältnisses hinausgeschoben wird. Sie enthält — ebenso wie der Neuabschluss eines weiteren befristeten Arbeitsvertrags — eine **eigenständige Befristung**. § 14 Abs. 1 Satz 2 Nr. 2 TzBfG sieht die Verlängerung eines im Anschluss an die Ausbildung oder das Studium abgeschlossenen befristeten Arbeitsvertrags aber nicht vor.

TIPP: Befristungsdauer nicht zu kurz wählen

Da die Verlängerung einer nach § 14 Abs. 1 Satz 2 Nr. 2 TzBfG befristeten Erstanstellung mit demselben Grund nicht möglich ist, darf die Befristungsdauer von vornherein nicht zu kurz gewählt werden.

3.1.2.3 Wie lange darf eine Erstanstellungsbefristung laufen?

Eine **Höchstgrenze** für die Vertragslaufzeit ist im Gesetz für diesen Sachgrund **nicht vorgesehen**. Die Auffassungen hierzu reichen in der Fachliteratur von einer Befristungsdauer von einem halben bis einem Jahr über maximal zwei Jahre bis hin zu einer längeren Vertragslaufzeit, zum Beispiel in akademischen Berufen. Insgesamt kommt es auf die Umstände des Einzelfalls an. Dabei spielen auch die Vorkenntnisse des Arbeitnehmers oder die Lage auf dem Arbeitsmarkt eine Rolle.

TIPP: wenn möglich sachgrundlos befristen

Wenn der oder die Einzustellende vor der Ausbildung beziehungsweise vor oder während des Studiums nicht schon einmal bei Ihnen als Arbeitnehmer beschäftigt war, oder dieses Arbeitsverhältnis bereits länger als drei Jahre zurück liegt, kommt auch eine sachgrundlose Befristung nach § 14 Abs. 2 TzBfG in Betracht (siehe Kapitel 5.1.1 ff).

Diese ist unter anderem deshalb wesentlich flexibler und damit attraktiver, weil sie eine dreimalige Verlängerung innerhalb des Höchstzeitraums von zwei Jahren zulässt. Dieser Möglichkeit sollten Sie also auf jeden Fall den Vorzug geben, wenn die Voraussetzungen gegeben sind.

3.1.2.4 Bei Übernahme von eigenen Auszubildenden auf rechtzeitigen Vertragsabschluss achten

Das befristete Arbeitsverhältnis eines Beschäftigten, der zuvor als Auszubildender bei Ihnen tätig war, sollte **spätestens am Tage der Beendigung des Ausbildungsverhältnisses** begründet werden. Wenn Sie einen eigenen Auszubildenden auch nur einen Tag im Anschluss an das Ausbildungsverhältnis ohne Befristungsabrede weiter beschäftigt, gilt nach der Fiktion des § 24 Berufsbildungsgesetz (BBiG) ein unbefristetes Arbeitsverhältnis als begründet. Sie sollten somit möglichst bereits vor der Beendigung der Ausbildung mit dem Auszubildenden einen Arbeitsvertrag mit schriftlicher Befristungsabrede schließen. Der Vertrag sollte unter der aufschiebenden Bedingung geschlossen werden, dass er die Abschlussprüfung besteht.

Der Auszubildende darf sich (frühestens) innerhalb der letzten sechs Monate des Berufsausbildungsverhältnisses dazu verpflichten, im Anschluss an das Ausbildungsverhältnis ein (befristetes oder unbefristetes) Arbeitsverhältnis mit dem Ausbildenden einzugehen (§ 12 BBiG).

3.1.3 Mitarbeiter als Vertretungskraft

Wenn ein Arbeitnehmer zur Vertretung eines anderen Arbeitnehmers befristet beschäftigt wird, ist das ein sachlicher Grund für eine Befristung (§ 14 Abs. 1 Satz 2 Nr. 3 TzBfG). Denn in einem Vertretungsfall haben Sie als Arbeitgeber bereits ein Arbeitsverhältnis mit dem vorübergehend ausfallenden Mitarbeiter und müssen in der Regel mit dessen Rückkehr an den Arbeitsplatz rechnen. Deshalb besteht von vornherein nur ein zeitlich begrenztes Bedürfnis daran, dass eine Vertretungskraft die Tätigkeiten wahrnimmt, die dem ausfallenden Arbeitnehmer obliegen.

Vertretungsfälle liegen immer dann vor, **wenn ein Mitarbeiter auf Zeit ausfällt**, beispielsweise wegen Krankheit, Beurlaubung, Fortbildung oder vorübergehender Abordnung einer Stammkraft. Die tatsächliche Beschäftigtenzahl wird somit beibehalten. Dies ist der Unterschied zur Befristung wegen vorübergehend bestehendem betrieblichem Bedarf an Arbeitsleistung (§ 14 Abs. 1 Satz 2 Nr. 1 TzBfG, siehe Kapitel 3.1.1). Denn bei vorübergehendem Bedarf erhöht sich die Zahl der Arbeitnehmer für diese Zeit.

3.1.3.1 Vollzeitkraft kann zwei Teilzeitkräfte vertreten

Die gesetzliche Formulierung „zur Vertretung „**eines**" anderen Arbeitnehmers" müssen Sie nicht wörtlich nehmen. Sie sind in der Festlegung der Anzahl der Vertreter frei. Sie können also beispielsweise auch zwei ausfallende Halbtagskräfte durch eine Vollzeitkraft vertreten lassen.

3.1.3.2 Bei Vertretung ist eine Prognose erforderlich

Teil des Sachgrundes der Vertretung ist Ihre Prognose darüber, wann der Vertretungsbedarf voraussichtlich wegfällt. Diese Prognose muss sich darauf beziehen, ob der zu vertretende Mitarbeiter seinen Dienst wieder antreten wird.

Das Bundesarbeitsgericht ist in diesem Zusammenhang aber großzügig. Sofern nicht besondere Umstände vorliegen, können Sie zum Beispiel in Fällen der Krankheitsvertretung ebenso wie in Fällen der Urlaubsvertretung grundsätzlich immer davon ausgehen, dass die zu vertretende Stammkraft zurückkehren wird. Deshalb sind Sie vor Abschluss des befristeten Vertrags mit der Vertretungskraft grundsätzlich nicht dazu verpflichtet, von sich aus Erkundigungen über die gesundheitliche Entwicklung des erkrankten oder über die Planungen des beurlaubten Arbeitnehmers einzuholen.

Auch **wiederholte Befristungen** wegen der mehrfachen Verhinderung der zu vertretenden Stammkraft stehen einer Prognose über den künftigen Wegfall des Vertretungsbedarfs nicht entgegen. Sie dürfen auch bei mehrfacher Vertretung davon ausgehen, dass die zu vertretende Stammkraft an ihren Arbeitsplatz zurückkehren wird.

Nur wenn Sie in einem Ausnahmefall davon ausgehen müssen, dass die zu vertretende Stammkraft nicht zurückkehren wird, würde das Arbeitsgericht annehmen, dass der **Sachgrund** der Vertretung **nur vorgeschoben** ist. Dies wäre dann der Fall, wenn der zu vertretende Arbeitnehmer Ihnen bereits vor dem Abschluss des befristeten Arbeitsvertrags mit der Vertretungskraft verbindlich erklärt hat, er werde die Arbeit bei Ihnen nicht wieder aufnehmen. Dann können Sie mit seiner Rückkehr nicht mehr rechnen

▶ **BEISPIEL: Mitarbeiter will nach Weiterbildung das Unternehmen wechseln**

Einer Ihrer Mitarbeiter beantragt unbezahlten Urlaub für die Teilnahme an einer sechsmonatigen Weiterbildung. Als Sie mit ihm den Beurlaubungsantrag besprechen teilt er Ihnen mit, dass er nach dem Ende des unbezahlten Urlaubs und dem Abschluss der Weiterbildung nicht mehr in Ihren Betrieb zurückkehren wird, sondern im Unternehmen seines Vaters weiterarbeiten möchte.

Es besteht allerdings ein Unterschied zwischen einer definitiven Mitteilung und einer bloß unverbindlichen Ankündigung.

Abordnungsvertretung

Der vom Bundesarbeitsgericht aufgestellte Grundsatz, dass Sie in der Regel schon dann mit der Rückkehr der Stammkraft rechnen können, wenn diese einen Anspruch auf Wiederaufnahme ihrer bisherigen Tätigkeit hat, gilt nicht uneingeschränkt für die Fälle der Abordnung. Anders als bei dem für den Arbeitgeber „fremdbestimmten" Ausfall der Stammkraft hängt hier die voraussichtliche Rückkehr der Stammkraft regelmäßig nicht nur von Umständen in deren Sphäre, sondern ganz maßgeblich auch von Umständen und Entscheidungen ab, die in der Sphäre des Arbeitgebers liegen. Die Rückkehr des abgeordneten Arbeitnehmers auf seinen Stammarbeitsplatz ist häufig durch den Arbeitgeber plan- und steuerbar.

Dieser strukturelle Unterschied zu den Fällen der für Sie „fremdbestimmten" Abwesenheit der Stammkraft ist bei der von Ihnen anzustellenden Rückkehrprognose zu berücksichtigen. Diese kann sich daher nicht darauf beschränken, die Stammkraft werde, sofern sie nichts Gegenteiliges erklärt hat, auf ihren Arbeitsplatz zurückkehren. Vielmehr müssen Sie bei der Prognose über die voraussichtliche Rückkehr der abgeordneten Stammkraft sämtliche Umstände des Einzelfalls würdigen. Dazu gehören nicht nur etwaige Erklärungen der abgeordneten Stammkraft über ihre Rückkehrabsichten, sondern insbesondere auch Ihre eigenen Planungs- und Organisationsentscheidungen. Je nach Lage des Einzelfalls kann der Zweck der Abordnung es nahelegen, dass Sie den Arbeitsplatz des anderweitig eingesetzten Arbeitnehmers frei halten. Er kann aber auch gegen eine solche Annahme sprechen. Derartige, nicht in jedem Einzelfall in gleicher Weise zwingend zu beachtende Umstände müssen Sie im Befristungskontrollprozess darlegen.

> **!** **ACHTUNG: eine unverbindliche Ankündigung ist unbeachtlich**
>
> Die beurlaubte oder erkrankte Stammkraft beabsichtigt, nach dem Urlaubsende oder der Wiedergenesung die Arbeit nicht wieder aufzunehmen. Sie äußert dies Ihnen gegenüber lediglich unverbindlich. Damit verliert sie ihren Anspruch auf Rückkehr nicht, wenn später unvorhergesehene Umstände oder Ereignisse im persönlichen Bereich dazu, führen, dass sie entgegen ihren ursprünglichen Planungen an den Arbeitsplatz zurückkehrt. Solange die Stammkraft rechtlich einen **Anspruch** darauf hat, die Tätigkeit wieder aufzunehmen, müssen und dürfen Sie mit deren Rückkehr rechnen.

3.1.3.3 Vertretungssituation kann länger andauern

Die befristete Einstellung eines Vertreters kommt nicht nur bei kurz andauernden Vertretungssituationen in Betracht. Auch wenn die Vertretung länger dauert, sind Sie nicht verpflichtet, mit der Vertretungskraft einen unbefristeten Arbeitsvertrag abzuschließen. Wird einem Stammarbeitnehmer beispielsweise befristet für die Dauer von drei Jahren **Erwerbsminderungsrente** wegen voller Erwerbsminderung bewilligt, dürfen Sie die Prognose stellen, dass er nach Auslaufen der befristeten Rente wieder an seinen Arbeitsplatz zurückkehrt.

Auch die vollständige **Freistellung eines Betriebs- oder Personalratsmitglieds** ist aus Arbeitgebersicht immer nur befristet. So besteht zum Beispiel die Möglichkeit, dass der Freigestellte bei der nächsten Betriebsratswahl nicht mehr kandidiert, nicht mehr gewählt wird oder vom Betriebsratsgremium nicht mehr für die Freistellung ausgewählt wird. Dies gilt auch bei Betriebsratsmitgliedern, die schon langjährig, also mehrere Wahlperioden in Folge, freigestellt sind.

3.1.3.4 Eine Rückkehr im bisherigen Arbeitszeitumfang müssen Sie nicht prognostizieren

Ihre Prognose muss sich **nicht** darauf beziehen, ob der zeitweilig ausfallende vollzeitbeschäftigte Stammarbeitnehmer die Arbeit auch in vollem Umfang wieder aufnehmen wird. Denn selbst wenn der zu Vertretende — zum Beispiel nach Ende der Elternzeit — die Tätigkeit nur in Form einer Teilzeitbeschäftigung fortsetzt, entfällt damit jedenfalls teilweise der Bedarf für die Beschäftigung der Vertretungskraft. Sie können dann neu entscheiden, ob und wie Sie den gegebenenfalls entstehenden geänderten Bedarf abdecken.

3.1.3.5 Bei der Dauer der Vertretung sind Sie frei

In Vertretungsfällen stellt sich für Sie häufig das Problem, wie lange der einzustellende Vertreter beschäftigt werden kann. Die von Ihnen anzustellende Prognose muss sich aber nur darauf beziehen, ob zu erwarten ist, dass der zu vertretende Arbeitnehmer seinen Dienst wieder antreten wird. Dagegen brauchen Sie bei der Prognoseentscheidung keine Rücksicht darauf zu nehmen, zu welchem Zeitpunkt mit der Rückkehr des zu vertretenden Mitarbeiters zu rechnen ist. Die vertraglich vereinbarte Befristungsdauer bedarf keiner eigenen sachlichen Rechtfertigung.

> ▶ **BEISPIEL: Vertretung im Krankheitsfall**
>
> Bei der befristeten Einstellung einer Vertretungskraft wegen krankheitsbedingtem Ausfall müssen Sie grundsätzlich nicht prognostizieren, wie lange der Vertretungsfall anhält. Das bedeutet, Sie brauchen nicht einzuschätzen, bis wann Ihr kranker Mitarbeiter wieder gesund wird.
>
> So können Sie frei entscheiden, ob Sie den Arbeitsausfall überhaupt durch die Einstellung eines Vertreters überbrücken wollen. Sie haben auch die Möglichkeit, die Vertretung nur für eine kürzere Zeit zu regeln. Der Vertreter kann später nicht mit Aussicht auf Erfolg Folgendes vor dem Arbeitsgericht geltend machen: Eine Vertretungssituation habe nicht vorgelegen. Das könne man da-

ran sehen, dass der Vertretene ein Jahr ausgefallen sei, er selbst aber nur für ein halbes Jahr befristet eingestellt worden sei.

Die Arbeitsgerichte messen der Befristungsdauer aber insofern Bedeutung zu, als sie neben anderen Umständen darauf hinweisen kann, dass der Sachgrund für die Befristung vorgeschoben ist.

> ▶ **BEISPIEL: Unabhängigkeit von der Dauer der Verhinderung**
>
> Der Wirksamkeit einer Befristung steht nicht entgegen, dass zum Zeitpunkt des Vertragsabschlusses mit dem zur Vertretung eingestellten Mitarbeiter feststeht, dass der vorübergehend abwesende Mitarbeiter über das mit dem zur Vertretung eingestellten Mitarbeiter vereinbarte Ende der Vertragslaufzeit hinaus Elternzeit in Anspruch nehmen wird. Die Vertragslaufzeit eines mit einer Vertretungskraft abgeschlossenen befristeten Arbeitsvertrags muss nicht mit der voraussichtlichen Dauer der Verhinderung des zu vertretenden Arbeitnehmers übereinstimmen, sondern kann hinter ihr zurückbleiben.

> ● **TIPP: lieber zu kurze als zu lange Vertragslaufzeit wählen**
>
> Geht die Vertragslaufzeit über das voraussichtliche Ende des Vertretungsbedarfs hinaus, spricht dies dagegen, dass der Sachgrund der Vertretung besteht. Aus diesem Grund sollte die Vertragslaufzeit mit der Vertretungskraft im Zweifel eher zu kurz als zu lang gewählt werden. Allerdings sollten Sie darauf achten, dass die Befristungsdauer nicht derart hinter der voraussichtlichen Dauer des Befristungsgrundes zurückbleibt, dass eine sinnvolle, dem angegebenen Sachgrund der Befristung entsprechende Mitarbeit des Arbeitnehmers nicht mehr möglich erscheint.

3.1.3.6 Welche Befristungsart sollten Sie in einer Vertretungssituation wählen?

Sie können das Arbeitsverhältnis mit der Vertretungskraft sowohl zeitlich als auch auf den Zweck bezogen befristen. Die Formulierung sollte dabei klar und eindeutig sein.

> ▶ **BEISPIELFORMULIERUNGEN: Für Vertretungsverträge**
>
> „Das Arbeitsverhältnis ist befristet zur Vertretung des Mitarbeiters Franz Müller bis zum 31. März 2016."
>
> „Das Arbeitsverhältnis ist befristet für die Dauer des Sonderurlaubs des Arbeitnehmers Franz Müller."

Wenn Sie sich für eine reine Zweckbefristung entscheiden, ist die Formulierung sehr wichtig, damit die Befristung anerkannt wird.

Falsch wäre die Formulierung: Das Arbeitsverhältnis wird befristet zur Vertretung des Arbeitnehmers Franz Müller geschlossen. Es endet, wenn Müller die Arbeit wieder aufnimmt **oder endgültig nicht wieder aufnimmt.** Der Sachgrund der Vertretung rechtfertigt nicht die Vereinbarung, dass das Arbeitsverhältnis mit dem Vertreter endet, wenn **der Vertretene aus dem Dienst ausscheidet.** Denn durch dessen Ausscheiden wird Ihr Bedarf an der Tätigkeit, die früher der Vertretene ausgeübt hat und die jetzt der Vertreter verrichtet, nicht zeitlich begrenzt. Eine Befristung muss sich aber auf den Bedarf beziehen.

Wenn Sie eine falsche Formulierung wie im obigen Beispiel wählen und der Vertretene die Arbeit nicht wieder aufnimmt, ist das Arbeitsverhältnis mit dem Vertreter aufgrund der unwirksamen Beendigungsformulierung unbefristet.

Ungünstige Formulierung zur Zweckbefristung

Andere Formulierungen zur Zweckbefristung können sich als ungünstig herausstellen. Bei der Formulierung „Das Arbeitsverhältnis wird befristet zur Vertretung des Arbeitnehmers Franz Müller geschlossen. Es endet, wenn Franz Müller die Arbeit wieder aufnimmt." entsteht ein Problem, wenn der Vertretene die Arbeit nicht wieder aufnimmt — zum Beispiel, weil er das Arbeitsverhältnis kündigt oder wenn er als Folge der Erkrankung stirbt, die den Vertretungsfall ausgelöst hat. In diesem Fall kann der Zweck nicht mehr erreicht werden. Auch dies hätte zur Folge, dass das befristete Arbeitsverhältnis mit dem Vertreter nicht mehr endet.

Kombinieren Sie die Zweck- mit der Zeitbefristung

Empfehlenswert ist es daher, eine zulässige Zweckbefristung mit einer Zeitbefristung zu kombinieren.

▶ **Beispielformulierung: Kombination von Zweck- und Zeitbefristung**

„Das Arbeitsverhältnis wird befristet zur Vertretung des Arbeitnehmers Franz Müller geschlossen, längstens jedoch bis zum 31.3.2016. Das Arbeitsverhältnis endet daher, wenn Herr Müller die Tätigkeit wieder aufnimmt. Hat er bis zum 31.3.2016 die Tätigkeit nicht wieder aufgenommen, endet es mit diesem Tag."

3.1.3.7 Ist die mangelnde Eignung des Vertreters ein Befristungsgrund?

Sie halten den Vertreter aufgrund bestimmter Umstände zwar als zeitweilige Aushilfe für geeignet, nicht aber als Dauerbesetzung des Arbeitsplatzes. Deshalb wollen Sie den Arbeitsplatz anderweitig mit einem qualifizierten Mitarbeiter besetzen, falls der eigentliche Inhaber ausscheiden sollte. In die Befristungsvereinbarung schreiben Sie daher, dass das Arbeitsverhältnis mit dem Ausscheiden des Vertretenen endet.

Mit einer derartigen Befristung werden Sie nur in extremen Ausnahmefällen erfolgreich sein. Sie sollten deshalb sehr zurückhaltend damit umgehen. Die Arbeitsgerichte stellen hohe Anforderungen an die Begründung, warum ein befristet eingestellter Mitarbeiter für eine unbefristete Beschäftigung nicht geeignet sein soll.

3.1.3.8 Muss der Vertreter auch die Aufgaben des Vertretenen übernehmen?

Der Sachgrund der Vertretung setzt einen Kausalzusammenhang zwischen dem zeitweiligen Ausfall des Vertretenen und der Einstellung des Vertreters voraus. Erforderlich ist eine Kausalitätskette. Notwendig, aber auch ausreichend ist, dass zwischen dem zeitweiligen Ausfall von Stammarbeitskräften und der befristeten Einstellung von Aushilfsarbeitnehmern ein ursächlicher Zusammenhang besteht. Es muss sichergestellt sein, dass die Vertretungskraft gerade wegen des durch den zeitweiligen Ausfall des zu vertretenden Mitarbeiters entstandenen vorübergehenden Beschäftigungsbedarfs eingestellt worden ist. Eine Befristung wird also nicht automatisch dadurch unwirksam, dass der Vertreter nicht die Aufgaben des zu vertretenden Mitarbeiters übernimmt. **Der Einsatz des Vertreters muss nicht auf der Stelle des Vertretenen erfolgen.** Denn der vorübergehende Ausfall einer Stammkraft und die befristete Beschäftigung zu ihrer Vertretung lassen Ihre Versetzungs- und Umsetzungsbefugnisse unberührt. Sie können frei bestimmen, ob Sie den Arbeitszeitausfall überhaupt durch eine Vertretungskraft überbrücken wollen. Vielleicht möchten Sie zum Beispiel die Aufgaben, die der zeitweilig verhinderte Mitarbeiter erledigt, im Wege der Umverteilung anderen Beschäftigten zuweisen. Machen Sie hiervon Gebrauch, könnten Sie deren Aufgaben ganz oder teilweise von einer Vertretungskraft erledigen lassen.

Ihre Konzeption, wie anlässlich des zeitweiligen Ausfalls eines Mitarbeiters die Arbeitsaufgaben umverteilt werden, kann auch darin bestehen, dem zu vertretenden Beschäftigten einen **neuen Aufgabenbereich** zuzuordnen, von seiner tatsächlichen Umsetzung aber abzusehen. Im Rechtsstreit über die Wirksamkeit der Befristung müssen Sie dieses Konzept dann aber nachvollziehbar darlegen.

TIPP: Dokumentation des Beschäftigungsbedarfs

Die Arbeitsgerichte prüfen auch in den Fällen der **mittelbaren Vertretung**, ob die Vertretungskraft eingestellt worden ist, weil durch den zeitweiligen Ausfall des zu vertretenden Mitarbeiters vorübergehend Beschäftigungsbedarf entstanden ist. Deshalb empfiehlt sich aus Arbeitgebersicht eine Dokumentation, die diesen Zusammenhang belegt.

Die Vertretungskraft muss somit nicht auf dem gleichen Arbeitsplatz arbeiten wie die Stammkraft, die sie vertritt. Ihr Einsatz im Unternehmen muss aber nachvollziehbar mit dem Ausfall dieser Stammkraft zusammenhängen.

ACHTUNG: Bei mittelbarer Vertretung muss es eine Vertretungskette geben

Wird die Tätigkeit des zeitweise ausfallenden Mitarbeiters nicht von dem Vertreter, sondern einem anderen Arbeitnehmer oder mehreren anderen Arbeitnehmern ausgeübt (mittelbare Vertretung), müssen Sie zur Darstellung des Kausalzusammenhangs grundsätzlich die Vertretungskette zwischen dem Vertretenen und dem Vertreter darzulegen. Eine Vertretungskette in diesem Sinne setzt eine geschlossene Kette bei der Aufgabenübertragung voraus. Die Beschäftigten, die die Kette bilden, müssen die Arbeitsaufgaben des jeweils in der Kette „vorgelagerten" Beschäftigten übernommen haben und diese Aufgabenübertragung muss eine Verbindung zwischen dem abwesenden Beschäftigten und dem zur Vertretung eingestellten Arbeitnehmer begründen.

Eine Ursächlichkeit zwischen dem durch den Ausfall des abwesenden Beschäftigten entstandenen vorübergehenden Arbeitskräftebedarf und der Einstellung eines anderen Arbeitnehmers besteht bei einer Vertretungskette dann jedoch nicht mehr, wenn nach den Umständen des Einzelfalls die Einstellung des befristet beschäftigten Arbeitnehmers mit der vorübergehenden Abwesenheit des anderen Arbeitnehmers nichts mehr zu tun hat. Das kann insbesondere dann der Fall sein, wenn bereits zum Zeitpunkt des Abschlusses des befristeten Vertrages feststeht, dass der Arbeitnehmer, der den abwesenden Arbeitnehmer unmittelbar ersetzt und der seinerseits von dem befristet eingestellten Arbeitnehmer ersetzt wird, nicht auf seinen Arbeitsplatz zurückkehren wird.

Die erforderliche Kausalität kann sich aber auch daraus ergeben, dass Sie rechtlich und tatsächlich in der Lage wären, dem vorübergehend abwesenden Mitarbeiter im Falle seiner Anwesenheit die dem Vertreter zugewiesenen Aufgaben per Direktionsrecht zu übertragen und Sie bei Vertragsschluss mit dem Vertreter dessen Aufgaben einem oder mehreren vorübergehend abwesenden Beschäftigten nach außen erkennbar gedanklich zuordnen.

Hintergrundinformation zum Direktionsrecht

Das Direktionsrecht ist das **Weisungsrecht** des Arbeitgebers, die im Arbeitsvertrag nur rahmenmäßig umschriebene Leistungspflicht im Einzelnen nach Zeit, Art und Ort zu bestimmen. Es gehört zum wesentlichen Inhalt eines jeden Arbeitsverhältnisses. Als Grundnorm des Miteinanders von Arbeitgeber und Arbeitnehmer ist das Weisungsrecht ausdrücklich für alle Arbeitnehmer in § 106 der Gewerbeordnung einheitlich normiert. Bei der Ausübung des Weisungsrechts steht Ihnen als Arbeitgeber regelmäßig ein weites Ermessen zur einseitigen Gestaltung der Arbeitsbedingungen zu. Sie dürfen allerdings nicht willkürlich vorgehen, sondern müssen die Interessen beider Seiten berücksichtigen. Begrenzt wird das Direktionsrecht durch Vereinbarungen im Arbeitsvertrag sowie durch Regelungen in anwendbaren Betriebsvereinbarungen und Tarifverträgen.

Die folgende Checkliste hilft Ihnen dabei, den Kausalzusammenhang zwischen Ihrer Stamm- und Ihrer Ersatzkraft zu klären und zu dokumentieren.

Checkliste: Kausalzusammenhang zwischen Stamm- und Ersatzkraft
▪ Die Tätigkeit der zeitweilig ausfallenden Stammkraft wird nicht von dem befristet eingestellten Arbeitnehmer, sondern von einem oder mehreren anderen Arbeitnehmern ausgeübt.
▪ Deren Tätigkeiten werden wiederum anderen Arbeitnehmern zugewiesen.
▪ Die Vertretungskette zwischen dem Vertretenen und der befristet eingestellten Ersatzkraft ergibt sich wie folgt: . . . .
▪ Der vorübergehende Ausfall der Stammkraft wird zum Anlass genommen, die anfallenden Arbeitsaufgaben in dem Arbeitsbereich neu zu verteilen.
▪ Die dem ausgefallenen Arbeitnehmer bisher obliegenden Aufgaben bestanden aus: . . . .
▪ Diese Aufgaben wurden wie folgt auf einen oder mehrere andere Arbeitnehmer verteilt: . . . .
▪ Die dem befristet eingestellten Arbeitnehmer zugewiesenen Tätigkeiten ergeben sich aus der geänderten Aufgabenzuweisung.
▪ Von einer Neuverteilung der Aufgaben des zeitweilig ausfallenden Arbeitnehmers wird abgesehen.
▪ Dem befristet eingestellten Arbeitnehmer werden Tätigkeiten übertragen, die die ausfallende Stammkraft nie erledigt hat.

Checkliste: Kausalzusammenhang zwischen Stamm- und Ersatzkraft

- Sie hätten rechtlich und tatsächlich die Möglichkeit, diese Aufgaben der zu vertretenden Stammkraft zu übertragen.

- Sie haben bei Vertragsabschluss mit der befristet eingestellten Ersatzkraft deren Aufgaben einem oder mehreren vorübergehend abwesenden Beschäftigten nach außen erkennbar gedanklich zugeordnet. Sie haben dies zum Beispiel durch eine entsprechende Angabe im Arbeitsvertrag getan oder als Sie den Betriebs- oder Personalrat bei der Einstellung der Vertretungskraft beteiligt haben.

3.1.3.9 Sind Dauervertretungen zulässig?

Allein die große Anzahl der mit einem Arbeitnehmer abgeschlossenen befristeten Arbeitsverträge oder die Gesamtdauer der „Befristungskette" führen nicht dazu, dass an den Sachgrund der Vertretung „strengere Anforderungen" zu stellen sind. Selbst ein beim Arbeitgeber tatsächlich vorhandener ständiger Vertretungsbedarf steht dem Vorliegen des Sachgrunds der Vertretung nach § 14 Abs. 1 Satz 2 Nr. 3 TzBfG nicht entgegen.

Weder der Europäisches Gerichtshof noch das Bundesarbeitsgericht verlangen von Ihnen, einen ständigen Vertretungsbedarf durch eine Personalreserve aus unbefristet beschäftigten Arbeitnehmern auszugleichen. Auf der anderen Seite darf die Gestaltungsmöglichkeit der Vertretungsbefristung, die das Gesetz dem Arbeitgeber als Reaktion auf den zeitweiligen Ausfall der Arbeitskraft zubilligt, nicht zur dauerhaften Umgehung des auch durch das TzBfG gewährleisteten Bestandsschutzes einzelner Arbeitnehmer „zweckentfremdet" werden.

3.1.3.10 Ausschluss von „institutionellem Rechtsmissbrauch"

Das Bundesarbeitsgericht sieht es für die Sachgrundprüfung als entscheidend an, dass bei einer Mehrzahl aufeinanderfolgender Verträge jeder der befristeten Verträge für sich genommen geschlossen wird, um eine vorübergehende Vertretung sicherzustellen. Allerdings ist die Befristungskontrolle mit der Feststellung des Vorliegens des Sachgrunds nicht in jedem Fall abgeschlossen. Vielmehr nimmt die neuere Rechtsprechung eine Missbrauchskontrolle nach den Grundsätzen des sogenannten „institutionellen Rechtsmissbrauchs" vor. Dazu obliegt es den Arbeitsgerichten, stets alle Umstände des Einzelfalls zu prüfen und dabei namentlich die Zahl der mit derselben Person oder zur Verrichtung der gleichen Arbeit geschlossenen aufeinanderfolgenden befristeten Verträge zu berücksichtigen, um auszuschließen, dass Arbeitgeber missbräuchlich auf befristete Arbeitsverträge oder -verhältnisse zurückgreifen, mögen diese auch augenscheinlich zur Deckung eines Vertretungsbedarfs geschlossen worden sein.

Prüfungskriterien: Gesamtdauer und Anzahl der befristeten Verträge

Von besonderer Bedeutung für die Beurteilung eines möglichen Rechtsmissbrauchs sind die Gesamtdauer der befristeten Verträge sowie die Anzahl der Vertragsverlängerungen.

Bei zunehmender Anzahl und Dauer der jeweils befristeten Beschäftigung eines Arbeitnehmers können die Arbeitsgerichte es als missbräuchliche Ausnutzung der dem Arbeitgeber an sich rechtlich eröffneten Befristungsmöglichkeit ansehen, wenn er gegenüber einem bereits langjährig beschäftigten Arbeitnehmer trotz der tatsächlich vorhandenen Möglichkeit einer dauerhaften Einstellung immer wieder auf befristete Vertrage zurückgreift.

Genaue quantitative Vorgaben hinsichtlich Gesamtdauer und/oder Anzahl der befristeten Verträge, nach denen ein Missbrauch anzunehmen ist, gibt es nicht. Das Bundesarbeitsgericht gibt insoweit in quantitativer Hinsicht lediglich grobe Orientierungshilfen. Ist ein Sachgrund nach § 14 Abs. 1 TzBfG gegeben, lasse erst das „erhebliche Überschreiten" der Zweijahresgrenze und der Möglichkeit der dreimaligen Verlängerung der sachgrundlosen Befristung den Rückschluss auf eine missbräuchliche Gestaltung zu. Wenn diese Grenzen — sei es alternativ, sei es kumulativ — nicht um ein Mehrfaches überschritten sind, bestehe kein gesteigerter Anlass zur Missbrauchskontrolle.

▶ **BEISPIEL: Kein Anhaltspunkt für Missbrauch**

Bei einer Dauer von insgesamt sieben Jahren und neun Monaten bei vier befristeten Arbeitsverhältnissen sowie keinen weiteren — vom Arbeitnehmer vorzutragenden — Umständen hat das Bundesarbeitsgericht keine Anhaltspunkte für einen Missbrauch gesehen.

▶ **BEISPIELE: Indizien für einen Missbrauch**

Indizien für einen Rechtsmissbrauch und damit Erklärungsbedarf durch den Arbeitgeber wurden gesehen:
- bei einer Gesamtdauer von mehr als elf Jahren und einer Anzahl von 13 Befristungen sowie einer gleichbleibenden Beschäftigung zur Deckung eines ständigen Vertretungsbedarfs.

- bei einer Gesamtdauer von knapp mehr als 6 ½ Jahren sowie einer Anzahl von 13 Befristungen und ihren jeweiligen Gründen (Vertretungsbedarf) sowie zum Teil nur kurz andauernden einzelnen Befristungen von wenigen Monaten.
- bei einer Gesamtdauer von knapp 13,5 Jahren bei drei befristeten Verträgen.
- bei einer Gesamtdauer von rund elf Jahren bei sechs befristeten Verträgen.
- bei einer Gesamtdauer von über neun Jahren bei 12 befristeten Verträgen.
- bei einer Gesamtdauer von acht Jahren und zehn Monaten bei 18 befristeten Verträgen.

▶ **BEISPIEL: Gesamtvertretung**

Insbesondere für den Bereich der Schulverwaltung ist auch eine so genannte Gesamtvertretung möglich und wurde vom Bundesarbeitsgericht als zulässig angesehen. Gesamtvertretung bedeutet: Eine Vielzahl an Lehrkräften wird befristet eingestellt. Eine Verwaltungseinheit, die durch eine Organisationsentscheidung festgelegt wurde, ermittelt rechnerisch den Vertretungsbedarf. Die Grundlage dafür sind die Beurlaubungen des Lehrpersonals eines Schulbereichs in einem Schuljahr. Der errechnete Bedarf wird durch die befristet beschäftigten Vertreter abgedeckt. Diese werden in der Regel jedoch nicht an der Schule eingesetzt, deren Stammlehrer sie laut Vertrag vertreten. Sie unterrichten meist auch nicht dessen Fächerkombination. Die Zahl der befristet beschäftigten Vertreter muss sich am tatsächlichen Vertretungsbedarf orientieren.

3.1.4 Eigenart der Arbeitsleistung

Ein Sachgrund für eine Befristung kann auch aus der Eigenart der Arbeitsleistung folgen. Diese Art der Befristungsmöglichkeit war bereits in der Rechtsprechung anerkannt, bevor das Teilzeit- und Befristungsgesetz in Kraft trat. Sie gilt laut § 14 Abs. 1 Nr. 4 TzBfG auch weiterhin für

- (inhaltlich) programmgestaltende Mitarbeiter von Rundfunkanstalten, Regisseure, Moderatoren und Kommentatoren,
- den künstlerischen Bereich,
- tendenztragende Mitarbeiter aus den Bereichen Presse und aus anderen Medienunternehmen und
- wissenschaftliche Mitarbeiter von Parlamentsfraktionen.

Parlamentsfraktionen werden von den Abgeordneten für die jeweilige Legislaturperiode gebildet. Das führt nach jeder Wahl zu Änderungen in der personellen Zusammensetzung einer Fraktion. Fraktionen sind, ebenso wie die in ihnen zusammengeschlossenen Abgeordneten, frei in ihrer Entscheidung, Inhalt und Ziel ihrer parlamentarischen Arbeit zu bestimmen. Dazu müssen sie nach ihrer Neukonstituierung jeweils entscheiden können, von welchen wissenschaftlichen Mitarbeitern sie sich künftig beraten und ihrer parlamentarischen Arbeit unterstützen lassen wollen. Diesem verfassungsrechtlich verbürgten parlamentarischen Teilhaberecht trägt die Befristung des Arbeitsverhältnisses eines wissenschaftlichen Mitarbeiters Rechnung.

Befristung von Verträgen mit Trainern

Gleiches kann auch für Trainer oder vergleichbare Tätigkeiten gelten. Sie können den Arbeitsvertrag mit einem Sporttrainer wirksam befristen, wenn er Spitzensportler oder besonders talentierte Nachwuchssportler betreut und damit die Gefahr verbunden ist, dass er die ihm anvertrauten Sportler nach einiger Zeit nicht mehr motivieren kann — das heißt, wenn sich der Arbeitnehmer in dieser Tätigkeit „verschleißt". Der Befristungsgrund „**Verschleißtatbestand**" rechtfertigt sich aber nicht durch den Wechsel der zu betreuenden Sportler. Es geht vielmehr um das Bedürfnis, während der Dauer der Betreuung derselben Sportler die Person des Trainers auszuwechseln.

Befristung von Verträgen mit Künstlern

Auch die Befristung von Arbeitsverträgen mit Künstlern ist aufgrund der Arbeit der Tätigkeit häufig gerechtfertigt. Teilweise sind Einzelheiten in speziellen Tarifverträgen (z.B. „NV-Bühne") geregelt.

3.1.5 Erprobung

Ein Sachgrund liegt auch vor, wenn Sie die Befristung zur Erprobung des einzustellenden Arbeitnehmers nutzen möchten (§ 14 Abs. 1 Satz 2 Nr. 5 TzBfG). Damit wird Ihrem Interesse Rechnung getragen, die Eignung des Arbeitnehmers für die vorgesehene Tätigkeit zu überprüfen. Gleichzeitig kann der Arbeitnehmer entscheiden, ob der Arbeitsplatz seinen Vorstellungen entspricht.

Wenn Sie den Arbeitnehmer zum ersten Mal einstellen, kommt dem Sachgrund der Erprobung aber keine große praktische Bedeutung zu. Denn bis zur Dauer von zwei Jahren können Sie dann eine Befristung ohne Sachgrund nach § 14 Abs. 2 TzBfG vereinbaren (siehe Kapitel 5). So können Sie die sachgrundlose Befristung völlig problemlos (auch) zur Erprobung nutzen.

3.1.5.1 Vorsicht bei Erprobungsbefristungen nach Vorbeschäftigung

Wenn Sie die Fähigkeiten des Arbeitnehmers aufgrund einer Vorbeschäftigung bei Ihnen bereits ausreichend beurteilen konnen, scheidet eine Befristung zur Erprobung aus. Etwas anderes gilt dann, wenn die Art der Vorbeschäftigung Ihnen keine Beurteilung der Eignung erlaubt. Dies kann beispielsweise der Fall sein, wenn die zu erprobende Tätigkeit höherwertiger ist.

Eine **Höchstdauer** sieht das Gesetz für die Erprobungsbefristung nicht vor. Sie müssen die Dauer der Erprobung am Erprobungszweck und damit an der Tätigkeit orientieren. Wenn Sie eine unangemessen lange Vertragslaufzeit vereinbaren, könnte das Arbeitsgericht daraus schließen, dass Sie den Sachgrund der Erprobung nur vorgeschoben haben.

TIPP: Erprobungsbefristung auf sechs Monate begrenzen

Im Regelfall sollten Sie eine Erprobungszeit von sechs Monaten nicht überschreiten, soweit nicht ausnahmsweise die zu verrichtende Tätigkeit eine längere Probezeit erfordert. Das ist aber regelmäßig nur in künstlerischen oder in wissenschaftlichen Berufen der Fall. Eine Ausnahme gilt dann, wenn eine abschließende Beurteilung des Arbeitnehmers innerhalb einer sechsmonatigen Erprobungszeit nicht möglich ist — zum Beispiel wegen längerer Krankheit oder erheblicher Einarbeitungsprobleme. Ein weiterer Grund könnte sein, dass der Arbeitnehmer seit Jahren nicht mehr in seinem erlernten Beruf tätig war und sich erst wieder einarbeiten und bewähren muss.
Aber: Sie müssen als Arbeitgeber gegebenenfalls beweisen können, dass die längere Erprobungszeit angemessen ist. Deshalb ist hier Zurückhaltung geboten.

Es gibt allerdings auch Fälle, in denen die Arbeitsgerichte eine längere Befristungsdauer akzeptieren.

BEISPIELE: lange Erprobungsbefristung berechtigt

Bei einem Konzertmeister in einem Sinfonieorchester hat das Bundesarbeitsgericht eine Probezeit von 18 Monaten als angemessen angesehen. In diesem Fall war in dem einschlägigen Tarifvertrag (auch) für Orchestermitglieder eine Probezeit von mindestens sechs und höchstens 18 Monaten vorgesehen.
In sozialen Härtefällen kann ein Land mit Lehrern, deren Examensnote für eine Übernahme in den Schuldienst des Landes nicht ausreicht, einen befristeten Arbeitsvertrag für die Dauer eines Jahres schließen. Dies gilt, wenn es diesen

Lehrern zusagt, sie nach Vertragsablauf in das Beamtenverhältnis zu übernehmen, wenn sie sich als für den Schuldienst geeignet erwiesen haben. Die vereinbarte Befristung des Arbeitsverhältnisses ist dann wirksam.

3.1.5.2 Befristung zur Erprobung kann auch verlängert werden

Reicht die zunächst vereinbarte Vertragslaufzeit zur Erprobung nicht aus, kann ein weiterer befristeter Arbeitsvertrag mit diesem Sachgrund abgeschlossen werden, wenn der Arbeitnehmer sich bisher nicht bewährt hat. Bei der Erprobungsbefristung können in der Person des Arbeitnehmers liegende Umstände berücksichtigt werden. Die Eignung eines Arbeitnehmers, die der Arbeitgeber während der Probezeit berechtigterweise prüfen will, hängt u. a. von den für die Arbeitsleistung relevanten persönlichen Fähigkeiten ab. Die Erprobungszeit darf dadurch insgesamt aber nicht unangemessen lang werden.

3.1.5.3 Befristung zur Erprobung nach nicht bestandener Probezeit

Hat sich die in einem unbefristeten Vertrag vereinbarte ursprüngliche Erprobungszeit aufgrund besonderer, in der Person des Arbeitnehmers liegenden Umstände als nicht ausreichend erwiesen, können Sie mit dem Arbeitnehmer nach Kündigung des ursprünglichen Vertrags oder nach Abschluss eines Aufhebungsvertrags einen befristeten Arbeitsvertrag schließen, um eine längere Erprobung zu ermöglichen, wenn dabei die in der Person des Arbeitnehmers vorliegenden Umstände besonders berücksichtigt werden.

▶ **BEISPIEL: Aufmerksamkeitsdefizitsyndrom**

Im Fall einer nachträglichen Feststellung eines Aufmerksamkeitsdefizitsyndroms hat das Bundesarbeitsgericht den Abschluss eines Aufhebungsvertrags und anschließenden befristeten Arbeitsvertrags zu Erprobung gebilligt, mit dem der Arbeitgeber eine längere Erprobung unter Hinziehung einer Arbeitsassistenz ermöglichen wollte. Die gezielte tätigkeitsbegleitende Unterstützungsmaßnahme war veranlasst, um dem Arbeitnehmer ggf. eine Erbringung seiner arbeitsvertraglich geschuldeten Tätigkeiten zu ermöglichen und sein Leistungsvermögen, das bis dahin als mangelhaft eingeschätzt wurde, angesichts der bekannt gewordenen Behinderung überhaupt zuverlässig beurteilen zu können.

● **TIPP: Erprobungszweck schriftlich vereinbaren**

Sie müssen den Erprobungszweck zwar nicht zwingend in den Vertrag aufnehmen. Es spricht aber aus Motivationsgründen viel dafür, ihn schriftlich zu vereinbaren — es sei denn, Sie wählen die Möglichkeit der sachgrundlosen Befristung.

Wenn sie den Erprobungszweck schriftlich festhalten, sollten Sie auf die Formulierung achten.

▶ **Beispielformulierung: Erprobungszweck**

„Das Arbeitsverhältnis wird zum Zweck der Erprobung des Mitarbeiters für die Tätigkeit als ... (Bezeichnung) befristet abgeschlossen bis zum ... (Datum)."

Wenn Sie im Arbeitsvertrag neben der Befristung zur Erprobung noch eine weitere Zeitbefristung aufnehmen, sollte die Probezeitbefristung drucktechnisch hervorgehoben werden. Ansonsten könnte die Probezeitbefristung als überraschende Klausel angesehen werden, die nicht Vertragsbestandteil wird (§ 305 c Abs. 1 BGB).

Was ist am Ende der Erprobungszeit zu beachten?

Sie sind ohne anderweitige Vereinbarung **nicht** verpflichtet, den Arbeitnehmer in ein unbefristetes Arbeitsverhältnis zu übernehmen, nachdem der wirksam zur Erprobung befristete Arbeitsvertrag ausgelaufen ist. Dies gilt auch dann, wenn sich der Arbeitnehmer bewährt hat. Sie können vielmehr frei entscheiden, ob Sie den Arbeitnehmer nach der Probezeit weiterbeschäftigen wollen oder nicht.

❗ **ACHTUNG: Ausnahme bei Vertrauenstatbestand**

Ein Anspruch des Arbeitnehmers auf unbefristete Übernahme im Anschluss an eine Erprobungsbefristung kann dann bestehen, wenn der Arbeitnehmer aufgrund Ihres Verhaltens darauf vertrauen durfte, dass er im Anschluss an den befristeten Vertrag unbefristet weiterbeschäftigt wird. Dazu reicht allerdings allein die subjektive Erwartung des Arbeitnehmers nicht aus. Sie müssten vielmehr durch Ihr Verhalten bei dem Arbeitnehmer einen Vertrauenstatbestand geschaffen haben. Dies kann etwa dann der Fall sein, wenn Sie den Arbeitnehmer mit dem Sachgrund der Erprobung eingestellt und ihm bei Vertragsabschluss ausdrücklich in Aussicht gestellt haben, ihn bei Eignung und Bewährung in ein unbefristetes Arbeitsverhältnis zu übernehmen. Einen Vertrauenstatbestand haben Sie auch geschaffen, wenn Sie während der Vertragslaufzeit die Erwartungen des Arbeitnehmers, im Anschluss an den befristeten Arbeitsvertrag unbefristet weiterbeschäftigt zu werden, bestärkt haben.

3.1.5.4 Gründe für Beendigung müssen sachlich sein

Sie dürfen die Übernahme in ein unbefristetes Arbeitsverhältnis nicht aus unsachlichen oder diskriminierenden Gründen verweigern. Wird beispielsweise eine zur Erprobung befristet eingestellte Arbeitnehmerin während der Erprobungszeit schwanger, machen Sie sich schadensersatzpflichtig, wenn Sie eine unbefristete Übernahme verweigern und dabei auf die eingetretene Schwangerschaft und die mit dem Mutterschutz verbundenen Beschäftigungsverbote sowie eine eventuell bevorstehende Elternzeit hinweisen. Dies wäre eine Diskriminierung wegen Schwangerschaft oder Mutterschaft. Sie ist nach dem Allgemeinen Gleichbehandlungsgesetz als unmittelbare Benachteiligung wegen des Geschlechts unzulässig.

3.1.6 Person des Arbeitnehmers

In der Person des Arbeitnehmers liegende Gründe können eine Befristung rechtfertigen (§ 14 Abs. 1 Satz 2 Nr. 6 TzBfG) — beispielsweise im Falle der finanziellen Förderung der Einstellung und Beschäftigung. Der Grund für die Befristung besteht in diesen Fällen darin, dass Sie als Arbeitgeber den Arbeitnehmer nur im Vertrauen darauf eingestellt haben, dass es eine zeitlich begrenzte Förderungszusage und Zuweisung durch die Arbeitsverwaltung gab. Ohne diese hätten Sie entweder keinen oder einen leistungsfähigeren Arbeitnehmer eingestellt.

> ▶ **BEISPIEL: Arbeitsbeschaffungsmaßnahme und Eingliederungszuschuss**
>
> Das Bundesarbeitsgericht hat eine Befristung für wirksam gehalten, wenn der Arbeitnehmer Ihnen im Rahmen einer Arbeitsbeschaffungsmaßnahme nach dem SGB III (§§ 260 ff, zwischenzeitlich aufgehoben) zugewiesen worden ist und die Dauer der Befristung mit der Dauer der Zuweisung übereinstimmte. Demgegenüber ist die Gewährung eines Eingliederungszuschusses für Arbeitnehmer mit Vermittlungshemmnissen kein Sachgrund für eine Befristung.

3.1.6.1 Was ist bei Arbeitnehmerwünschen zu beachten?

Der Wunsch des Arbeitnehmers kann eine Befristung zwar rechtfertigen. Dabei muss sich der Wunsch des Arbeitnehmers aber **direkt auf die Befristung** des Arbeitsvertrags beziehen. Er darf sich somit nicht nur darauf beziehen, überhaupt eingestellt zu werden.

Das Bundesarbeitsgericht verlangt, dass zum Zeitpunkt des Vertragsabschlusses **objektive Anhaltspunkte** vorliegen, aus denen Sie schließen können, dass der Arbeitnehmer ein Interesse gerade an einer befristeten Beschäftigung hat. Das kann etwa dann anzunehmen sein, wenn der Arbeitnehmer aus persönlichen Gründen nur für eine begrenzte Zeit arbeiten will oder kann — zum Beispiel wegen familiärer Verpflichtungen oder einer noch nicht abgeschlossenen Ausbildung.

Sie müssen den Wunsch auf Befristung jeweils **individuell feststellen**. Es reicht beispielsweise nicht aus festzustellen, dass Studenten generell gerne befristet neben dem Studium tätig werden. Studenten haben zwar ein Interesse daran, ihre Arbeitspflicht mit den Anforderungen des Studiums in Einklang zu bringen. Dieses Interesse könnten sie aber auch dadurch ausreichend wahrnehmen, dass sie ein unbefristetes Arbeitsverhältnis kündigen oder Teilzeit und nur zu bestimmten Tageszeiten arbeiten. Die Befristung des Vertrags mit einem Studenten kann auf diese Weise nicht gerechtfertigt werden.

! ACHTUNG: Vorsicht mit Wunsch nach befristeter Beschäftigung

Zwar gehört bei befristeten Arbeitsverträgen der ausdrücklich geäußerte Wunsch des Arbeitnehmers oder das auf Grund objektiver Anhaltspunkte zu schließende Interesse des Arbeitnehmers an der Befristung anstelle eines unbefristeten Vertrags zu den anerkannten Befristungsgründen. Einmal geäußerte oder vermeintliche Wünsche können sich mit der Vertragsdauer aber ändern. Insbesondere wird das Interesse des Arbeitnehmers an der Befristung häufig mit den Interessen an der Beschäftigung als solcher verwechselt. Deshalb ist entscheidend, ob der Arbeitnehmer auch bei einem Angebot auf Abschluss eines unbefristeten Vertrags nur ein befristetes Arbeitsverhältnis vereinbart hätte; dazu ist regelmäßig erforderlich, dass Sie alternativ einen unbefristeten Vertrag anbieten.

● TIPP: individuellen Grund dokumentieren

Wenn ein Bewerber ausdrücklich eine befristete Beschäftigung wünscht, sollten Sie die Hintergründe des Wunsches zumindest intern dokumentieren. Sie können den Wunsch auch in die Befristungsvereinbarung aufnehmen.

Äußert ein Arbeitnehmer Ihnen gegenüber einen Befristungsgrund, können Sie das folgendermaßen in den Arbeitsvertrag aufnehmen:

▶ BEISPIELFORMULIERUNG: Befristungswunsch

„Das Arbeitsverhältnis wird befristet abgeschlossen bis zum ... Die Befristung erfolgt auf Wunsch von Herrn Müller, da er ab ... ein Studium beginnen und deshalb keinen unbefristeten Vertrag abschließen möchte."

3.1.6.2 Gibt es Besonderheiten bei der befristeten Einstellung von Ausländern?

Eine **befristete Aufenthaltserlaubnis** eines ausländischen Arbeitnehmers kann die Befristung des Arbeitsvertrags grundsätzlich **nicht** rechtfertigen. Eine Ausnahme gilt dann, wenn Sie zum Zeitpunkt des Vertragsabschlusses mit hinreichender Zuverlässigkeit prognostizieren können, dass die Aufenthaltserlaubnis nicht verlängert wird und wenn Sie dafür konkrete Anhaltspunkte haben. Allein die Unsicherheit über die Verlängerung der Aufenthaltserlaubnis reicht für die Wirksamkeit der Befristung nicht aus.

> **TIPP: unbefristeter Arbeitsvertrag ist unproblematisch**
>
> Einen unbefristeten Arbeitsvertrag mit ausländischen Arbeitnehmern abzuschließen, die nur eine befristete Aufenthalts- und Arbeitserlaubnis haben, ist im Hinblick auf diese Befristung unproblematisch. Denn wenn die Aufenthalts- und Arbeitserlaubnis nicht verlängert wird, besteht ein personenbedingter Kündigungsgrund. Liegt die Kündigungsfrist in einem Zeitraum nach Auslaufen der Erlaubnis, kommen Sie wegen der weggefallenen legalen Möglichkeit des Arbeitnehmers zur Arbeitsleistung nicht in Annahmeverzug.

Hintergrundinformation: Kündigung bei unsicherer Arbeitserlaubnis

Wenn die Arbeitserlaubnis nicht verlängert wird, führt dies nicht dazu, dass das Arbeitsverhältnis mit einem unbefristet beschäftigten Arbeitnehmer nichtig ist. Eine ordentliche Kündigung ist dann jedoch aus personenbedingten Gründen gerechtfertigt. Denn der Arbeitnehmer ist auf Dauer nicht zur Leistung der vertraglich geschuldeten Dienste in der Lage. Ist über die beantragte Wiedererteilung der Arbeitserlaubnis noch nicht rechtskräftig entschieden, können Sie dennoch kündigen, wenn objektiv nicht feststeht, dass in absehbarer Zeit mit ihrer Erteilung gerechnet werden kann. Dies gilt, wenn es Ihnen als Arbeitgeber nicht zuzumuten ist, den Arbeitsplatz für den Arbeitnehmer offen zu halten.

3.1.6.3 Altersdiskriminierung und Regelaltersgrenze

Die unterschiedliche Behandlung wegen des Alters ist nach § 10 Satz 3 Nr. 5 AGG zulässig. Nach der Rechtsprechung des Europäischen Gerichtshofes stellen **Altersgrenzen**, die bei der Beendigung des Arbeitsverhältnisses auf ein bestimmtes Lebensalter abstellen, zwar eine Ungleichbehandlung der hiervon betroffenen Arbeitnehmer dar, die auf dem Merkmal des Alters beruht. Diese Ungleichbehandlung aufgrund des Alters kann aber durch legitime Ziele aus dem Bereich der nationalen Beschäftigungs- und Arbeitsmarktpolitik gerechtfertigt sein. Die Beendigung von Arbeitsverhältnissen durch eine Altersgrenze eröffnet jüngeren Arbeitnehmern eine Beschäftigungschance und dient der Entlastung des Arbeitsmarktes. Die beschäftigungs- und arbeitsmarktpolitischen Wirkungen, die von einer auf ein Rentenalter bezogenen Altersgrenze ausgehen, sind Bestandteil der Sozialpolitik der Bundesrepublik Deutschland.

Wenn ein Arbeitnehmer das Arbeitsverhältnis über das Regelrenteneintrittsalter hinaus fortsetzen möchte, handelt es sich häufig um das **Fortsetzungsverlangen** eines Arbeitnehmers, der mit Erreichen der Regelaltersgrenze wirtschaftlich abgesichert ist und bereits ein langes Berufsleben hinter sich hat. Sein Interesse an der Fortführung seiner beruflichen Tätigkeit besteht aller Voraussicht nach nur noch für eine begrenzte Zeit. Außerdem hatte der Arbeitnehmer in der Regel Vorteile davon, dass sein Arbeitgeber die Altersgrenzenregelungen anwendet. Denn dadurch sind auch seine Einstellungs- und Aufstiegschancen verbessert worden.

Dem Wunsch des Arbeitnehmers gegenüber steht Ihr Bedürfnis als Arbeitgeber nach einer sachgerechten und berechenbaren **Personal- und Nachwuchsplanung**. Das Bundesarbeitsgericht gewährte Ihren (Arbeitgeber-) Bedürfnissen in jedem Fall dann Vorrang vor dem Bestandsschutzinteresse des Arbeitnehmers, wenn der Arbeitnehmer durch den Bezug einer gesetzlichen Altersrente wegen Vollendung des Regelrenteneintrittsalters wirtschaftlich abgesichert war.

▶ **BEISPIEL: Altersgrenze Regelrenteneintrittsalter**

Es entspricht der ständigen Rechtsprechung des Bundesarbeitsgerichts, dass eine auf das Regelrenteneintrittsalter (früher das 65. Lebensjahr) abstellende Altersgrenzenregelung sowohl in Tarifverträgen als auch in Individualarbeitsverträgen sachlich gerechtfertigt ist. Dabei wurden die Interessen der Arbeitsvertragsparteien an der Fortsetzung des Arbeitsverhältnisses einerseits und seiner Beendigung andererseits gegeneinander abgewogen.
Es wurde berücksichtigt, dass der Arbeitnehmer mit seinem Wunsch auf dauerhafte Fortsetzung seines Arbeitsverhältnisses über das 65. Lebensjahr hinaus legitime wirtschaftliche und ideelle Anliegen verfolgt. Das Arbeitsverhältnis sichert seine wirtschaftliche Existenzgrundlage und bietet ihm die Möglichkeit beruflicher Selbstverwirklichung.

3.1.6.4 Die konkreten wirtschaftlichen Verhältnisse des Arbeitnehmers im Rentenalter sind unbeachtlich

Derzeit ist anerkannt, dass die Wirksamkeit der Befristung nicht von der konkreten wirtschaftlichen Absicherung des Arbeitnehmers bei Erreichen der Altersgrenze abhängig ist. Ein solcher Prüfungsmaßstab wäre systemwidrig. Denn im Befristungsrecht ist nur maßgeblich, ob Sie als Arbeitgeber beim Vertragsabschluss einen von der Rechtsordnung anzuerkennenden Grund dafür hatten, einen befristeten Arbeitsvertrag abzuschließen. Mit diesem Grundgedanken ist es unvereinbar, die Wirksamkeit der bei Vertragsabschluss vereinbarten Befristung danach zu beurteilen, wie sich die konkrete wirtschaftliche Situation des Arbeitnehmers bei Erreichen der Altersgrenze darstellt. Es reicht aus, wenn der befristet beschäftigte Arbeitnehmer laut Vertragsinhalt und Vertragsdauer eine Altersversorgung in der gesetzlichen Rentenversicherung erwerben kann oder bei Vertragsabschluss bereits die für den Bezug einer Altersrente erforderliche rentenrechtliche Wartezeit erfüllt hat.

3.1.6.5 Verlängerung durch Hinausschieben der Regelaltersgrenze

Mit Wirkung ab dem 1.7.2014 wurde gesetzlich die Möglichkeit eingeführt, dass ein mit Erreichen der Regelaltersgrenze vereinbarte Beendigung eines Arbeitsverhältnisses während des Arbeitsverhältnisses — ggf. auch mehrfach — befristet verlängert werden kann (§ 41 SGB Satz 3 VI). Damit will der deutsche Gesetzgeber die Möglichkeit der Fortsetzung der Beschäftigung älterer Arbeitnehmer über die Regelaltersgrenze hinaus erleichtern. Die Neuregelung lautet:

„Sieht eine Vereinbarung die Beendigung des Arbeitsverhältnisses mit dem Erreichen der Regelaltersgrenze vor, können die Arbeitsvertragsparteien durch Vereinbarung während des Arbeitsverhältnisses den Beendigungszeitpunkt, gegebenenfalls auch mehrfach, hinausschieben."

Das Hinausschieben des Beendigungszeitpunkts soll nach dem Gesetzeswortlaut mehrfach möglich sein, ohne dass der Gesetzgeber eine Begrenzung vorgesehen hat. Ob dies mit dem Unionrecht zu vereinbaren ist, wird teilweise bezweifelt. Bejahte man, dass die Regelung gegen das Verbot der Altersdiskriminierung verstößt, hätte dies nach der Rechtsprechung des Europäischen Gerichtshofs wohl die Unanwendbarkeit der Regelung zur Folge. Arbeitgeber, die bereits vor Klärung der Fragen durch die Gerichte von der Verlängerungsmöglichkeit Gebrauch machen wollen — ein Anspruch des Arbeitnehmers auf eine entsprechende Vereinbarung besteht nicht —, sollten Folgendes beachten:

! ACHTUNG: Bei Vereinbarung Fehler vermeiden!

Nach dem Wortlaut des Gesetzes gilt die Möglichkeit der Weiterbeschäftigung unter folgenden Voraussetzungen:

- Es besteht bereits ein Arbeitsvertrag, der die Beendigung mit dem Erreichen der Regelaltersgrenze vorsieht. Die Neuregelung erfasst jegliche „Vereinbarungen" über die Beendigung des Arbeitsverhältnisses mit dem Erreichen der Regelaltersgrenze. Sie ermöglicht deshalb auch das Hinausschieben von im Tarifvertrag vereinbarten Befristungen auf die Regelaltersgrenze.
- Die bisherige Altersgrenze/der bisherige Beendigungszeitpunkt wird durch Vereinbarung zwischen Ihnen und dem Arbeitnehmer einvernehmlich hinausgeschoben, und zwar durch nahtlose Fortsetzung des Arbeitsverhältnisses.
- Die Vereinbarung erfolgt während des Arbeitsverhältnisses, d.h. vor dem Erreichen der Regelaltersgrenze.

Zusätzlich sollten Sie unbedingt beachten:

- Die Vereinbarung sollte schriftlich erfolgen, um eine eventuelle Unwirksamkeit (§ 14 Abs. 4 TzBfG) auszuschließen.
- Außer dem Hinausschieben des Beendigungszeitpunkts sollten Sie keine Arbeitsbedingungen ändern, um die Gefahr der Annahme des Neuabschlusses eines Arbeitsvertrags auszuschließen. (siehe oben). Es bleibt Ihnen aber unbenommen, vor oder nach der Vereinbarung einer Vertragsverlängerung die Arbeitsbedingungen einvernehmlich zu ändern.

▶ BEISPIELFORMULIERUNG

„Die Parteien sind sich darüber einig, dass die vereinbarte Beendigung des Arbeitsverhältnisses über das Erreichen der Regelaltersgrenze, d.h. über den ... [Datum], bis zum [...] hinausgeschoben wird (§ 41 Satz 3 SGB VI). Der Arbeitsvertrag endet zu diesem Zeitpunkt, ohne dass es einer Kündigung bedarf."

3.1.6.6 Befristete Fortsetzung des Arbeitsverhältnisses nach Erreichen des Renteneintrittsalters

Vereinbaren Sie mit einem Arbeitnehmer nach Erreichen des Renteneintrittsalters die befristete Fortsetzung des Arbeitsverhältnisses, rechtfertigt allein der Bezug von gesetzlicher Altersrente die Befristung des Arbeitsverhältnisses nicht. Erforderlich ist vielmehr zusätzlich ein sachlicher Grund, z.B. dass die Befristung Ihrer konkreten Nachwuchsplanung und die befristete Fortsetzung des Arbeitsverhältnisses der Einarbeitung einer Nachwuchskraft dient.

3.1.6.7 Vorgezogene gesetzliche Altersrente

Es gibt Vereinbarungen, wonach das Arbeitsverhältnis zu einem Zeitpunkt enden soll, der vor dem Erreichen der Regelaltersgrenze des Arbeitnehmers liegt, weil der Arbeitnehmer eine vorgezogene gesetzliche Altersrente bezieht. Diese Vereinbarungen sind wirksam, wenn die Voraussetzungen des § 41 Satz 2 SGB VI eingehalten sind.

Eine Vereinbarung, die die Beendigung eines Arbeitsverhältnisses ohne Kündigung zu einem Zeitpunkt vorsieht, zu dem der Arbeitnehmer eine Altersrente beanspruchen kann, bevor er die Regelaltersgrenze erreicht hat, gilt nach § 41 Satz 2 SGB VI dem Arbeitnehmer gegenüber als auf das Erreichen der Regelaltersgrenze abgeschlossen. Dies gilt nicht, wenn die Vereinbarung innerhalb der letzten drei Jahre vor diesem Zeitpunkt abgeschlossen oder von dem Arbeitnehmer bestätigt worden ist.

Die Norm bestimmt also nicht, dass die Altersgrenzenregelung unwirksam ist, wenn die genannten Voraussetzungen nicht eingehalten sind. Sondern sie fingiert zugunsten des Arbeitnehmers, dass das Arbeitsverhältnis erst mit Erreichen der Regelaltersgrenze endet.

3.1.6.8 Ausscheiden vor dem gesetzlichen Rentenalter

Die früher in besonderen Fällen — zum Beispiel, wenn mit der Tätigkeit erhebliche Gefahren verbunden sind — als sachlich gerechtfertigt angesehenen einzel- oder kollektivvertraglichen Regelungen, die ein Ausscheiden des Arbeitnehmers vorsehen, bevor er das gesetzliche Rentenalter oder einen Anspruch auf vorgezogenes Altersruhegeld erreicht hat, verstoßen gegen das Benachteiligungsverbot wegen des Alters aus dem Allgemeinen Gleichbehandlungsgesetz (AGG) und sind unwirksam. Diesbezüglich musste das Bundesarbeitsgericht nach den Vorgaben des Europäischen Gerichtshofs seine Rechtsprechung betreffend die Altersgrenze Vollendung des 60. Lebensjahres für das Cockpitpersonal der Lufthansa ändern. Das Ziel der Flugsicherheit sei ungeeignet, eine Ausnahme vom Grundsatz des Verbots von Diskriminierungen aus Gründen des Alters zu rechtfertigen.

3.1.6.9 Minderung der Erwerbsfähigkeit

Für den Fall der Bewilligung einer Rente wegen Erwerbsminderung kann im Tarifvertrag oder im Arbeitsvertrag eine **auflösende Bedingung** vereinbart werden.

Der dauerhafte Bezug einer Erwerbsunfähigkeitsrente aus der gesetzlichen Rentenversicherung rechtfertigt die Beendigung des Arbeitsverhältnisses ohne Rücksicht auf den gesetzlichen Kündigungsschutz nur, wenn der Arbeitnehmer durch eine dauerhafte Rentenleistung wirtschaftlich abgesichert wird. Eine Rentenbewilligung, die zu keiner rentenrechtlichen Absicherung führt, ist als Auflösungstatbestand ungeeignet. Bei Gewährung einer Rente auf Zeit kann tarifvertraglich angeordnet werden, dass das Arbeitsverhältnis für die Zeit der Rentengewährung ruht. Wenn stattdessen eine Beendigung angeordnet wird, muss ein unbedingter Wiedereinstellungsanspruch des Arbeitnehmers vorgesehen sein, falls er wieder berufsfähig wird.

3.1.6.10 Bei Weiterbeschäftigungsmöglichkeit und -verlangen des Arbeitnehmers keine Beendigung

Die in einem Tarifvertrag vorgesehene Beendigung des Arbeitsverhältnisses bei Bewilligung einer Rente wegen Erwerbsminderung tritt nicht ein, wenn der Arbeitnehmer auf seinem bisherigen oder einem anderen freien Arbeitsplatz weiterbeschäftigt werden kann. Dies gilt dann, wenn der Arbeitnehmer von Ihnen die Weiterbeschäftigung verlangt, bevor der Rentenbescheid zugestellt oder aber das Arbeitsverhältnis laut Tarifvertrag beendet ist.

Teilweise sehen Tarifverträge für das Weiterbeschäftigungsverlangen besondere **Fristen** und Formen vor. Beispielsweise muss es nach § 33 Abs. 3 TVöD innerhalb von zwei Wochen nach Zugang der Beendigungsmitteilung des Arbeitgebers (§ 15 Abs. 2 TzBfG) nach Vorliegen des Rentenbescheids schriftlich gestellt werden.

Sie sind jedoch **nicht** verpflichtet, einen neuen Arbeitsplatz für den Arbeitnehmer zu schaffen, indem sie beispielsweise den Arbeitsablauf umorganisieren.

3.1.7 Vergütung aus Haushaltsmitteln für befristete Beschäftigung

Eine Befristung kann zulässig sein, wenn die Vergütung des Arbeitnehmers aus Haushaltsmitteln erfolgt, die haushaltsrechtlich für eine befristete Beschäftigung bestimmt sind und er entsprechend beschäftigt wird (§ 14 Abs. 1 Satz 2 Nr. 7 TzBfG).

Mit diesem Sachgrund knüpft das Gesetz an die Rechtsprechung des Bundesarbeitsgerichts zur Befristung aus haushaltsrechtlichen Gründen im Bereich des öffentlichen Dienstes an. Auf diesen Sachgrund können sich nur die öffentlichen Arbeitgeber (Bund, Länder und Gemeinden oder sonstige Gebietskörperschaften, nicht aber die Kirchen) berufen.

Für **Selbstverwaltungskörperschaften** des öffentlichen Rechts (zum Beispiel Kammern oder die Agentur für Arbeit) gilt die Regelung nicht. Wenn das den Haushaltsplan aufstellende Organ und der Arbeitgeber identisch sind und es an einer unmittelbaren demokratischen Legitimation des Haushaltsplangebers fehlt, lässt sich die Benachteiligung der bei einem öffentlichen Arbeitgeber beschäftigten Arbeitnehmer gegenüber den in der Privatwirtschaft beschäftigten Arbeitnehmern nicht rechtfertigen. Ob der Haushaltsplan einer Gebietskörperschaft, also z.B. eines Kreises oder einer Gemeinde genügt, hat das Bundesarbeitsgericht bisher ausdrücklich offen gelassen.

Besondere Zweckbestimmung erforderlich

Die Vorschrift erfordert, dass die Haushaltsmittel zweckgebunden für die Erledigung von zeitlich begrenzten Tätigkeiten zugewiesen werden. Ohne eine besondere Zweckbestimmung können Haushaltsmittel nicht der befristeten Beschäftigung von Arbeitnehmern zugewiesen werden.

Sie müssen den befristet beschäftigten Arbeitnehmer **überwiegend** entsprechend der Zwecksetzung der ausgebrachten Haushaltsmittel einsetzen. Dabei kommt es auf die Umstände an, die zu dem Zeitpunkt bestehen, in dem der befristete Arbeitsvertrag abgeschlossen wird. Sie bestimmen, wie der Arbeitnehmer während der Vertragsdauer beschäftigt werden soll. Wird der Arbeitnehmer während der Laufzeit des Vertrags nicht entsprechend der haushaltsrechtlichen Zwecksetzung beschäftigt, führt dies zwar nicht automatisch zur Unwirksamkeit der vereinbarten Befristung. Allerdings kann dies ein Indiz dafür sein, dass der Sachgrund nur vorgeschoben ist und in Wahrheit nicht besteht.

▶ **BEISPIELE: unzureichende Sachgründe**

Die Begrenzung des Haushalts durch das Haushaltsjahr oder die Notwendigkeit allgemeiner Einsparungen stellen **keinen** sachlichen Grund für die Befristung eines Arbeitsverhältnisses im öffentlichen Dienst dar.

Ein undatierter haushaltsrechtlicher **kw-Vermerk** (kw = künftig wegfallend) rechtfertigt die Befristung allein nicht. Etwas anderes gilt, wenn es konkrete Anhaltspunkte dafür gibt, dass die Stelle zu dem Zeitpunkt, der im kw-Vermerk genannt wird, tatsächlich wegfallen wird.

Die Haushaltsmittel werden **lediglich allgemein** für die Beschäftigung von Arbeitnehmern im Rahmen von befristeten Verträgen bereitgestellt. Oder dem befristet beschäftigten Arbeitnehmer werden **überwiegend Daueraufgaben** des öffentlichen Arbeitgebers übertragen. In beiden Fällen, reicht dies als Sachgrund für eine Befristung nicht aus.

Ausnahme Aushilfskräfte

Manchmal werden Planstellen nicht in Anspruch genommen oder es gibt Zeiträume, in denen den Stelleninhabern keine oder keine vollen Dienstbezüge zu gewähren sind. Hat ein Bundesland eine Regelung im Haushaltsgesetz, wonach diese für die Beschäftigung von Aushilfskräften in Anspruch genommen werden können, ist dies als Zwecksetzung ausreichend.

Die Einstellung von Aushilfskräften zur befristeten Beschäftigung auf der Basis von verfügbaren Haushaltsmitteln ist zulässig, wenn die haushaltsmittelbewirtschaftende Dienststelle hierdurch entweder einen Mehrbedarf bei sich abdeckt oder in einer Dienststelle ihres nachgeordneten Geschäftsbereichs. Sie ist auch zulässig, wenn auf diese Weise ein betrieblicher Bedarf in derjenigen Dienststelle ausgeglichen wird, zu der der vorübergehend abwesende Planstellen- oder Stelleninhaber gehört.

Unsicherheit über Finanzmittel reicht nicht aus

Häufig ist es unsicher, ob Mittel aus öffentlichen Haushalten weiterlaufen oder nicht. Dies reicht als Sachgrund für eine Befristung **nicht** aus. Gleiches gilt, wenn die Mittel von Zahlungen von anderen öffentlichen Rechtsträgern und deren Haushaltsmitteln abhängig sind.

3.1.8 Befristung aufgrund gerichtlichen Vergleichs

Die Befristung ist durch einen Sachgrund gerechtfertigt, wenn sie auf einem gerichtlichen Vergleich beruht (§ 14 Abs. 1 Satz 2 Nr. 8 TzBfG). Gerichtlicher Vergleich bedeutet hier: Das Gericht ist am Zustandekommen des befristeten Arbeitsverhältnisses beteiligt. Ein zwischen Ihnen und dem Arbeitnehmer geschlossener **außergerichtlicher** Vergleich reicht nicht aus

3.1.8.1 Vereinbarung einer Prozessbeschäftigung

Sie haben einem Arbeitnehmer gekündigt. Im Kündigungsschutzprozess vereinbaren Sie als Zwischenvergleich, den Arbeitnehmer für die **Dauer des laufenden Kündigungsrechtsstreits** weiter zu beschäftigen. Dies ist ein wirksames befristetes Arbeitsverhältnis. Denn es handelt es sich dabei um eine auflösende Bedingung. Eine auflösende Bedingung ist eine Beendigung unter der Bedingung, dass die Kündigungsschutzklage des Arbeitnehmers rechtskräftig abgewiesen wird.

3.1.8.2 Offener Streit erforderlich

Der Sachgrund des gerichtlichen Vergleichs setzt voraus, dass ein offener Streit der Parteien besteht. In diesem offenen Streit geht es um die Rechtslage, die zum Zeitpunkt des Vergleichsschlusses hinsichtlich des zwischen ihnen bestehenden Rechtsverhältnisses herrscht.

Offener Streit bedeutet hier, dass Sie und Ihr Arbeitnehmer gegensätzliche Rechtsstandpunkte darüber einnehmen müssen, ob oder wie lange zwischen Ihnen ein Arbeitsverhältnis besteht. Insbesondere der Arbeitnehmer muss **nachdrücklich** seine Rechtsposition vertreten und Ihnen gegenüber geltend gemacht haben. Sie müssen es daraufhin ablehnen, den Arbeitnehmer entsprechend seiner Forderung zu beschäftigen.

Durch diese Anforderungen will das Bundesarbeitsgericht die missbräuchliche Ausnutzung des Sachgrunds verhindern, den § 14 Abs. 1 Satz 2 Nr. 8 TzBfG eröffnet. Sie sollen insbesondere gewährleisten, dass der gerichtliche Vergleich nicht benutzt wird, um eine Vereinbarung zu protokollieren, die die Arbeitsvertragsparteien vor Rechtshängigkeit getroffen haben und durch die ein befristeter Arbeitsvertrag verlängert wird.

3.2 Weitere Sachgründe

Die Aufzählung von Sachgründen in Allgemeine Gleichbehandlungsgesetz § 14 des Teilzeit- und Befristungsgesetzes ist **nicht** abschließend. Dies ergibt sich aus dem Wort „insbesondere" im Gesetzestext. Es soll verhindern, dass andere von der Rechtsprechung bereits anerkannte und weitere Sachgründe für die Befristung ausgeschlossen werden.

Rechtlich anerkennenswertes Interesse muss vorliegen

Im Teilzeit- und Befristungsgesetz nicht genannte Sachgründe können die Befristung eines Arbeitsvertrags nur rechtfertigen, wenn sie den **Wertungsmaßstäben** des § 14 Abs. 1 TzBfG entsprechen. Sie müssen den acht im Teilzeit- und Befristungsgesetz genannten Beispielen für Sachgründe von ihrem Gewicht her gleichwertig sein. (Das sind die acht Sachgründe, die ich Ihnen bisher vorgestellt habe.)

Das ist der Fall, wenn Sie als Arbeitgeber ein rechtlich anerkennenswertes Interesse daran haben, anstelle eines unbefristeten ein befristetes Arbeitsverhältnis zu vereinbaren.

Auch das europäische Recht (EG-Richtlinie über befristete Arbeitsverhältnisse), das für den Bereich des Befristungsrechts bedeutsam ist, steht der Anerkennung von Sachgründen, die in § 14 Abs. 1 Satz 2 Nr. 1 bis 8 TzBfG nicht erwähnt werden, nicht entgegen. Es verlangt von den Mitgliedsstaaten lediglich, dass sie Maßnahmen ergreifen, die einen **Missbrauch** durch aufeinander folgende befristete Arbeitsverträge **verhindern**. Die sachlichen Gründe müssen im nationalen Recht nicht abschließend genannt sein.

3.2.1 Befristungen bei der Aus-, Fort- und Weiterbildung

Berufsausbildungsverhältnisse sind kraft Gesetzes befristet (§ 21 BBiG). Gleiches gilt für Vertragsverhältnisse mit Personen, die eingestellt werden, um berufliche Fertigkeiten, Kenntnisse, Fähigkeiten oder berufliche Erfahrungen zu erwerben, ohne dass es sich um eine Berufsausbildung im Sinne des Berufsausbildungsgesetzes (BBiG) oder um ein Arbeitsverhältnis handelt (§ 26 BBiG).

▶ **BEISPIEL: Praktikum**

Unter diese Regelung fällt zum Beispiel ein Praktikantenverhältnis. Dies ist ein Vertragsverhältnis mit Personen, die sich zeitweilig einer bestimmten betrieblichen Tätigkeit und Ausbildung im Rahmen einer Gesamtausbildung unterziehen, ohne eine systematische Berufsausbildung zu absolvieren.

3.2.2 Drittmittel als Sachgrund

Wenn ein Arbeitsplatz zeitlich begrenzt von einem Dritten finanziert wird, kann dies die Befristung des Arbeitsvertrags mit einem Arbeitnehmer rechtfertigen, der für diese Tätigkeit eingestellt wird. Voraussetzung dafür ist, dass Sie und der Drittmittelgeber sich mit den Verhältnissen dieser Stelle und deren Aufgabenstellung befasst und entschieden haben, dass die Stelle nur für den **Förderungszeitraum** bestehen und anschließend wegfallen soll.

Hochschulen und außeruniversitäre Forschungseinrichtungen haben besondere Möglichkeiten

Hochschulen und außeruniversitären Forschungseinrichtungen gewährt das Wissenschaftszeitvertragsgesetz (WissZeitVG) eine spezielle Befristungsmöglichkeit, wenn **drei Voraussetzungen** erfüllt sind (§ 2 Abs. 2 WissZeitVG):

- Die Beschäftigung muss überwiegend aus Drittmitteln finanziert sein.
- Die Finanzierung muss für eine bestimmte Aufgabe und Zeitdauer bewilligt sein.
- Die Mitarbeiterin oder der Mitarbeiter muss überwiegend der Zweckbestimmung der Drittmittel entsprechend beschäftigt werden.

Bei Vorliegen der Voraussetzungen kann sowohl wissenschaftliches und künstlerisches Personal als auch Unterstützungspersonal befristet beschäftigt werden. Unterstützungspersonal ist Personal, das die Arbeit der Wissenschaftler erst ermöglicht beziehungsweise die notwendigen Rahmenbedingungen sicherstellt. Dazu gehören zum Beispiel Technische Angestellte, Labor- oder Bibliothekspersonal.

Drittfinanzierungsabhängigkeit allein ist kein Sachgrund

Allein die Abhängigkeit von Zahlungen öffentlich-rechtlicher Rechtsträger wie Städten und Gemeinden oder von Haushaltsmitteln ist kein Sachgrund, der eine Befristung rechtfertigt. Das Haushaltsrecht kann nicht unmittelbar in die Rechte Dritter und damit auch nicht unmittelbar in das Arbeitsverhältnis eingreifen. Wegen der zeitlichen Begrenzung des Haushaltsplans durch das Haushaltsjahr ist zwar ungewiss, ob ein künftiger Haushaltsplan noch Mittel vorsieht. Aber auch in der Privatwirtschaft ist nicht gesichert, dass entsprechende Mittel in Zukunft zur Verfügung stehen. Die Unsicherheit der finanziellen Entwicklung gibt noch keinen sachlichen Grund für die Befristung ab. Dementsprechend reicht auch die allgemeine Unsicherheit über das Weiterlaufen von Drittmitteln nicht aus.

3.2.3 Planung einer anderweitigen Besetzung des Arbeitsplatzes

Sie wollen einen Arbeitnehmer nur vorübergehend bis zur endgültigen dauerhaften Besetzung des Arbeitsplatzes einstellen, weil Sie ihn nicht uneingeschränkt für eine unbefristete Einstellung für geeignet halten. Allerdings müssen Sie einen besser geeigneter Arbeitnehmer zunächst noch suchen. In der Zwischenzeit müssen Sie die Stelle aber gleichwohl besetzen.

Überbrückung (kein sachlicher Grund — mit Ausnahmen)

Die Überbrückung einer vakanten Stelle bis zur Einstellung eines „geeigneteren" Arbeitnehmers ist grundsätzlich **kein** sachlicher Grund für eine befristete Einstellung. Eine Ausnahme wird nur bei folgenden zwei Gründen anerkannt:

- Wenn zum Zeitpunkt des Vertragsabschlusses mit dem befristet eingestellten Arbeitnehmer zwischen Ihnen und einem anderen Arbeitnehmer bereits eine vertragliche Bindung besteht.

Arbeitsbeginn des Vertragspartners liegt in der Zukunft
Sie haben mit einem anderen Arbeitnehmer bereits einen Arbeitsvertrag abgeschlossen. Dieser sieht allerdings einen in der Zukunft liegenden Arbeitsbeginn vor — zum Beispiel, weil der einzustellende Arbeitnehmer bei seinem bisherigen Arbeitgeber noch eine längere Kündigungsfrist einhalten muss. Dann ist zum Zeitpunkt des Vertragsabschlusses mit dem befristet eingestellten Arbeitnehmer die Prognose gerechtfertigt, dass nach dem Ende der Vertragslaufzeit kein Bedürfnis mehr für dessen Beschäftigung besteht. Sie können den Arbeitsvertrag deshalb übergangsweise befristen.

- Wenn es sich um die beabsichtigte und zu erwartenden Übernahme eines in Ihrem Betrieb ausgebildeten Azubis handelt.

Das Bundesarbeitsgericht erkennt es als Ihr **berechtigtes Eigeninteresse** als Ausbildender an, für Auszubildende, die Sie unter erheblichem Aufwand für Ihre Zwecke ausgebildet haben, bei Ende der Berufsausbildung auch eine Beschäftigungsmöglichkeit zu haben. Die geplante Übernahme eines Auszubildenden als Befristungsgrund setzt dabei nicht voraus, dass Sie dem Auszubildenden die Übernahme bereits zugesagt haben, wenn sie den Vertrag mit dem ersatzweise eingestellten Arbeitnehmer abschließen. Vielmehr genügt es, dass Sie zum Zeitpunkt des Vertragsabschlusses mit dem befristet eingestellten Arbeitnehmer die Übernahme des Auszubildenden laut Ihrer Personalplanung beabsichtigen, wenn alles normal abläuft. Es darf dabei keine greifbaren Umstände geben, die gegen die Übernahme des Auszubildenden sprechen.

● **TIPP: Sachgrund für befristete Anschlussbeschäftigung**

Dieser Sachgrund bietet sich an, wenn Sie einen bereits befristet Beschäftigten, dessen Befristung ausläuft, gerne für einen Anschlusszeitraum beschäftigt möchten, ohne dass dafür ein sonstiger Sachgrund zur Verfügung steht. Allerdings müssen die oben genannten Voraussetzungen für eine beabsichtigte Übernahme eines Auszubildenden vorliegen. Sie müssen sie soweit als möglich dokumentieren.

Auszubildende dürfen nur eingeschränkt gebunden werden

Die frühzeitige Bindung von Auszubildenden für die Zeit nach der Berufsausbildung ist nur sehr eingeschränkt zulässig. Denn vertragliche Vereinbarungen, die die Berufstätigkeit des Auszubildenden nach Abschluss seiner Ausbildung einschränken, sind kraft Gesetzes nichtig (§ 12 Abs. 1 Satz 1 BBiG). Dies gilt insbesondere für **Weiterarbeitsklauseln** für die Zeit nach der Berufsausbildung.

Sie können mit einem Auszubildenden auch nicht wirksam vereinbaren, dass dieser vor Beendigung des Berufsausbildungsverhältnisses anzeigen muss, dass er mit Ihnen nach dem Ende der Ausbildung kein Arbeitsverhältnis eingehen will. Dies gilt allerdings dann nicht, wenn sich der Auszubildende (erst) innerhalb der letzten sechs Monate des Berufsausbildungsverhältnisses Ihnen gegenüber dazu verpflichtet, nach dessen Beendigung mit Ihnen ein Arbeitsverhältnis einzugehen.

3.2.4   Sicherung der personellen Kontinuität des Betriebsrats

Wenn ein Betriebsratsmitglied bei Ihnen (nur) einen befristeten Arbeitsvertrag hat und die Befristung während der Amtszeit des Betriebsrats endet, können Sie den **Arbeitsvertrag befristet verlängern**. Dies gilt dann, wenn der weitere befristete Arbeitsvertrag zur Sicherung der personellen Kontinuität des Betriebsrats geeignet und erforderlich ist.

Vorsicht, wenn ein Dauerarbeitsplatz frei ist

Wenn Sie die personelle Kontinuität des Betriebsrats ohne Beeinträchtigung der betrieblichen Interessen auch durch einen unbefristeten Arbeitsvertrag mit dem Betriebsratsmitglied sichern könnten — wenn zum Beispiel ein geeigneter Dauerarbeitsplatz vorhanden ist, der mit dem Betriebsratsmitglied besetzt werden könnte — ist die befristete Verlängerung nicht ohne Risiko. Ob es gegen das Begünstigungsverbot (§ 78 Satz 2 BetrVG) verstößt und nach § 134 BGB unwirksam ist, wenn Sie einem Betriebsratsmitglied, dessen Arbeitsverhältnis endet, wegen seiner Betriebsratstätigkeit einen unbefristeten Arbeitsvertrag anbieten, hat das Bundesarbeitsgericht noch nicht entschieden.

TIPP: Benachteiligungsklage vermeiden

Wenn Sie ein wirksam befristet beschäftigtes Betriebsratsmitglied nicht verlängern oder nicht in ein Dauerarbeitsverhältnis übernehmen, ist es wichtig, jeden „bösen Anschein" zu vermeiden, aus dem der Eindruck entstehen könnte, die Nichtverlängerung oder Nichtübernahme habe etwas mit der ausgeübten Betriebsratstätigkeit tun. In diesem Zusammenhang ist beispielsweise relevant, ob Sie zeitgleich Nicht-Betriebsratsmitglieder übernehmen oder ob Sie einen sachlich nachvollziehbaren Grund für die Nichtverlängerung bzw. Nichtübernahme haben. Dokumentieren Sie die Gründe für eine Nichtübernahme von befristet beschäftigten Betriebsratsmitgliedern sorgfältig.

3.2.5 Konkurrentenklage im öffentlichen Dienst

Im Zusammenhang mit dem Bewerbungsverfahren um einen unbefristeten Arbeitsplatz kommt es zu einer gerichtlichen Auseinandersetzung. Ein nicht berücksichtigter Bewerber hat gegen Sie als öffentlichen Arbeitgeber eine so genannte Konkurrentenklage erhoben und will die Besetzung der Stelle mit einem anderen Bewerber verhindern. In diesem Fall kann es Ihnen nicht zugemutet werden, die Stelle unbefristet zu besetzen.

Allgemein gilt: Wenn eine Konkurrentenklage um eine dauerhaft zu besetzende Stelle anhängig ist, kann nach den Wertungsmaßstäben, die in § 14 Abs. 1 Satz 2 Nr. 1 bis 8 TzBfG zum Ausdruck kommen, der Abschluss eines Arbeitsvertrags gerechtfertigt werden, der den Vertrag auf die Zeit befristet, bis über die Konkurrentenklage entschieden ist. In diesem Fall haben Sie ein **berechtigtes Interesse** an einer zeitlich begrenzten Beschäftigung. Denn Sie müssen zum Zeitpunkt des Vertragsabschlusses mit dem befristet eingestellten Arbeitnehmer damit rechnen, dass Sie diesen nur für eine vorübergehende Zeit beschäftigen können.

3.3   Sachgrundbefristungen in anderen Gesetzen

Das Teilzeit- und Befristungsgesetz stellt ausdrücklich klar, dass andere gesetzliche Vorschriften, welche die Befristung von Arbeitsverträgen regeln, unberührt bleiben (§ 23 TzBfG).

3.3.1   Befristungen nach dem Elterngeld- und Elternzeitgesetz

Die in § 21 des Bundeselterngeld- und Elternzeitgesetzes (BEEG) vorgesehene Befristungsmöglichkeit stellt in der Praxis die **wichtigste Befristungsregelung** außerhalb des Teilzeit- und Befristungsgesetzes dar. Laut § 21 BEEG können Sie eine Befristung vereinbaren, wenn ein Arbeitnehmer oder eine Arbeitnehmerin zur Vertretung eines anderen Arbeitnehmers oder einer anderen Arbeitnehmerin eingestellt wird — und zwar für die Dauer

- eines Beschäftigungsverbotes nach dem Mutterschutzgesetz,
- einer Elternzeit,
- einer Arbeitsfreistellung zur Betreuung eines Kindes, die auf Tarifvertrag, Betriebsvereinbarung oder einzelvertraglicher Vereinbarung beruht.

Dabei kann die Einstellung **für diese Zeiten zusammen** oder auch **nur für Teile davon** erfolgen.

Der Anwendungsbereich des § 21 BEEG überschneidet sich mit dem Sachgrund der Vertretung, der im Teilzeit- und Befristungsgesetz (§ 14 Abs. 1 Nr. 3 TzBfG) vorgesehen ist. Deshalb sind teilweise auch diejenigen Grundsätze maßgebend, die von der Rechtsprechung dazu entwickelt wurden

> **!**   **ACHTUNG: Vertretungsbedarf muss tatsächlich bestehen**
>
> Die Ersatzeinstellung auf der Grundlage des Bundeselterngeld- und Elternzeitgesetzes muss bei Ihnen durch den (vorübergehenden) Ausfall der Stammkraft verursacht sein. Deshalb muss der zu Vertretende zum Zeitpunkt der Vereinbarung der Befristung bereits Elternzeit oder (Sonder-)Arbeitsfreistellung zur Betreuung eines Kindes verlangt haben. Die bloße Möglichkeit, Elternzeit zu nehmen, reicht nicht aus.

3.3.1.1 Einsatz als mittelbare Vertretung ist ausreichend

Wie bei der Vertretung nach dem Teilzeit- und Befristungsgesetz genügt eine sogenannte **mittelbare Vertretung**. Das bedeutet, es ist unerheblich, ob und gegebenenfalls in welcher Weise der Arbeitgeber eine Umverteilung der Aufgaben
vornimmt. Die Vertretungskraft muss nicht dieselben Aufgaben verrichten, die der
Arbeitnehmer zu verrichten gehabt hätte, der aus einem der im BEEG genannten
Gründe ausfällt. Es reicht aus, wenn die Ersatzkraft (andere) Aufgaben übernimmt,
die der Stammkraft bei ihrer Rückkehr tatsächlich und rechtlich übertragen werden
können. Notwendig ist allerdings ein **Kausalzusammenhang** zwischen dem Ausfall
und der befristeten Ersatzeinstellung.

Dieser Kausalzusammenhang besteht nicht, wenn Sie den vorübergehenden Ausfall eines Mitarbeiters zum Anlass nehmen, die dadurch zeitweilig frei werdenden
Mittel dafür zu verwenden, andere Aufgaben durch die Aushilfskraft erledigen zu
lassen. Die Aufgaben **müssen** in einer (unmittelbaren oder mittelbaren) Beziehung
zu den Arbeitsaufgaben des zeitweilig ausgefallenen Mitarbeiters stehen.

3.3.1.2 Sie müssen als Arbeitgeber den Kausalzusammenhang nachweisen

In einem eventuellen Rechtsstreit müssen Sie den Kausalzusammenhang darlegen
und beweisen. Insbesondere im Fall der mittelbaren Vertretung empfiehlt es sich
deshalb, dass Sie die Vertretungskette bereits vor Abschluss des befristeten Vertrages durchdenken und — zumindest intern — dokumentieren.

3.3.1.3 Doppelbefristung

Die Dauer der Befristung des Arbeitsvertrags muss kalendermäßig bestimmt oder
bestimmbar sein oder den in § 21 BEEG genannten Zwecken entnommen werden
können. Das heißt eine Befristung nach § 21 BEEG ist sowohl als **Zeitbefristung** als
auch als **Zweckbefristung** möglich. Sie können die beiden Befristungsarten aber
auch zu einer **Doppelbefristung** kombinieren.

▶ **BEISPIELFORMULIERUNGEN**

Mitarbeiterin E nimmt nach der Geburt ihres Kindes am 18.12.2015 und der sich
daran anschließenden Schutzfrist Elternzeit bis zum 17.12.2017.

Zeitbefristung

„Das Arbeitsverhältnis ist befristet bis 17.12.2017."

Zweckbefristung

„Das Arbeitsverhältnis ist befristet für die Dauer der Mutterschutzfrist und der sich daran anschließenden Elternzeit von Frau E."

Doppelbefristung

„Das Arbeitsverhältnis ist befristet für die Dauer der Mutterschutzfrist und der sich daran anschließenden Elternzeit von Frau E, längstens jedoch bis zum 17.12.2017."

Wie oben bereits dargelegt, empfiehlt sich in den meisten Fällen die Kombination der Zeit- mit der Zweckbefristung zur Doppelbefristung, siehe Kapitel 1.7.

TIPP: Doppelbefristung abschließen

Bei einer Zeitbefristung wird beispielsweise der Fall befristungsrechtlich nicht erfasst, dass eine Mitarbeiterin die Elternzeit vorzeitig beendet. Sie können den befristeten Arbeitsvertrag allerdings vorzeitig kündigen, wenn die Elternzeit ohne Ihre Zustimmung vorzeitig endet und der Arbeitnehmer oder die Arbeitnehmerin Ihnen die vorzeitige Beendigung der Elternzeit mitgeteilt hat. Sie können dies auch tun, wenn Sie die vorzeitige Beendigung der Elternzeit nicht ablehnen dürfen, siehe Kapitel 6.3.

Wenn Sie eine Zeit- mit einer Zweckbefristung kombinieren, endet das befristete Arbeitsverhältnis bereits vor Ablauf der vereinbarten Zeit, wenn der Zweck vorzeitig eintritt. Das bedeutet zum Beispiel, dass es keiner Kündigung bedarf, wenn die Elternzeit vorzeitig endet.

3.3.1.4 Prognose über Wegfall des Vertretungsbedarfs erforderlich

Wie beim Befristungsgrund der Vertretung nach dem Teilzeit- und Befristungsgesetz müssen Sie bei der Vereinbarung einer Befristung nach dem Bundeselterngeld- und Elternzeitgesetz eine **Prognose** zum zukünftigen Wegfall des Vertretungsbedarfs stellen. Dabei müssen Sie weder den Rückkehrzeitpunkt noch den Arbeitszeitumfang nach der Rückkehr prognostizieren. Das heißt: Ihre Prognose muss sich nur darauf erstrecken, dass der Vertretungsbedarf durch die Rückkehr des zu vertretenden Mitarbeiters wegfällt. Der Zeitpunkt dieser Rückkehr dagegen und damit die Dauer des Vertretungsbedarfs spielen für die Prognose keine Rolle.

Auch die Frage, ob die zu vertretende Stammkraft ihre Arbeit in vollem Umfang wieder aufnehmen wird, gehört nicht zum Inhalt der Prognose. Dies ist insbesondere bei der Einstellung von Elternzeitvertretungen wichtig, da Elternzeiter nach der Elternzeit häufig „nur" noch **in Teilzeit zurückkommen** (wollen). Aber auch wenn Ihre Stammkraft nur in reduziertem Umfang wieder tätig wird, entfällt damit der Vertretungsbedarf im bisherigen Umfang. Sie können frei entscheiden, ob, wie und in welchem Umfang Sie den Vertretungsbedarf abdecken wollen, der durch die Abwesenheit einer Stammkraft entsteht. Daher hindert Sie nichts daran, nur für die Zeit des vollständigen Ausfalls der Stammkraft befristet eine Vertretungskraft einzustellen. Die Befristungsdauer kann auch kürzer als die zu erwartende Ausfallzeit des Arbeitnehmers gewählt werden. Sie können sich somit dafür entscheiden, den Ausfall nicht vollständig durch eine Vertretungskraft abzudecken.

3.3.1.5 Kann die Befristungsdauer auf eine Einarbeitung ausgedehnt werden?

Notwendige **Zeiten einer Einarbeitung** dürfen Sie in die Befristungsdauer einbeziehen. Dabei ist die notwendige Einarbeitungszeit jeweils abhängig vom zu besetzenden Arbeitsplatz und den Vorkenntnissen der Vertretungskraft. Eine Höchstgrenze sieht das Gesetz nicht vor.

3.3.1.6 Teilzeitverlangen der Elternzeiterin ist für Befristung der Vertreterin unbeachtlich

Macht die sich in Elternzeit befindende Stammkraft einen Anspruch auf Teilzeitbeschäftigung während der laufenden Elternzeit geltend, beeinträchtigt das die Wirksamkeit der Befristungsvereinbarung mit der eingestellten Vertreterin nicht. Haben Sie für die Dauer der Elternzeit eine Vollzeitvertretung eingestellt, die nicht bereit ist, ihre Arbeitszeit zu verringern, und sind keine anderen Beschäftigungsmöglichkeiten vorhanden, insbesondere weil auch andere vergleichbare Mitarbeiter zu keiner Verringerung ihrer Arbeitszeit bereit sind, so können Sie sich gegenüber der Elternzeiterin auf dringende betriebliche Gründe berufen, die dem Anspruch auf Verringerung der Arbeitszeit entgegenstehen.

3.3.2 Gesetz über befristete Arbeitsverträge mit Ärzten in der Weiterbildung

Die Befristung eines Arbeitsvertrags mit einem Arzt regelt § 1 Abs. 1 des Gesetzes über befristete Arbeitsverträge mit Ärzten in der Weiterbildung (ÄArbVtrG). Demnach ist sie sachlich gerechtfertigt, wenn die Beschäftigung des Arztes folgenden Zwecken dient:

- einer zeitlich und inhaltlich strukturierten Weiterbildung zum Facharzt,
- der Anerkennung für einen Schwerpunkt,
- dem Erwerb einer Zusatzbezeichnung, eines Fachkundenachweises oder
- einer Bescheinigung über eine fakultative Weiterbildung.

> **!** **ACHTUNG: Gilt nicht für Ärzte an Universitätskliniken und Forschungseinrichtungen**
>
> Dieses Gesetz findet nur für die Weiterbildung von Ärzten außerhalb von Hochschulen und Forschungseinrichtungen Anwendung. Denn für diese gilt das Wissenschaftszeitvertragsgesetz nicht. Insbesondere erfasst werden kommunale, kirchliche und freie Krankenhäuser.

Die Dauer der Befristung des Arbeitsvertrags muss kalendermäßig bestimmt oder bestimmbar sein. Eine Zweckbefristung ist somit **nicht** möglich. Das bedeutet: Eine Befristungsvereinbarung, wonach der Vertrag endet, wenn der mit der Weiterbildung verfolgte Zweck — das heißt der Erwerb der erstrebten Qualifikation — eintritt, ist unzulässig. Vereinbaren Sie gleichwohl eine Zweckbefristung, führt dies zu einem unbefristeten Arbeitsvertrag. Gleiches gilt, wenn Sie eine auflösende Bedingung vereinbaren. Auch diese führt dazu, dass ein unbefristetes Arbeitsverhältnis entsteht.

Die **Höchstdauer** einer Befristung zur Weiterbildung beträgt acht Jahre. Bei der Vereinbarung von Teilzeit darf die Höchstdauer entsprechend überschritten werden. Auch bei bestimmten Freistellungen und Beurlaubungen sind Verlängerungen des befristeten Vertrages möglich.

Die Vertragsdauer darf den Zeitraum nicht unterschreiten, für den der weiterbildende Arzt die Weiterbildungsbefugnis beisitzt.

> **!** **ACHTUNG: Ausnahme bei Anschlussvertrag**
>
> Das Gesetz lässt nach dem Ende eines entsprechenden befristeten Arbeitsvertrags zu, dass im Rahmen der Höchstbefristungsdauer des § 1 Abs. 3 Satz 1

ÄArbVtrG ein weiterer befristeter Arbeitsvertrag nach § 1 Abs. 1 ÄArbVtrG abgeschlossen wird — mit demselben Weiterbildungsziel und demselben weiterbildenden Arzt. Die Laufzeit des weiteren befristeten Arbeitsvertrags kann in diesem Fall kürzer bemessen sein als die Dauer der Weiterbildungsbefugnis des weiterbildenden Arztes. Dies gilt, **wenn bei Vertragsabschluss absehbar ist, dass er das Weiterbildungsziel innerhalb der in Aussicht genommenen Vertragslaufzeit erreichen wird.**

Es gibt **kein Zitiergebot**. Das heißt Sie müssen den Befristungsgrund im Vertragstext nicht zitieren. Die Weiterbildung des Arztes muss jedoch der wesentliche Zweck der Anstellung sein. Daneben ist eine Befristung nach anderen Grundsätzen, zum Beispiel nach dem TzBfG möglich. Auf diese können Sie im Falle der Unwirksamkeit einer Befristung nach § 1 ÄArbVtrG zurückgreifen .

3.3.3 Pflegezeit- und Familienpflegezeitgesetz

Das Pflegezeitgesetz enthält in § 6 Abs. 1 einen **besonderen Befristungsgrund**. Dieser ist teilweise § 21 BEEG nachgebildet. Die Befristung eines Arbeitsvertrags ist demnach sachlich gerechtfertigt, wenn Sie einen Arbeitnehmer einstellen zur Vertretung eines Beschäftigten für die Dauer

- der kurzzeitigen Arbeitsverhinderung (§ 2 PflegeZG) oder
- der Pflegezeit (§ 3 PflegeZG).

Möglich ist sowohl eine Zeitbefristung als auch eine Zweckbefristung. Hinsichtlich der Grundsätze des unmittelbaren und mittelbaren Vertretungsbedarfs sowie zur Notwendigkeit Ihrer Prognose gelten die gleichen Grundsätze wie bei § 21 BEEG (siehe Kapitel 3.3.1.4).

Es gibt **kein Zitiergebot**. Das heißt das Pflegezeitgesetz muss nicht in die Befristungsvereinbarung aufgenommen werden. Die Befristungsdauer kann die Dauer der kurzzeitigen Arbeitsverhinderung oder der Pflegezeit überschreiten, wenn eine Einarbeitung notwendig ist.

Nimmt ein Arbeitnehmer Familienpflegezeit in Anspruch, ist ebenfalls die befristete Einstellung eines Vertreters möglich; es gelten die selben Voraussetzungen wie bei der Pflegezeit, § 2 FamPflegeZG verweist diesbezüglich auf § 6 Abs. 1 PflegZG.

3.3.4 Altersteilzeitgesetz

Das Altersteilzeitgesetz (§ 8 Abs. 3) erlaubt ausdrücklich die Befristung auf den Zeitpunkt des möglichen Rentenbezuges und geht damit § 14 Abs. 1 Nr. 6 TzBfG wie auch § 41 Satz 2 SGB VI vor.

3.3.5 Wissenschaftszeitvertragsgesetz

Für die befristete Beschäftigung von wissenschaftlichem und künstlerischem Personal an staatlichen und staatlich anerkannten **Hochschulen** gilt das Wissenschaftszeitvertragsgesetz (WissZeitVG): Es gilt auch an staatlichen und überwiegend staatlich finanzierten **Forschungseinrichtungen** sowie für dort geschlossene Privatdienstverträge mit Hochschulmitgliedern und mit Personal, das aus Drittmitteln finanziert wird.

Mit wissenschaftlichem Personal, das nicht promoviert ist, können in einer sog. Qualifizierungsphase ohne Sachgrund Arbeitsverträge bis zu einer Gesamtdauer von sechs Jahren abgeschlossen werden. Nach abgeschlossener Promotion („Post-Doc-Phase") ist eine weitere sachgrundlose Befristung bis zu einer Dauer von weiteren sechs Jahren bzw. im Bereich der Medizin von neun Jahren möglich.

Neben der Möglichkeit der sachgrundlosen Befristung sieht das Wissenschaftszeitvertragsgesetz die Möglichkeit der Befristung mit dem Sachgrund **Drittmittelfinanzierung** vor (siehe Kapitel 3.3.2). Dies gilt auch für Arbeitnehmer, die keine wissenschaftlichen Dienstleistungen, sondern organisatorisch vorbereitende, unterstützende oder technische Tätigkeiten erbringen. Dies ist das sogenannte akzessorische Personal — dazu gehören zum Beispiel Schreibkräfte, Bibliothekare, Laboranten, Techniker, Handwerker oder Reinigungskräfte.

Bei einer Befristung nach dem Wissenschaftszeitvertragsgesetz gilt das **Zitiergebot**. Es muss somit im Arbeitsvertrag angegeben werden, dass die Befristung auf den Vorschriften des Wissenschaftszeitvertragsgesetzes beruht. Natürlich können Hochschulen und Forschungseinrichtungen mit wissenschaftlichem und künstlerischem Personal auch befristete Verträge auf der Grundlage des Teilzeit- und Befristungsgesetzes schließen.

3.3.6   Tarifvertrag für den öffentlichen Dienst

Im Bereich des Bundes und der Vereinigung kommunaler Arbeitgeberverbände gelten der Tarifvertrag für den öffentlichen Dienst (TVöD) und der Tarifvertrag für den Öffentlichen Dienst der Länder (TV-L), der für alle Bundesländer außer Berlin und Hessen gilt. Sie regeln die Möglichkeiten der Befristung von Arbeitsverträgen in § 30. Demnach sind befristete Arbeitsverträge nach Maßgabe des Teilzeit- und Befristungsgesetzes sowie anderer gesetzlicher Vorschriften über die Befristung von Arbeitsverträgen zulässig. Die Angabe der Befristungsgrundform ist — anders als unter der Geltung der früheren SR 2y BAT — **nicht** mehr erforderlich.

Für Beschäftigte, auf die die Regelungen des Tarifgebiets West Anwendung finden und deren Tätigkeit vor dem 1. Januar 2005 der Rentenversicherung der Angestellten (BfA) unterlegen hätte, sind kalendermäßig befristete Arbeitsverträge mit sachlichem Grund nur zulässig, wenn die Dauer des einzelnen Vertrages fünf Jahre nicht übersteigt (§ 30 Abs. 2 Satz 1 TVöD/TV-L).

3.4   Schriftform ist zwingend

Alle oben dargestellten Befristungen außerhalb des Teilzeit- und Befristungsgesetzes müssen zwingend schriftlich vereinbart werden. Ansonsten sind sie unwirksam und das Arbeitsverhältnis ist unbefristet (zu den Anforderungen an die Schriftform, siehe Kapitel 2.1).

4 Häufig gestellte Fragen zum Thema „Sachgrund"

4.1 Frage 1: Welchen Zweck erfüllt eine Prognose für den Sachgrund?

Der für eine Befristung notwendige Sachgrund erfordert in vielen Fällen, dass Sie eine Prognose über die zukünftige Entwicklung des Arbeitsverhältnisses stellen. Hierzu müssen Sie zum Zeitpunkt des Vertragsabschlusses **aufgrund greifbarer Tatsachen** mit einiger Sicherheit annehmen können, dass der in der Zukunft liegende Ungewissheitszustand auch eintritt.

> ▶ **BEISPIEL: Prognose über zukünftige Auftragslage**
>
> Bei der befristeten Einstellung von zusätzlichem Personal zur Abarbeitung von Auftragsspitzen müssen Sie prognostizieren, wann der vorübergehende Bedarf an der zusätzlichen Arbeitsleistung wieder entfallen wird.

Jede Prognose braucht somit eine faktische Begründung, die sie untermauert. Die Prognose bestätigt den Sachgrund in der Zukunft.

> ! **ACHTUNG: Eine bloße Unsicherheit ist nicht ausreichend**
>
> Jeder Prognose immanent sind — teilweise erhebliche — Unsicherheiten. Die Basis für eine Prognose ist, dass Sie Erfahrungstatsachen anwenden. Damit ist für Sie als Arbeitgeber regelmäßig ein gewisser Beurteilungs- und Entscheidungsspielraum verbunden. Allerdings genügt es für die Annahme eines Sachgrundes nicht, wenn die weitere Entwicklung unsicher ist.

Die Arbeitsgerichte überprüfen Ihre Prognose!

Es kann passieren, dass Sie einen Arbeitnehmer einstellen, der später die Unwirksamkeit der Befristung geltend macht und behauptet, es habe kein Sachgrund vorgelegen, der die Befristung rechtfertigt. In diesem Fall erfolgt die arbeitsgerichtliche Kontrolle der Prognose nach den Verhältnissen **zum Zeitpunkt des Vertragsschlusses**. Das heißt, es erfolgt eine rückwirkende Prüfung der Umstände, die bei Abschluss des befristeten Vertrags vorlagen. Das Arbeitsgericht vergleicht dann zunächst die von Ihnen gestellte Prognose mit dem tatsächlichen Verlauf.

Was tun, wenn die Prognose falsch war?

Wenn sich Ihre Prognose im Nachhinein als unzutreffend erweist, müssen Sie hierfür eine schlüssige Begründung liefern. Sie müssen nachvollziehbar darlegen, welche Tatsachen Ihnen bei Vertragsabschluss bekannt waren und warum diese den hinreichend sicheren Schluss darauf erlaubten, dass nach Ablauf der Befristung kein konkreter Bedarf mehr an der Arbeitsleistung des befristet eingestellten Arbeitnehmers bestehen würde.

TIPP: Verhältnisse im Betrieb dokumentieren

Sie sollten als Arbeitgeber die Verhältnisse zum Zeitpunkt des Abschlusses der Befristungsvereinbarung zumindest intern dokumentieren. Ein Streit über die Wirksamkeit einer Befristung entsteht nämlich in der Praxis regelmäßig erst kurz vor oder nach Befristungsende. Mithilfe der Dokumentation können Sie dann sicherstellen, dass Sie die Verhältnisse, die zum Zeitpunkt des Abschlusses der Befristungsvereinbarung vorlagen, nachweisen können.

Wenn Ihre Prognose zutrifft

Wird Ihre Prognose durch die spätere Entwicklung bestätigt, besteht nach der Rechtsprechung eine ausreichende Vermutung dafür, dass die Prognose hinreichend fundiert erstellt wurde. In diesem Fall müsste der Arbeitnehmer Tatsachen vortragen, die beweisen, dass zumindest zum Zeitpunkt des Vertragsabschlusses Ihre Prognose nicht gerechtfertigt gewesen ist.

Die Befristungsdauer ist von der Prognose unabhängig

Die Befristungsdauer, die Sie mit dem befristet eingestellten Arbeitnehmer vertraglich vereinbart haben, bedarf nach ständiger Rechtsprechung des Bundesarbeitsgerichts keiner eigenen sachlichen Rechtfertigung (BAG, Urteil vom 13.10.2004, 7 AZR 654/03).

Hintergrundinformation zur Befristungsdauer

Praktisch bedeutsam werden Auseinandersetzungen um die Befristungsdauer meist in Vertretungsfällen. Sie können als Arbeitgeber frei entscheiden, ob Sie den Ausfall einer Arbeitskraft mit einem befristet einzustellenden Vertreter überbrücken wollen. Deshalb können Sie auch frei darüber entscheiden, wie lange Sie einen Vertreter einstellen. Sie müssen den fehlenden Mitarbeiter nicht über die gesamte Ausfallzeit kompensieren.

Die Befristungsdauer ist wichtig. Denn sie kann neben anderen Umständen darauf hinweisen, dass der Sachgrund für die Befristung vorgeschoben ist.

> ▶ **BEISPIEL: Befristungsdauer und Sachgrund stimmen nicht überein**
>
> Ein Mitarbeiter nimmt nach der Geburt seines Kindes für sechs Monate Elternzeit in Anspruch. Sie stellen für ihn einen Vertreter ein und befristen dessen Arbeitsvertrag für neun Monate. In diesem Fall müssen Sie eine besondere Begründung dafür angeben, dass die Laufzeit des Vertrags (neun Monate) über den Befristungsgrund (sechsmonatige Elternzeit) hinausgeht

4.2 Frage 2: Muss der Sachgrund schriftlich fixiert werden?

Die Wirksamkeit der Befristung hängt grundsätzlich **nicht** davon ab, dass der sie rechtfertigende Sachgrund vertraglich vereinbart wird. Es ist theoretisch nicht einmal erforderlich, dass Sie dem befristet einzustellenden Bewerber den Sachgrund mitteilen. In der Praxis werden Sie dies aber regelmäßig tun, weil der Bewerber danach fragt. Denn er möchte unter anderem einschätzen können, ob Aussichten bestehen, den befristeten Vertrag eventuell später verlängern oder in einen unbefristeten Vertrag umwandeln zu können. Arbeitsrechtlich reicht es allerdings aus, dass der Sachgrund bei Abschluss des befristeten Arbeitsvertrags objektiv vorlag.

Eine Ausnahme gilt nur dann, wenn besondere gesetzliche oder tarifliche Vorschriften die die Angabe des Befristungsgrundes erfordern.

> ▶ **BEISPIEL: befristete Arbeitsverträge in der Wissenschaft**
>
> Nach § 2 Abs. 4 des Gesetzes über befristete Arbeitsverträge in der Wissenschaft (WissZeitVG) ist im Arbeitsvertrag anzugeben, dass der Vertrag auf der

Befristungsregelung des WissZeitVG beruht. Dabei ist die Bezugnahme auf **„die Vorschriften des WissZeitVG"** ausreichend. Eine Zitierung der einzelnen Befristungsnormen ist nicht erforderlich.

Wenn Sie den Sachgrund in den Arbeitsvertrag aufgenommen haben, obwohl es keine entsprechende Verpflichtung gibt, kann es passieren, dass sich der Grund im Nachhinein nicht als tragfähig erweist. In diesem Fall können Sie die Befristung in einem Prozess vor dem Arbeitsgericht grundsätzlich auch auf einen anderen als den im Arbeitsvertrag genannten Sachgrund stützen.

Etwas anderes gilt dann, wenn der Arbeitnehmer Ihre Erklärungen dahingehend verstehen durfte, dass die Befristung ausschließlich auf einen bestimmten, im Arbeitsvertrag genannten Sachgrund gestützt werden soll und von dessen Bestehen abhängt. Die bloße Benennung eines Sachgrunds im Vertrag allein reicht allerdings nicht aus, um anzunehmen, dass Sie als Arbeitgeber andere Sachgründe oder eine sachgrundlose Befristung damit ausschließen wollten. Sie kann zwar ein wesentliches Indiz darstellen. Es müssen im Einzelfall aber noch zusätzliche Umstände hinzutreten (BAG, Urteil vom 15.1.2003, 7 AZR 534/02).

Bei der Zweckbefristung müssen Sie den Befristungszweck nennen

Das Bundesarbeitsgericht unterscheidet bei der Zweckbefristung den Vertragszweck vom Sachgrund. Dennoch dürfte der Sachgrund für die Befristung mit dem Vertragszweck regelmäßig übereinstimmen. Bei einer Zweckbefristung machen Sie die Beendigung des Arbeitsverhältnisses davon abhängig, dass ein Ereignis in Zukunft eintreten wird. Dass das Ereignis eintreten wird, halten Sie für gewiss. Ungewiss ist jedoch der Zeitpunkt, zu dem das Ereignis eintreten wird. Zwei Dinge müssen Sie hier beachten:

- Zum einen müssen Sie sich mit dem einzustellenden Arbeitnehmer unmissverständlich darüber einigen, dass das Arbeitsverhältnis bei Zweckerreichung enden soll.
- Zum anderen muss der Zweck, mit dessen Erreichung das Arbeitsverhältnis enden soll, im Vertrag so genau bezeichnet sein, dass hieraus das Ereignis zweifelsfrei feststellbar ist, dessen Eintritt zur Beendigung des Arbeitsverhältnisses führen soll.

Das bedeutet: Die Vereinbarung einer Zweckbefristung ist ohne Vereinbarung des Vertragszwecks nicht denkbar. Die Bezeichnung des Vertragszwecks tritt an die Stelle der Datumsangabe oder der Zeitangabe bei der Zeitbefristung.

Zweck muss auch schriftlich vereinbart werden

Da bei einer Zweckbefristung die Dauer des Arbeitsverhältnisses allein von dem Vertragszweck abhängt, muss der Vertragszweck schriftlich vereinbart werden. Das widerspricht nicht der Festlegung, dass der Sachgrund für die Befristung nicht dem Schriftformerfordernis unterliegt. Denn der Zweck ist bei der Zweckbefristung vom Sachgrund zu unterscheiden.

Abweichen vom schriftlich fixierten Sachgrund

Der Befristungsgrund bedarf weder einer Vereinbarung noch unterliegt er dem Schriftformerfordernis. Es genügt, dass er als Rechtfertigungsgrund für die Befristung bei Vertragsschluss objektiv vorliegt. Deshalb können Sie sich als Arbeitgeber auf einen bestimmten Sachgrund auch dann stützen, wenn im Arbeitsvertrag ein anderer Sachgrund oder etwa § 14 Abs. 2 TzBfG („sachgrundlose Befristung") als Rechtfertigung für die Befristung genannt ist.

Selbst wenn in der Befristungsvereinbarung ein Sachgrund genannt ist und sich später herausstellen sollte, dass dieser Sachgrund nicht vorlag, könnten Sie sich bei Vorliegen der Voraussetzungen noch auf die Wirksamkeit als sachgrundlose Befristung berufen. Allein aus der fehlenden Benennung von § 14 Abs. 2 TzBfG (= sachgrundlose Befristung) schließt das Bundesarbeitsgericht ohne weitere Anhaltspunkte nicht, dass die Befristung nicht auf diese Vorschrift gestützt werden sollte.

4.3 Frage 3: Sachgrund bei Befristungen unter sechs Monaten nötig?

Das Bundesarbeitsgericht wollte mit dem ursprünglich von ihm erfundenen Erfordernis des Sachgrunds für eine Befristung verhindern, dass zwingende kündigungsschutzrechtliche Bestimmungen objektiv umgangen werden können. Mit dem Teilzeit- und Befristungsgesetz hat der Gesetzgeber das Befristungsrecht dann aber gänzlich vom Kündigungsschutz abgekoppelt. Während ein Arbeitnehmer in den ersten sechs Monaten des Arbeitsverhältnisses keinen allgemeinen Kündigungsschutz hat, da das Kündigungsschutzgesetz nur auf Arbeitsverhältnisse anwendbar ist, die länger als sechs Monate bestehen, erstreckt sich das Sachgrunderfordernis auf **jede Befristung** eines Arbeitsvertrags. Es bedürfen also auch Arbeitsverträge mit einer Laufzeit von weniger als sechs Monaten (im Extremfall von einem Tag) eines Sachgrunds. Eine Ausnahme gilt nur, wenn die Voraussetzungen für eine sachgrundlose Befristung vorliegen (siehe Kapitel 5).

TIPP: unbefristeten Vertrag abschließen und kündigen

Wenn weder ein Sachgrund zur Verfügung steht noch eine sachgrundlose Befristung möglich ist, können Sie einen unbefristeten Vertrag abschließen. Wenn Sie diesen in den ersten sechs Monaten wieder kündigen, hat der Arbeitnehmer noch keinen allgemeinen Kündigungsschutz. Allerdings müssen Sie sämtliche Wirksamkeitsvoraussetzungen für eine Kündigung einhalten und erfüllen. Wenn zum Beispiel ein Betriebs- oder Personalrat existiert, müssen Sie diesen vor Ausspruch der Kündigung ordnungemäß beteiligen.

Ihr Arbeitgeberrisiko bei Abschluss eines unbefristeten Vertrages liegt darin, dass der Arbeitnehmer vor Ausspruch der beabsichtigten Kündigung innerhalb der ersten sechs Monate Sonderkündigungsschutz erwirbt. Dies geschieht zum Beispiel, wenn er Mitglied des Wahlvorstandes zur Vorbereitung der Betriebsratswahl wird. Oder er wird Vater und beantragt Elternzeit, die Arbeitnehmerin wird schwanger oder sie kündigt an, Pflegezeit nehmen zu wollen. Dann ist eine ordentliche Kündigung nicht mehr möglich oder bedarf zunächst der behördlichen Zulassung (Elternzeit, Pflegezeit). In der Zwischenzeit wird die Sechsmonatsgrenze des KSchG überschritten und der Arbeitnehmer erwirbt (auch) allgemeinen Kündigungsschutz.

4.4 Frage 4: Sachgrund für Befristungen im Kleinbetrieb erforderlich?

Wegen der Abkopplung des Befristungskontrollrechts vom Kündigungsschutz gelten die Grundsätze des Teilzeit- und Befristungsgesetzes ohne Einschränkungen auch in Kleinbetrieben. Kleinbetriebe sind Betriebe mit in der Regel nicht mehr als zehn Vollzeitarbeitnehmern oder einer entsprechend größeren Anzahl von Teilzeitbeschäftigten. Der Schlüssel für Teilzeitbeschäftigte wird folgendermaßen ausgerechnet: bis zu einer regelmäßigen wöchentlichen Arbeitszeit von nicht mehr als 20 Stunden gilt der Faktor 0,5, bis 30 Stunden der Faktor 0,75 und ab mehr als 30 Stunden gilt der Faktor eins.

Sofern die Voraussetzungen für eine sachgrundlose Befristung nicht vorliegen (siehe Kapitel 5), bedürfen somit auch Befristungen in Kleinbetrieben eines Sachgrunds. Solange kein Sonderkündigungsschutz vorliegt, können Sie als Arbeitgeber im Kleinbetrieb allerdings regelmäßig problemlos kündigen. Die Risiken und Auswirkungen eines unbefristeten Arbeitsvertrages sind für Sie somit überschaubar.

5 Befristung ohne Sachgrund

Der Große Senat des Bundesarbeitsgerichts hat den Grundsatz entwickelt, wonach die Vereinbarung eines befristeten Arbeitsverhältnisses eines Sachgrundes bedarf, um wirksam zu sein. Dieser Grundsatz wurde in das Teilzeit- und Befristungsgesetz übernommen.

Unter bestimmten Voraussetzungen ist eine **Ausnahme** von diesem Grundsatz möglich. Diese wurde erstmals 1985 im ersten Beschäftigungsförderungsgesetz zugelassen und mit weiteren Modifikationen ebenfalls in das Teilzeit- und Befristungsgesetz übernommen.

Eine Befristung ohne sachlichen Grund kann demnach nur als **Zeitbefristung** vereinbart werden. Der Text im TzBfG lautet dazu:

§ 14 Abs. 2 Satz 1 und 2 TzBfG

„Die kalendermäßige Befristung eines Arbeitsvertrages ohne Vorliegen eines sachlichen Grundes ist bis zur Dauer von zwei Jahren zulässig; bis zu dieser Gesamtdauer von zwei Jahren ist auch die höchstens dreimalige Verlängerung eines kalendermäßig befristeten Arbeitsvertrages zulässig. Eine Befristung nach Satz 1 ist nicht zulässig, wenn mit demselben Arbeitgeber bereits zuvor ein befristetes oder unbefristetes Arbeitsverhältnis bestanden hat. Durch Tarifvertrag kann die Anzahl der Verlängerungen oder die Höchstdauer der Befristung abweichend von Satz 1 festgelegt werden. Im Geltungsbereich eines solchen Tarifvertrages können nicht tarifgebundene Arbeitgeber und Arbeitnehmer die Anwendung der tariflichen Regelungen vereinbaren."

Jedoch gilt § 14 Abs. 2 Satz 2 TzBfG **nicht** für Zweckbefristungen und auch **nicht** für auflösende Bedingungen (§ 21 TzBfG).

Sie kann ebenfalls **nicht** auf die Befristung einzelner Vertragsbedingungen angewendet werden — wie zum Beispiel eine Vereinbarung über die vorübergehende Erhöhung der regelmäßigen Arbeitszeit (siehe Kapitel 1.10).

5.1 Voraussetzungen für sachgrundlose Befristung

Die Zulässigkeit einer Befristung ohne Sachgrund nach dem Teilzeit- und Befristungsgesetz setzt voraus, dass nicht bereits zuvor mit demselben Arbeitgeber ein Arbeitsverhältnis bestanden hat und die Gesamtdauer der Befristung zwei Jahre nicht überschreitet (§ 14 Abs. 2 Satz 2 TzBfG).

5.1.1 Voraussetzung 1: Ersteinstellung

Voraussetzung für die erleichterte Befristung ohne Sachgrund ist zunächst, dass es sich um eine **Ersteinstellung** handelt — und zwar um die erstmalige Einstellung des Arbeitnehmers. Der Arbeitnehmer darf **nicht bereits zuvor** bei Ihnen beschäftigt gewesen sein. . Dieses sog. Vorbeschäftigungsverbot wurde aufgrund des Wortlauts der Vorschrift zunächst als zeitlich unbeschränktes, „lebenslängliches" Anschlussverbot angesehen „Zuvor" wurde dabei im Sinne von **niemals zuvor** verstanden.

Es kam somit nicht auf den zeitlichen Abstand zwischen einem früheren und dem neuen Arbeitsverhältnis an. Auch die Dauer einer eventuellen Vorbeschäftigung spielte keine Rolle. Das heißt eine Vorbeschäftigung schadete auch dann, wenn sie Jahre zurücklag oder nur kurzzeitig bestand, zum Beispiel als Aushilfe.

5.1.2 Änderung der Rechtsprechung im Jahr 2011 – 3 Jahreszeitraum

Mit einem Aufsehen erregenden Urteil vom 6.4.2011 hat das Bundesarbeitsgericht seine Rechtsprechung geändert. Ein „lebenslanges" Anschlussverbot sei nach Sinn und Zweck der Vorschrift, sog. Kettenbefristungen zu verhindern, nicht notwendig. Die Gefahr von unzulässigen „Befristungsketten" bestehe nicht bei lange zurückliegender Beschäftigung. Zudem berge ein „lebenslanges" Anschlussverbot die Gefahr, als Einstellungshindernis die grundrechtlich geschützte Berufsfreiheit des Arbeitnehmers unverhältnismäßig zu begrenzen. Das Vorbeschäftigungsverbot stehe der Vereinbarung einer sachgrundlosen Befristung deshalb nur Vorbeschäftigungen innerhalb der letzten 3 Jahre entgegen. Dabei orientierte sich das BAG an der 3-jährigen gesetzlichen Verjährungsfrist.

> ▶ **BEISPIEL: vorherige Aushilfstätigkeit**
>
> Dipl. Ing. Tüchtig war im Jahr 2004 bei Ihnen während der Sommerferien drei Wochen als Schüler zur Aushilfe tätig. Nun — nach über zehn Jahren und abgeschlossenem Studium und Promotion — bewirbt er sich für die von ihnen ausgeschriebene Stelle eines Bauingenieurs. Kann er ohne Sachgrund befristet für zwei Jahre eingestellt werden?
>
> Nach der früheren Rechtsprechung: Nein, denn er war bereits zuvor einmal bei Ihnen in einem Arbeitsverhältnis beschäftigt.
>
> Seit der Änderung der Rechtsprechung im Jahr 2011: Ja, denn das frühere Arbeitsverhältnis liegt länger als drei Jahre zurück.

Die Rechtsprechungsänderung ist aus formalen Gründen auf teilweise heftige Kritik gestoßen. Die Instanzgerichte entscheiden kontrovers. So wird Rechtsprechungsänderung z.B. vom Landesarbeitsgericht Baden-Württemberg abgelehnt; beim Bundesverfassungsgericht wurde Verfassungsbeschwerde erhoben. Zwischenzeitlich ist es im zuständigen 7. Senat des Bundesarbeitsgerichts außerdem zu personellen Veränderungen gekommen. Endgültige Sicherheit über die maßgeblichen Grundsätze besteht derzeit deshalb noch nicht.

> ● **TIPP: Sachgrundlose Befristung vorläufig weiterhin nur bei Ersteinstellung**
>
> Vorsichtige Arbeitgeber sollten auf jeden Fall klären, wie es das für die sie zuständige Arbeits- und Landesarbeitsgericht mit der Änderung der Rechtsprechung durch das Bundesarbeitsgericht hält. Je nachdem sollten Sie eine sachgrundlose Befristung nach § 14 Abs. 2 TzBfG bis auf weiteres nur mit Arbeitnehmern vereinbaren, mit denen noch nie zuvor ein Arbeitsverhältnis bestand.

Erklärter Wille des Gesetzgebers — der im Wortlaut der Vorschrift zum Ausdruck kommt — ist es, die sachgrundlose Befristung nur „bei der erstmaligen Beschäftigung des Arbeitnehmers durch einen Arbeitgeber" zuzulassen (BT-Drucks. 14/4374 S. 14). Dies spricht gegen eine im Wege der Auslegung und Rechtsfortbildung vorzunehmende zeitliche Begrenzung des Anschlussverbots.

Die Voraussetzung der **Ersteinstellung** gilt allerdings nur für die sachgrundlose Befristung, nicht auch für die Befristung mit Sachgrund.

> ▶ **BEISPIELE: Nach Befristung mit Sachgrund keine sachgrundlose Befristung**
>
> Der erstmals eingestellte Herr Fricke wird von Ihnen zunächst sechs Monate zur Erprobung befristet eingestellt. Danach soll er dann in ein sachgrundlos

befristetes — also ein zeitlich befristetes Arbeitsverhältnis übernommen werden. Ist das möglich?

Nein, das ist nicht mehr möglich! Denn an eine Befristung zur Erprobung oder auch aus anderen Sachgründen (wie zum Beispiel einer Vertretung) können Sie keine Befristung ohne Sachgrund anschließen. Dies gilt auch dann, wenn eine sachgrundlose Befristung/Zeitbefristung zu Anfang des Arbeitsverhältnisses möglich gewesen wäre. Sie können so auch nicht die Gesamtdauer von zwei Jahren „auffüllen".

> **BEISPIEL: Nach sachgrundloser Befristung kann Befristung mit Sachgrund folgen**

Arbeitnehmerin B ist bei Ihnen sachgrundlos für zwei Jahre beschäftigt. Nach Auslaufen der Befristung wollen Sie sie für weitere 18 Monate für die Elternzeit nehmende Mitarbeitern S beschäftigen.

Dies ist problemlos möglich, da für die Befristung mit Sachgrund (Elternzeitvertretung) die Ersteinstellungsvoraussetzung nicht gilt.

Personalplanung erforderlich

Bei Ihnen steht nur eine bestimmte Anzahl von unbefristeten Stellen zur Verfügung. Dann müssen Sie bei der Personalplanung sorgfältig darauf achten, welche Arbeitnehmer in welcher Weise befristet beschäftigt werden. Wenn die Möglichkeit besteht, Befristungen mit Sachgrund vorzunehmen — beispielsweise Vertretungen —, sollten Sie diese nicht mit erstmals eingestellten Arbeitnehmern besetzen. Falls Sie nicht beabsichtigen, diese Arbeitnehmer in ein unbefristetes Arbeitsverhältnis zu übernehmen, sollten Sie sie für solche Arbeitnehmer „reservieren", bei denen die Möglichkeit einer sachgrundlosen Befristung nicht mehr besteht.

5.1.3 Voraussetzung 2: Nicht derselbe Arbeitgeber

Allerdings ist die erneute Befristung ohne Sachgrund nur dann ausgeschlossen, wenn die Beschäftigung zuvor bei demselben Arbeitgeber, das heißt bei Ihnen, erfolgt ist.

5.1.3.1 Entscheidend ist, wer Vertragspartner war/ist

Arbeitgeber im Sinn des Teilzeit- und Befristungsgesetzes ist der Vertragsarbeitgeber. Dies ist die natürliche oder juristische Person, die mit dem Arbeitnehmer den Arbeitsvertrag geschlossen hat. Ein vorhergehender Arbeitsvertrag mit demselben Arbeitgeber hat in diesem Sinn nur bestanden, wenn der vormalige Vertragspartner des Arbeitnehmers **dieselbe natürliche oder juristische Person** wie der jetzige Arbeitgeber war und damit beide Arbeitgeber identisch sind. Das Anschlussverbot ist nicht mit dem Beschäftigungsbetrieb oder dem Arbeitsplatz verknüpft. Der Gesetzgeber hat für die Zulässigkeit der sachgrundlosen Befristung auf den rechtlichen Bestand eines Arbeitsverhältnisses mit dem Vertragsarbeitgeber abgestellt, nicht auf eine Beschäftigung für den Betriebsinhaber oder -träger

War ein Arbeitnehmer früher in einem Gemeinschaftsbetrieb beschäftigt, den Sie mit einem anderen Unternehmen führten, steht dies seiner späteren sachgrundlos befristeten Beschäftigung bei Ihnen grundsätzlich nur entgegen, wenn das frühere Arbeitsverhältnis auch mit Ihnen bestand.

> ▶ **BEISPIELE: unterschiedliche juristische Personen**
>
> Arbeitnehmer A war 20013 bei dem **Einzelkaufmann** Otto Meier-Schraubenherstellung für ein Jahr beschäftigt. 2014 brachte Meier sein Unternehmen als Einlage in die **Meier-Schrauben-GmbH** ein, deren alleiniger Gesellschafter und Geschäftsführer er ist. Falls diese GmbH nun A einstellen möchte, kann sie den Arbeitsvertrag sachgrundlos befristen; da A bei diesem Arbeitgeber noch nicht zuvor beschäftigt war. Denn Otto Meier persönlich und die Meier-Schrauben-GmbH sind unterschiedliche Rechtspersönlichkeiten.
>
> Ein Arbeitsverhältnis mit einer **Gesellschaft bürgerlichen Rechts** (GbR) ist ein anderes als das zu einem **einzelnen Gesellschafter** dieser GbR. Rechtsanwalt Dr. Spalt kann also das Arbeitsverhältnis mit der Fachangestellten Schlau, die früher einmal bei der GbR Spalt & Pilz beschäftigt war, nach Auflösung der GbR und Weiterarbeit als Einzelanwalt sachgrundlos befristen.

5.1.3.2 Verschiedene Unternehmen desselben Konzerns

Verschiedene Unternehmen desselben Konzerns sind ebenfalls nicht derselbe Arbeitgeber im Sinn des § 14 Abs. 2 Satz 2 TzBfG.

Mit der **Verschmelzung** mehrerer Unternehmen im Wege der Aufnahme (§ 20 Abs. 1 Nr. 1 UmwG) ist eine Gesamtrechtsnachfolge des übernehmenden Rechtsträgers in die Rechtsposition des übertragenden Rechtsträgers verbunden. Dies führt nicht dazu, dass der übernehmende Rechtsträger derselbe Arbeitgeber ist wie der übertragende Rechtsträger. Ein früheres Arbeitsverhältnis mit dem übertragenden Rechtsträger hindert daher nicht den Abschluss eines sachgrundlos befristeten Arbeitsvertrags mit dem übernehmenden Rechtsträger.

Bei einem **Betriebsübergang** (§ 613a BGB) kann der Betriebserwerber mit einem ehemaligen betriebsangehörigen Arbeitnehmer einen sachgrundlos befristeten Arbeitsvertrag abschließen, wenn das Arbeitsverhältnis des Arbeitnehmers zum Betriebsveräußerer im Zeitpunkt des Betriebsübergangs bereits beendet war. Der Betriebserwerber ist nicht derselbe Arbeitgeber wie der Betriebsveräußerer. Dies gilt allerdings nicht, wenn das Arbeitsverhältnis erst nach dem Betriebsübergang geendet hat. In diesem Fall kann später weder mit dem Betriebsveräußerer noch mit dem Betriebserwerber ein sachgrundlos befristeter Arbeitsvertrag abgeschlossen werden. Denn mit beiden hat bereits zuvor ein Arbeitsverhältnis bestanden.

5.1.3.3 Sachgrundlose Befristung mit einem zuvor als Leiharbeitnehmer eingesetzten Arbeitnehmer ist möglich

Die vorherige Beschäftigung bei Ihnen als Leiharbeitnehmer ist unschädlich. Die sachgrundlose Befristung eines Arbeitsvertrags mit einem Verleiher nach dem Arbeitnehmerüberlassungsgesetz (AÜG) wäre selbst dann möglich und nicht rechtsmissbräuchlich, wenn der Arbeitnehmer zuvor im Rahmen eines sachgrundlos befristeten Arbeitsverhältnisses bei Ihnen beschäftigt war und anschließend vom Verleiher wieder an Sie entliehen wird. Insgesamt darf der Arbeitnehmer aber **nicht länger als vier Jahre** sachgrundlos befristet bei dem Zeitarbeitsunternehmen und Ihnen arbeiten.

> **!** ACHTUNG: Rechtsmissbrauch führt zu unbefristetem Arbeitsverhältnis
>
> Ein Vertrag wurde so gestaltet, dass die Arbeitnehmerin je zwei Jahre bei zwei verschiedenen Konzernunternehmen beschäftigt war. Betriebsbezogen hat dies hat faktisch dazu geführt, dass sie vier Jahre lang sachgrundlos befristet auf demselben Arbeitsplatz beschäftigt war, Das Bundesarbeitsgericht hat dies nicht als rechtsmissbräuchliche Umgehung des Anschlussverbots gewertet. Aus § 14 Abs. 2a TzBfG (erleichterte Befristung für Existenzgründer) lasse sich die gesetzgeberische Wertung ableiten, dass eine Beschäftigung von insgesamt vier Jahren noch im Rahmen liege.
> Gleichzeitig hat das Bundesarbeitsgericht aber auch die zeitliche Grenze dieser „Beschäftigungsmodelle" aufgezeigt. Bei einer weiteren sachgrundlosen Be-

fristung — zum Beispiel mit einem anderen konzernangehörigen Unternehmen — unter Beibehaltung der tatsächlichen Beschäftigung der Arbeitnehmerin auf dem bisherigen Arbeitsplatz wird die Grenze zum Missbrauch wohl überschritten.

Faktisch hat das Bundesarbeitsgericht damit eine vierjährige Befristungsdauer ohne Sachgrund bezogen auf die zu verrichtende Tätigkeit zugelassen. Soll der Vertrag anschließend mit unveränderter Arbeitsaufgabe fortgesetzt werden, bedarf es eines Sachgrundes. Es steht zu erwarten, dass die Voraussetzungen hierfür von den Arbeitsgerichten sorgfältig geprüft werden.

Auch die Ausnutzung der durch das Teilzeit- und Befristungsgesetz vorgesehenen Gestaltungsmöglichkeiten kann unter bestimmten Voraussetzungen rechtsmissbräuchlich sein, etwa wenn mehrere rechtlich und tatsächlich verbundene Vertragsarbeitgeber in bewusstem und gewolltem Zusammenwirken aufeinanderfolgende befristete Arbeitsverträge mit einem Arbeitnehmer ausschließlich deshalb schließen, um auf diese Weise über die nach § 14 Abs. 2 Satz 1 TzBfG vorgesehenen Befristungsmöglichkeiten hinaus sachgrundlose Befristungen aneinanderreihen zu können. Bei einer rechtsmissbräuchlichen Ausnutzung der Zulässigkeit sachgrundloser Befristungsmöglichkeiten nach § 14 Abs. 2 Satz 1 TzBfG — konkret: bei einer Umgehung des Anschlussverbots nach § 14 Abs. 2 Satz 2 TzBfG — besteht die mit Treu und Glauben nicht zu vereinbarende Rechtsfolge nicht in dem Vertragsschluss „an sich", sondern in der Rechtfertigung der in dem Vertrag vereinbarten sachgrundlosen Befristung. Der unredliche Vertragspartner kann sich auf eine solche Befristung nicht berufen.

5.1.4 Voraussetzung 3: Kein vorheriges Arbeitsverhältnis

Das Anschlussverbot betrifft nur frühere Arbeitsverhältnisse. Ein eventuelles früheres Rechtsverhältnis zwischen Ihnen und dem befristet einzustellenden Arbeitnehmer darf somit kein Arbeitsverhältnis gewesen sein. Zuvor bestandene andere Vertragsverhältnisse mit Ihnen hindern die sachgrundlose Befristung nach § 14 Abs. 2 Satz 1 TzBfG nicht.

Rechtsverhältnisse, die keine Arbeitsverhältnisse sind

Berufsausbildungsverhältnis: In der Praxis am Bedeutsamsten ist die sachgrundlose Befristung nach dem Ende der Ausbildung. Ein Berufsausbildungsverhältnis (§ 3 Abs. 1 BBiG) ist kein Arbeitsverhältnis im Sinn des § 14 Abs. 2 Satz 2 TzBfG.

Praktikum oder **Volontariat:** Auch eine berufsvorbereitende Beschäftigung bei Ihnen als Praktikant oder Volontär hindert eine anschließende sachgrundlose Befristung nicht, wenn kein Arbeitsvertrag abgeschlossen wurde.

Leiharbeitnehmer: Die vorherige Tätigkeit bei Ihnen als Leiharbeitnehmer aufgrund eines Arbeitnehmerüberlassungsvertrags ist kein Arbeitsverhältnis, das einer sachgrundlosen Befristung entgegensteht.

Selbstständigkeit: Eine frühere Tätigkeit für Sie als Selbstständiger im Rahmen eines Dienst- oder Werkvertrags steht dem Abschluss eines sachgrundlos befristeten Arbeitsvertrags nicht entgegen.

Beamtentätigkeit: Eine frühere Beamtentätigkeit — zum Beispiel im Rahmen des Referendariats — dürfte kein Arbeitsverhältnis im Sinn des Befristungsrechts sein.

5.1.5 Wie erfahren Sie von einer Vorbeschäftigung?

In der Gesetzesbegründung wird davon ausgegangen, dass Sie als Arbeitgeber ein Fragerecht nach einer vorherigen Beschäftigung bei Ihnen haben. Dieses Fragerecht können Sie zum Beispiel in Form eines Personalfragebogens ausüben, den der Mitarbeiter, den Sie einstellen wollen, vor Vertragsunterzeichnung unterschreibt.

Denken Sie daran, dass Sie zur Einführung eines solchen Personalfragebogens mit der Frage nach einer eventuellen Vorbeschäftigung das Mitbestimmungsrecht des Betriebsrats beachten müssen (§ 94 BetrVG).

▶ **BEISPIELFORMULIERUNG: Formulierung für Frage nach Vorbeschäftigung**

„Waren Sie schon einmal, insbesondere in den letzten drei Jahren in unserem Unternehmen beschäftigt (im Falle einer Umfirmierung: Dieses hatte bis ... den Namen ...) — egal wie lange und in welcher Funktion?"
„Bitte stellen Sie uns lückenlos alle von ihnen ausgeübten Tätigkeiten — auch als Aushilfe oder in ähnlicher Funktion — dar und geben Sie an, bei welchem Arbeitgeber diese Tätigkeit erfolgte."

5.1.6 Was ist, wenn ein Bewerber eine Vorbeschäftigung verschweigt?

In der Praxis ist gelegentlich folgender Fall anzutreffen: Der Arbeitnehmer beantwortet Ihre Frage nach einer Vorbeschäftigung **versehentlich falsch**, weil er angesichts des Zeitablaufs oder aufgrund von Umfirmierungen selbst nicht realisiert, dass er bereits bei Ihnen beschäftigt war. Da seit der Änderung der Rechtsprechung des Bundesarbeitsgerichts nur noch ein Arbeitsverhältnis in den letzten drei Jahren vor Beginn des neuen Arbeitsvertrags einer sachgrundlosen Befristung entgegensteht, dürfte sich dieses Problem weitgehend verflüchtigen. Ob hier ein Anfechtungsgrund besteht, ist außerdem fraglich. Bis auf Weiteres sollten Sie sich keinesfalls auf die Frage beschränken, ob der Arbeitnehmer nur in den letzten drei Jahren schon einmal bei Ihnen beschäftigt war. Sie sollten versuchen, sich einen Überblick über all seine vorherigen Beschäftigungsverhältnisse zu verschaffen, um diese Frage selbst beurteilen zu können. Dazu können Sie zunächst auf Ihre eigenen Unterlagen und Personallisten zurückgreifen. Der Nachweis eines Arbeitsverhältnisses innerhalb der letzten drei Jahre sollte sich aus Ihrer Dokumentation problemlos ergeben.

Fraglich ist die Konsequenz, wenn ein Bewerber falsch antwortet und daraufhin sachgrundlos eingestellt wird. Wenn die Antwort **vorsätzlich falsch** war — wobei Sie allerdings den Täuschungsvorsatz beweisen müssten —, kommt eventuell eine Anfechtung wegen Täuschung oder eine außerordentliche Kündigung in Betracht. Dies kommt praktisch aber allenfalls ganz selten vor.

5.2 Höchstdauer der zeitlichen Befristung: zwei Jahre

Eine sachgrundlose Befristung ist gesetzlich bis zur Dauer von zwei Jahren zulässig. Entscheidend sind der vereinbarte Beginn und das vereinbarte Ende des Arbeitsverhältnisses. Auf den Zeitpunkt des Vertragsabschlusses kommt es für die Berechnung der Befristungsdauer **nicht** an.

▶ **BEISPIEL: Zweijahresbefristung**

Sie schließen am 15.12.2015 einen Arbeitsvertrag, nach dem das Arbeitsverhältnis am 1.1.2016 beginnt. Die am längsten zulässige Befristungsdauer endet mit dem 31.12.2017.

Falsch wäre folgende Befristung: „Das Arbeitsverhältnis beginnt am 1.1.2016 und endet am 1.1.2017." Möglicherweise ist Ihnen bei der Formulierung aber lediglich ein Rechenfehler unterlaufen. Wenn aus den Umständen erkennbar ist, dass Sie eine zweijährige Befristungsdauer vereinbaren wollten, so ist dieser Fehler im Wege der Vertragsauslegung zu „reparieren".

Sie müssen die Höchstdauer von zwei Jahren nicht ausnutzen. Das heißt, Sie können auch eine kürzere Vertragslaufzeit vereinbaren.

5.3   Maximal drei Verlängerungen zulässig

Bis zu der Gesamtdauer von zwei Jahren ist es zulässig, den Vertrag bis zu dreimal zu verlängern. Die zwei Jahre können somit höchstens in folgende vier Zeitabschnitte aufgeteilt werden: in die erste (Grund-)Befristung und maximal drei Verlängerungszeiträume.

5.4   Prüfung tariflicher Sonderregelungen

Falls Sie einen Tarifvertrag anwenden, sollten Sie prüfen, ob dieser Sonderregelungen enthält. Durch Tarifvertrag können nämlich sowohl die Anzahl der Verlängerungen als auch die Höchstdauer der Befristung abweichend festgelegt werden. So dehnt beispielsweise der Manteltarifvertrags für die chemische Industrie die zulässige Dauer von ohne Sachgrund befristeten Arbeitsverhältnissen auf bis zu 48 Monate aus (§ 11 Abs. 2 Nr. 3 MTV Chemie).

5.4.1   Zeitpunkt der Verlängerung

Eine Verlängerung setzt voraus, dass sie noch während der Laufzeit des zu verlängernden Vertrags vereinbart wird — das heißt **vor dem Befristungsende**. Der Vertrag ist nach Ablauf des vereinbarten Zeitraums beendet. Wechselseitige Rechte und Pflichten müssen dann erneut vereinbart werden. Dementsprechend wird dieser Vorgang als Neuabschluss bezeichnet.

> ▶ **BEISPIEL: fristgerechte Vertragsverlängerung**
>
> Wenn der vom 1.1.2015 bis 31.12.2015 sachgrundlos befristete Arbeitsvertrag zwischen Ihnen und dem Arbeitnehmer A verlängert werden soll, muss dies spätestens am 31.12.2015 erfolgen. Denn der Vertrag endet am 31.12.2015 um 24:00 Uhr und abgelaufene Verträge können nicht (mehr) verlängert werden.

5.4.2 Nahtloser Anschluss ohne Unterbrechung nötig

Eine Verlängerung liegt nur vor, wenn die Vertragslaufzeit des Verlängerungsvertrags unmittelbar an diejenige des vorangegangenen Vertrags anschließt. Zu einer Unterbrechung des Arbeitsverhältnisses darf es nicht kommen — und sei sie noch so kurzfristig. Schon ein gesetzlicher Feiertag schadet.

> ▶ **BEISPIEL: Ein Feiertag führt zu Neuabschluss**
>
> Der seit dem 1.1.2015 sachgrundlos befristete Vertrag zwischen Ihnen und Arbeitnehmer A läuft nach einem Jahr am 31.12.2015 aus. Sie sind bereit, den Vertrag um ein Jahr zu verlängern. Der 1.1.2016 ist ein Feiertag und A müsste auch am 2. und 3.1.2016 nicht arbeiten — aber bezahlt werden. Deshalb beschließen Sie, den Vertrag (erst) ab dem 4.1.2011 zu verlängern.
>
> Das Ergebnis ist: Aufgrund der Unterbrechung zwischen dem 31.12.2015 und dem Wiederbeginn am 4.1.2016 läge keine Verlängerung vor, sondern der Abschluss eines neuen Arbeitsvertrags. Dieser könnte aber nicht mehr sachgrundlos befristet werden. Denn zwischen Ihnen und dem Arbeitnehmer bestand vom 1.1.2015 bis zum 31.12.2015 bereits ein Arbeitsverhältnis. A wäre also unbefristet bei Ihnen beschäftigt.

5.4.3 Keine Änderungen des Vertragsinhalts vornehmen

Das Tatbestandsmerkmal der Verlängerung eines sachgrundlos befristeten Arbeitsvertrags setzt nach der ständigen Rechtsprechung des Bundesarbeitsgerichts voraus, dass Sie den Vertragsinhalt unverändert lassen — ausgenommen davon ist natürlich die Vereinbarung darüber, dass der Beendigungszeitpunkt hinausgeschoben wird.

Eine Inhaltsänderung bedeutet einen Neuabschluss

Wenn Sie Arbeitsbedingungen vereinbaren, die sich von denen des Ausgangsvertrags unterscheiden, liegt keine Verlängerung vor. Dann haben Sie einen neuen befristeten Arbeitsvertrag abgeschlossen, der nur (noch) mit Sachgrund zulässig ist.

▶ **BEISPIELE: ungewollter Neuabschluss statt Verlängerung**

Keine Verlängerung liegt vor, wenn im Ausgangsvertrag ein ordentliches Kündigungsrecht vereinbart wird, das in dem nachfolgend abgeschlossenen befristeten Arbeitsvertrag nicht mehr enthalten ist.

Auch wenn ein sachgrundlos befristetes Vollzeitarbeitsverhältnis (39 Wochenstunden) aufgrund der im Verlängerungsvertrag getroffenen Vereinbarung als Teilzeitarbeitsverhältnis (30 Wochenstunden) fortgesetzt wird, liegt keine Verlängerung vor.

Wenn im Verlängerungsvertrag ein um 0,50 Euro erhöhter Bruttostundenlohn vereinbart wird, liegt ebenfalls keine Verlängerung, sondern ein Neuabschluss vor.

Während der Vertragslaufzeit sind Änderungen zulässig

Wenn Sie **während der Laufzeit** eines sachgrundlos befristeten Arbeitsvertrags mit dem Arbeitnehmer eine Vereinbarung über die Änderung der Arbeitsbedingungen treffen und dabei die Vertragslaufzeit beibehalten, beeinträchtigt dies die Wirksamkeit der Befristung nicht. Beispielsweise können Sie während der Dauer eines sachgrundlos befristeten Arbeitsvertrags unter Beibehaltung der Vertragslaufzeit Folgendes vereinbaren:

- eine Änderung der Tätigkeit oder
- eine Änderung der Vergütung des Arbeitnehmers.

In diesen Fällen unterliegt die Änderungsvereinbarung mangels einer neuen Befristungsabrede **nicht** der gerichtlichen Befristungskontrolle.

Sofern Sie die **Arbeitsbedingungen verändern** wollen, müssen Sie dies also zeitlich vor oder nach der Verlängerung vereinbaren.

Anpassungen an die Rechtslage sind erlaubt

Sie können bei der Verlängerung den **Vertragstext** an die zum Zeitpunkt der Verlängerung geltende Rechtslage **anpassen**. Um eine solche Anpassung handelt es sich, wenn bereits zuvor vereinbarte Änderungen der Vertragsbedingungen in der Urkunde festgehalten werden. Auch wenn die geänderten Vertragsbedingungen vereinbart worden wären, wenn der Arbeitnehmer in einem unbefristeten Arbeitsverhältnis stünde, ist dies eine Anpassung.

▶ BEISPIELE: Anpassung an die Rechtslage

Wenn in einem befristeten Anschlussvertrag eine erhöhte Arbeitszeit vereinbart wird, um einem Anspruch des Arbeitnehmers nach § 9 TzBfG Rechnung zu tragen, liegt kein unzulässiger Neuabschluss vor, sondern lediglich eine zulässige Verlängerung. Dazu muss der Arbeitnehmer bereits vor oder anlässlich der Vereinbarung der Verlängerung ein Erhöhungsverlangen nach § 9 TzBfG geltend gemacht haben, dem Sie in dem Folgevertrag mit der Veränderung der Arbeitszeit Rechnung tragen.

In einem befristeten Anschlussvertrag bleiben die Arbeitsbedingungen unverändert. Lediglich der vereinbarte Stundenlohn wird — Tarifbindung unterstellt — um die zwischenzeitlich eingetretene Tarifsteigerung erhöht. Auch in diesem Fall liegt kein unzulässiger Neuabschluss vor, sondern lediglich eine zulässige Verlangerung.

Möglich ist auch die Änderung von Arbeitsbedingungen, die Sie als Arbeitgeber vornehmen können, weil sie laut der Vereinbarungen bereits in dem zu verlängernden Vertrag zum **Direktionsrecht** gehören — beispielsweise die Zuweisung eines anderen Arbeitsplatzes.

● TIPP: Schriftform auch bei Verlängerung

Auch für die Vertragsverlängerung gilt zwingend das Schriftformerfordernis (§ 14 Abs. 4 TzBfG). Das heißt, die Verlängerungsvereinbarung muss von Ihnen und dem Arbeitnehmer auf derselben Urkunde eigenhändig unterschrieben werden (§ 126 BGB).

Die Vertragsverlängerung muss noch während der Laufzeit des zu verlängernden Vertrags schriftlich vereinbart werden. Vereinbaren Sie während der Laufzeit des zu verlängernden Vertrags zunächst nur eine mündliche Vertragsverlängerung und fixieren Sie diese erst später schriftlich, ist die mündlich vereinbarte Befristung formnichtig. Der Anschlussvertrag ist dann unbefristet.

6   Wie endet ein befristeter Vertrag?

6.1   Beendigung 1: Durch Fristablauf

Ein **kalendermäßig** befristeter Arbeitsvertrag endet **mit Ablauf der vereinbarten Zeit** (§ 15 Abs. 1 TzBfG). Es bedarf keiner weiteren Maßnahmen durch Sie. Insbesondere bedarf es keiner Kündigung.

Beteiligung des Betriebsrats oder von Behörden ist nicht erforderlich

Sie müssen weder den Betriebsrat anhören, wie es vor einer Kündigung erforderlich ist, noch müssen Sie die Behörden beteiligen, wie es etwa nach dem Mutterschutzgesetz, dem Bundeselterngeld- und Elternzeitgesetz oder nach dem SGB IX bei Kündigungen von schwangeren Frauen, Elternzeitern oder schwerbehinderten Menschen erforderlich ist.

Allerdings können Tarifverträge vorsehen, dass ein befristetes Arbeitsverhältnis fortgesetzt wird, falls der Arbeitgeber keine **Nichtverlängerungsmitteilung** schickt — so zum Beispiel im Tarifrecht der Bühnen.

6.2   Beendigung 2: Durch Eintritt des Zwecks

Ein **zweckbefristeter** Arbeitsvertrag endet, sobald der Zweck erreicht ist, frühestens aber **zwei Wochen, nachdem dem Arbeitnehmer die schriftliche Unterrichtung** über den Zeitpunkt der Zweckerreichung zugegangen ist (§ 15 Abs. 2 TzBfG). Entsprechendes gilt für einen Arbeitsvertrag, der unter einer auflösenden Bedingung geschlossen wurde (§ 21 TzBfG).

Mitteilung der Zweckerreichung muss schriftlich erfolgen

Die Mitteilung über den Zeitpunkt der Zweckerreichung durch Sie als Arbeitgeber bedarf der Schriftform. Eine mündliche Mitteilung ist nicht ausreichend; auch nicht eine Mitteilung per E-Mail — es sei denn mit qualifizierter elektronischer Signatur — oder per SMS. Ob ein Fax genügt ist streitig. Wenn Sie auf der sicheren Seite stehen möchten, informieren Sie den Arbeitnehmer bitte auf jeden Fall durch ein Schreiben, das von Ihnen oder einem sonstigen Vertretungsberechtigten des Unternehmens eigenhändig unterschrieben wurde.

Stellen Sie den Zugang sicher

Die (mindestens) **zweiwöchige Auslauffrist** beginnt erst, wenn dem Arbeitnehmer die schriftliche Unterrichtung zugegangen ist. Sie müssen im Streitfall den Zugang der Mitteilung beweisen, das heißt Sie müssen den Zugang sicherstellen und dokumentieren. In der Regel empfiehlt sich eine Zustellung durch Übergabe im Betrieb.

Auf keinen Fall sollte die Mitteilung durch Einschreiben/Rückschein erfolgen. Wenn der Arbeitnehmer zum Zeitpunkt des Zustellversuchs durch den Briefzusteller nicht zuhause ist, hinterlässt der Zusteller lediglich einen Benachrichtigungsschein. Dieser reicht nicht aus, um den Zugang zu beweisen. Holt der Arbeitnehmer das Einschreiben in der Folge nicht ab, ist der Brief nicht zugegangen.

Informieren Sie den befristet Beschäftigten zunächst nur mündlich über die Zweckerreichung, endet das Arbeitsverhältnis erst zwei Wochen, nachdem Sie die schriftliche Unterrichtung nachgeholt haben und diese dem Arbeitnehmer zugegangen ist.

Musterschreiben: Mitteilungsschreiben über Zweckerreichung

Sehr geehrter Herr Froh,

Sie sind befristet als Krankheitsvertreter für unseren Mitarbeiter Franz Meier eingestellt. Herr Meier hat uns mitgeteilt, dass er nach Ende der derzeitigen Reha-Maßnahme, das heißt am ... wieder arbeitsfähig sein und die Arbeit wieder aufnehmen wird. Damit ist der Zweck ihrer befristeten Beschäftigung erreicht; das Arbeitsverhältnis endet deshalb zwei Wochen nach Zugang dieses Schreibens. Wir bedanken uns bereits jetzt für die von Ihnen geleistete Arbeit. Wir weisen Sie darauf hin, dass Sie verpflichtet sind, sich spätestens innerhalb von drei Tagen nach Zugang dieses Schreibens persönlich bei der Agentur für Arbeit arbeitssuchend zu melden. Ein Verstoß gegen diese Pflicht kann zu Einschränkungen bei eventuellen Leistungsansprüchen führen.

Mit freundlichen Grüßen
Unterschrift

Wenn Sie dem Arbeitnehmer die Zweckerreichung mitteilen, ohne die Schriftform für die Unterrichtung einzuhalten, kommt es nicht zu einem unbefristeten Arbeitsverhältnis. Denn in der mündlichen Mitteilung der Zweckerreichung liegt jedenfalls konkludent ein Widerspruch gegen die Fortsetzung des Arbeitsverhältnisses. Das Arbeitsverhältnis endet aber frühestens zwei Wochen nach Zugang der schriftlichen Unterrichtung.

6.3 Beendigung 3: Bei vorzeitiger Beendigung der Elternzeit

Der/die vertretene ArbeitnehmerIn beendet die Elternzeit vorzeitig. Stirbt beispielsweise das Kind während der Elternzeit, endet die Elternzeit kraft Gesetzes spätestens drei Wochen nach dem Tod des Kindes (§ 16 Abs. 4 BEEG). Die vorzeitige Beendigung der Elternzeit wegen der Geburt eines weiteren Kindes oder wegen eines besonderen Härtefalles kann von Ihnen nur aus dringenden betrieblichen Gründen abgelehnt werden (§ 16 Abs. 3 Satz 2 BEEG). Ein Härtefall liegt zum Beispiel vor, wenn der Alleinverdiener der Familie arbeitslos wird und der Unterhalt der Familie nicht mehr gesichert ist. In diesem Fall kann der sich in Elternzeit befindende Partner die Elternzeit in der Regel vorzeitig beenden und die Arbeit wieder aufnehmen, um mit seinem Einkommen den Unterhalt sicher zu stellen.

Wenn Sie mit dem befristet eingestellten Vertreter eine Zweckbefristung vereinbart haben (Zweck = für die Dauer der Elternzeit), können Sie sich auf die Zweckerreichung (= Ende der Elternzeit) berufen. Wenn Sie keine Zweck-, sondern ausschließlich eine an der Dauer der ursprünglich beantragten Elternzeit orientierte Zeitbefristung vereinbart haben, können Sie das befristete Arbeitsverhältnis mit dem Vertreter kündigen. Das Kündigungsschutzgesetz gilt für eine solche (Sonder-) Kündigung zugunsten des Vertreters nicht (§ 21 Abs. 5 BEEG). Für die Kündigung gilt eine Kündigungsfrist von mindestens drei Wochen. Sie kann aber frühestens zum (vorzeitigen) Ende der Elternzeit ausgesprochen werden.

Ihr **Sonderkündigungsrecht** besteht auch dann, wenn der Bedarf an der Arbeitsleistung des Vertreters nicht entfällt.

Die Berufung auf das Befristungsende ist nicht rechtsmissbräuchlich

Wenn Sie sich auf die Befristung berufen, ist das grundsätzlich nicht rechtsmissbräuchlich. Ein solcher Einwand ist für den Arbeitnehmer nur in besonderen Fällen möglich — zum Beispiel bei einem Verstoß gegen die guten Sitten oder wenn Sie sich widersprüchlich verhalten haben.

7 Häufig gestellte Fragen zum Thema Beendigung

7.1 Frage 1: Kann ein befristeter Vertrag vorzeitig gekündigt werden?

Ein befristetes Arbeitsverhältnis ist zugleich ein Arbeitsverhältnis mit einer Mindestlaufzeit, bei dem die ordentliche Kündigung im Regelfall nicht möglich ist (§ 15 Abs. 3 TzBfG).

Eine Kündigungsmöglichkeit kann und muss vertraglich vereinbart werden oder sich aus einem Tarifvertrag (nicht einer Betriebsvereinbarung) ergeben, falls dieser auf das Arbeitsverhältnis anzuwenden ist.

Vereinbaren Sie auf jeden Fall eine Kündigungsmöglichkeit

Sie sollten eindeutig und unmissverständlich eine Kündigungsmöglichkeit vereinbaren. Dies ist grundsätzlich zwar formlos, das heißt zum Beispiel auch mündlich, möglich. Aus Dokumentationsgründen empfiehlt sich aber dringend eine schriftliche Vereinbarung.

▶ **BEISPIELFORMULIERUNG: Kündigungsmöglichkeit bei Zeitbefristung**

Das Arbeitsverhältnis ist auch bereits vor Befristungsende mit der gesetzlichen Kündigungsfrist beiderseits ordentlich kündbar.

▶ **BEISPIELFORMULIERUNG: Kündigungsmöglichkeit bei Zweckbefristung**

Das Arbeitsverhältnis ist auch bereits vor Zweckerreichung mit der gesetzlichen Kündigungsfrist beiderseits ordentlich kündbar.

Der bloße Hinweis auf eine Probezeit genügt nicht, um dem Arbeitnehmer während der gesamten Vertragsdauer kündigen zu können. Sie reduziert lediglich die Kündigungsfrist während der Dauer der Probezeit.

Wenn sie keine generelle Kündigungsmöglichkeit und auch keine Probezeit vereinbart haben, scheidet eine ordentliche Kündigung sogar in den ersten sechs Monaten des Arbeitsverhältnisses aus.

7.2 Frage 2: Kann ein Arbeitsverhältnis nach Befristungsende fortgesetzt werden?

Manchmal kommt es zu folgender Situation: Nachdem die Befristungszeit abgelaufen, der Zweck oder die auflösende Bedingung eingetreten ist, wird das Arbeitsverhältnis mit Ihrem Wissen fortgesetzt.

Wird das Arbeitsverhältnis nach Befristungsende mit Ihrem Wissen als Arbeitgeber fortgesetzt, gilt es als auf unbestimmte Zeit verlängert.

TIPP: Mitteilen, dass Arbeitsverhältnis beendet ist

Sie müssen in diesem Fall unverzüglich widersprechen oder dem Arbeitnehmer unverzüglich mitteilen, dass aufgrund der Erreichung des Zwecks bzw. des Eintretens der Bedingung das Arbeitsverhältnis beendet ist (§ 15 Abs. 5 i. V. m. § 21 TzBfG).

Die Tätigkeit muss mit **Ihrem Wissen als Arbeitgeber** fortsetzt werden. Das Wissen eines Kollegen oder eines Fachvorgesetzten ohne Vertretungsbefugnis oder entsprechende personalrechtliche Befugnisse genügt nicht.

Wenn Sie hingegen wollen, dass für den befristeten Vertrag eine unbestimmte Verlängerung eintritt, ist es von Seiten des Arbeitnehmers notwendig, dass er das Arbeitsverhältnis tatsächlich fortführt, indem er in unmittelbarem Anschluss an das Ende der Befristung Arbeitsleistung erbringt. Ein von Ihnen lediglich konkludent zum Ausdruck gebrachter Wille zur Fortsetzung des Arbeitsverhältnisses reicht **nicht** aus.

BEISPIEL: Zeitausgleich oder Urlaub nach Ende der Befristung

Erhält der Arbeitnehmer nach dem Ablauf des befristeten Arbeitsverhältnisses Freizeit als Überstundenausgleich oder gewähren Sie ihm noch seinen nicht genommenen Urlaub, führt dies nicht zu einem unbefristeten Arbeitsverhältnis.

Irrtum über die Beendigung vermeiden

Wenn Sie irrtümlich davon ausgehen, dass das Arbeitsverhältnis noch nicht beendet ist, wird dies teilweise für unbeachtlich gehalten. Es ist deshalb aus Ihrer Sicht als Arbeitgeber wichtig, sowohl das Auslaufen von Zeitbefristungen als auch die Zweckerreichung unternehmensintern ordnungsgemäß zu dokumentieren und sicherzustellen, dass das **Befristungsende** nicht übersehen wird.

Das Tatbestandsmerkmal **unverzüglich** verlangt von Ihnen nicht, dass Sie sofort widersprechen, nachdem Sie von der Fortsetzung des Arbeitsverhältnisses durch den Arbeitnehmer erfahren haben. Unverzüglich bedeutet ein Handeln **ohne schuldhaftes Zögern**.

Ihnen steht für die Reaktion auf die bekannt gewordene Weiterarbeit des Arbeitnehmers also eine kurze Frist für die Ausübung des Widerspruchsrechts zur Verfügung, die nach den Umständen des Einzelfalls bemessen wird und deren Länge auch davon abhängt, ob gegebenenfalls eine Sachverhaltsaufklärung oder die Einholung von Rechtsrat notwendig ist. Diese beträgt aber regelmäßig nur wenige Tage.

TIPP: umgehend widersprechen

Um Risiken auszuschließen, sollten Sie auf jeden Fall umgehend widersprechen, sobald Sie Kenntnis von der Weiterarbeit erlangen. Wenn umfangreichere Sachverhaltsaufklärungen notwendig sind, können diese danach immer noch erfolgen.

7.3 Frage 3: Wann endet eine Doppelbefristung?

Wenn Zweck- und Zeitbefristung zu einer Doppelbefristung kombiniert werden, war streitig, ob das Arbeitsverhältnis mit der zweiten vereinbarten Befristung endet, wenn es über den ersten Beendigungstatbestand hinaus fortgesetzt wird. Das Bundesarbeitsgericht hat die Frage zugunsten der Arbeitgeber geklärt: Bei einer Kombination von Zweckbefristung oder auflösender Bedingung und zeitlicher Höchstbefristung ist die Rechtsfolge der widerspruchslosen Weiterarbeit über den Bedingungseintritt hinaus nicht die unbefristete Fortdauer des Arbeitsverhältnisses. Die Fiktionswirkung ist auf den nur befristeten Fortbestand des Arbeitsverhältnisses beschränkt.

BEISPIELFORMULIERUNG: Beendigung einer Doppelbefristung

Die Befristungsvereinbarung lautet:

„Das am 1.6.2015 beginnende Arbeitsverhältnis wird befristet für die Dauer der Erkrankung des Mitarbeiters Christian Hermann, längstens jedoch bis 31.12.2015".

Unterschriften Arbeitgeber und Arbeitnehmer

Der erkrankte Mitarbeiter nimmt seine Tätigkeit jedoch am 1.10.2015 wieder auf. In diesem Fall sollten Sie den befristet beschäftigten Vertreter unverzüglich über die Zweckerreichung informieren und das Arbeitsverhältnis beenden. Vergessen oder unterlassen Sie die Mitteilung über die Zweckerreichung, endet das Arbeitsverhältnis mit Erreichen der Höchstbefristungsgrenze am 31.12.2015.

8   Folgen einer unwirksamen Befristung

Ist eine von Ihnen vertraglich vereinbarte Befristung oder Bedingung unwirksam, entsteht ein unbefristetes Arbeitsverhältnis (§ 16 Satz 1 TzBfG). Es ist allerdings erforderlich, dass der betroffene Arbeitnehmer die Unwirksamkeit der Befristung oder Bedingung unabhängig vom Grund ihrer Unwirksamkeit rechtzeitig durch eine **Klage geltend macht**. Die Klage muss spätestens innerhalb einer Frist von drei Wochen nach dem Auslaufen der Befristung erhoben werden.

8.1   Besteht eine Kündigungsmöglichkeit?

Sie können ein unwirksam befristetes Arbeitsverhältnis unter Beachtung der Vorschriften kündigen, die auch sonst für eine Kündigung gelten. Allerdings gelten je nach Grund der Unwirksamkeit unterschiedliche Voraussetzungen (siehe unten).

8.1.1   Entfristungsklage

Die Kündigung ist nicht treuwidrig, wenn Sie sie als Reaktion auf eine vom Arbeitnehmer erhobene Entfristungsklage vorsorglich aussprechen. Sie machen damit nur von Ihrer allgemeinen Kündigungsmöglichkeit Gebrauch. Das Teilzeit- und Befristungsgesetz ordnet nicht an, dass Sie als Arbeitgeber nach einer durch den Arbeitnehmer erhobenen Entfristungsklage einem Kündigungsverbot oder etwaigen Sperrfristen unterliegen.

Eine „vorsorgliche" Kündigung nach erhobener Entfristungsklage verstößt insbesondere nicht gegen das Maßregelungsverbot (§ 612a BGB i. V. m. § 134 BGB).

Hintergrundinformation: Maßregelungsverbot

Ein Arbeitgeber darf einen Arbeitnehmer nicht deshalb bei einer Maßnahme benachteiligen, weil der Arbeitnehmer in zulässiger Weise seine Rechte ausübt. Als „Maßnahmen" im Sinn des § 612a BGB kommen auch Kündigungen in Betracht. Die zulässige Rechtsausübung muss der tragende Beweggrund — das heißt das wesentliche Motiv — für die benachteiligende Maßnahme sein. Es reicht nicht aus, dass die Rechtsausübung nur den äußeren Anlass für die Maßnahme bietet.

8.1.2 Möglichkeiten bei mangelnder Schriftform

Ist die Befristung oder Bedingung des Arbeitsverhältnisses allein aufgrund mangelnder Schriftform unwirksam, so können sowohl Sie als Arbeitgeber als auch der Arbeitnehmer den (unbefristeten) Vertrag kündigen. Sie können dies **bereits vor dem vereinbarten** (aber unwirksamen) **Befristungsende** tun.

8.1.3 Kündigungsschutzgesetz muss beachtet werden

Besteht das (unwirksam befristete) Arbeitsverhältnis zum Zeitpunkt der Kündigung bereits **länger als sechs Monate**, müssen Sie als Arbeitgeber bei einer Kündigung die Anforderungen des Kündigungsschutzgesetzes beachten

Bemerken Sie die Unwirksamkeit der Befristung noch während des Laufs der sechsmonatigen Wartefrist des Kündigungsschutzgesetzes, sind Sie gut beraten, wenn Sie eine Kündigung noch spätestens am letzten Tag der sechs Monate aussprechen. Anderenfalls benötigen Sie einen vom Kündigungsschutzgesetz anerkannten **Kündigungsgrund**.

Wenn Sie einen Betriebsrat oder Personalrat haben, müssen Sie diesen vor Ausspruch der Kündigung anhören. Dies gilt auch für Kündigungen innerhalb der Wartezeit des Kündigungsschutzgesetzes oder für Kündigungen innerhalb der Probezeit.

8.2 Möglichkeiten bei Unwirksamkeit der Befristung aus sonstigen Gründen

Ist die Befristung aus einem anderen Grund als der Nichteinhaltung der Schriftform unwirksam — zum Beispiel, weil ein Sachgrund fehlt oder der sachgrundlos befristete Arbeitnehmer in den letzten drei Jahren vor der Befristung bereits einmal bei Ihnen beschäftigt war — können Sie das unbefristete Arbeitsverhältnis zwar auch ordentlich kündigen. Sie müssen allerdings eine **Mindestlaufzeit** des Arbeitsverhältnisses bis zum (unwirksam) vereinbarten Zeitpunkt des Ablaufs des befristeten Arbeitsvertrags beachten. Das bedeutet: Sie können zwar jederzeit kündigen, gegebenenfalls unter Beachtung des Kündigungsschutzgesetzes. Die Kündigungsfrist darf aber nicht vor dem vertraglich vereinbarten Endzeitpunkt des Arbeitsverhältnisses ablaufen.

Für den Arbeitnehmer gilt diese Einschränkung nicht. Er kann ein unwirksam befristetes Arbeitsverhältnis unter Einhaltung der gesetzlichen beziehungsweise tarifvertraglichen Kündigungsfristen jederzeit kündigen.

Bei vereinbarter Kündigungsmöglichkeit auch vorzeitige Beendigung möglich

Haben Sie in dem unwirksam befristeten Vertrag eine Kündigungsmöglichkeit vor Befristungsende vorgesehen (siehe Kapitel 7.1), können Sie auch auf einen Zeitpunkt vor Ablauf der Kündigungsfrist kündigen.

8.3 Kündigungsfrist bei Zweckbefristung oder Unmöglichkeit des Bedingungseintritts

Bei einer Zweckbefristung ist der Zeitpunkt, zu dem der Zweck erreicht wird, häufig nicht zu ermitteln. Bei einer auflösenden Bedingung ist der Zeitpunkt, zu dem sie eintritt, im Vorfeld schwer zu prognostizieren. Ein Problem gibt es auch, wenn der Zweck gar nicht mehr eintreten kann.

▶ **BEISPIEL: Befristungszweck kann nicht mehr eintreten**

Bei einer Befristung wegen Krankheitsvertretung kehrt der vertretene (kranke) Arbeitnehmer nicht mehr zurück. Damit kann der Befristungszweck objektiv nicht mehr erreicht werden.

Ergibt sich im Einzelfall, dass der Zweck oder die auflösende Bedingung nicht mehr eintreten können, so besteht ein **unbefristetes Arbeitsverhältnis**. Dieses kann von Ihnen unter Einhaltung der gesetzlichen oder tariflichen Kündigungsfrist gekündigt werden.

Ein Arbeitsverhältnis, das mangelhaft bestimmbar zweckbefristet oder auflösend bedingt ist, kann ebenfalls jederzeit von Ihnen ordentlich gekündigt werden. Sie müssen dabei die gesetzliche oder tarifliche **Kündigungsfrist einhalten**.

Vorzeitige Kündigungsmöglichkeit vereinbaren

Auch hier empfiehlt es sich aus Arbeitgebersicht unbedingt, eine Möglichkeit zu vereinbaren, den befristeten Vertrag vor Befristungsende, Zweckerreichung oder Bedingungseintritt zu kündigen. Damit entsteht das dargestellte Problem nicht (zu Musterformulierungen siehe Kapitel 7.1).

9 Das Mitbestimmungsrecht des Betriebs- oder Personalrats

Vor jeder Einstellung eines Arbeitnehmers ist der Betriebsrat zu beteiligen. Er muss ihr zustimmen (§ 99 BetrVG). Dabei müssen Sie den Betriebsrat auch darüber informieren, dass der Arbeitnehmer befristet eingestellt werden soll. Der Befristung muss der Betriebsrat aber nicht zustimmen. Er kann die Zustimmung zur Einstellung nicht wegen der vorgesehenen Befristung verweigern.

Der Betriebsrat hat die Möglichkeit, im Falle der unbefristeten Einstellung eines Arbeitnehmers hierzu die Zustimmung zu verweigern, wenn ein gleich geeigneter befristet Beschäftigter nicht berücksichtigt wird (§ 99 Abs. 2 Nr. 3 2. Alt. BetrVG). Voraussetzung für eine **Zustimmungsverweigerung** ist allerdings, dass die Nichtberücksichtigung des befristet Beschäftigten bei der Besetzung der unbefristeten Stelle nicht durch betriebliche oder persönliche Gründe gerechtfertigt ist.

> ► **BEISPIEL: unzulässige Zustimmungsverweigerung**
>
> Eine Zustimmungsverweigerung ist ausgeschlossen, wenn sich der befristet Beschäftigte auf die Stelle — trotz entsprechender Information (§ 18 TzBfG) — nicht beworben hat oder der neue Bewerber eine deutlich bessere Qualifikation aufweist.

Die Verlängerung eines befristeten Arbeitsverhältnisses und die Übernahme in ein unbefristetes Arbeitsverhältnis sind erneute Einstellungen im Sinn des § 99 Abs.1 BetrVG und somit ebenfalls zustimmungsbedürftig.

9.1 Beschäftigung über Altersgrenze hinaus

Der Betriebsrat muss zustimmen, wenn Sie einen Arbeitnehmer über die vereinbarte Altersgrenze (siehe Kapitel 3.1.6.5) hinaus weiterbeschäftigen wollen.

9.2 Sonderregelungen im Personalvertretungsrecht

Die Personalvertretungsgesetze einiger Länder (beispielsweise § 63 Abs. 1 Nr. 4 LPVG Brandenburg, § 71 Abs. 1 Nr. 2 LPVG B-W) enthalten ein echtes Mitbestimmungsrecht des Personalrats bei der Begründung eines befristeten Arbeitsverhältnisses. Das heißt, der Personalrat muss ausdrücklich auch der Befristung zustimmen. Fehlt seine Zustimmung, ist die Befristung unwirksam und es ist ein unbefristetes Arbeitsverhältnis zustande gekommen. Die nachträgliche Zustimmung des Personalrats heilt den Mangel nicht.

Vorsicht bei Befristungsvergleich!

Dies ist insbesondere auch bei Abschluss eines Vergleichs vor dem Arbeitsgericht zu beachten. Dieser ist zwar ein Sachgrund für die Befristung (siehe Kapitel 3.1.8). Er ersetzt aber nicht eine eventuell nach Landesrecht notwendige Zustimmung des Personalrats. In solch einem Fall sollte also allenfalls der Weg der Unterbreitung eines Vergleichsvorschlag des Gerichts mit Annahmemöglichkeit innerhalb einer bestimmten Frist (§ 278 Abs. 6 ZPO) gewählt und innerhalb der möglichen Annahmefrist der Personalrat beteiligt werden.

9.3 Information über befristet Beschäftigte

Als Arbeitgeber sind Sie laut § 20 TzBfG verpflichtet, der Arbeitnehmervertretung das Folgende mitzuteilen:

- die Anzahl der befristet beschäftigten Arbeitnehmer sowie
- ihren Anteil an der Gesamtbelegschaft des Betriebes und des Unternehmens.

Die Information ist **nicht** an eine bestimmte Form gebunden. Sie kann somit auch mündlich erfolgen. Die befristet beschäftigten Arbeitnehmer müssen nicht namentlich benannt werden; auch die Befristungsgründe und die Dauer der jeweiligen Befristung müssen nicht mitgeteilt werden.

Für die sich auf den Betrieb beziehenden Informationen ist der jeweilige Betriebsrat und Sprecherausschuss zuständig. Für die Informationen über das Unternehmen, sind — falls existent — die dort errichteten Gremien zu informieren — das ist zum Beispiel der Gesamtbetriebsrat. Bei öffentlichen Arbeitgebern ist es der Personalrat und gegebenenfalls der Hauptpersonalrat, bei kirchlichen Arbeitgebern die Mitarbeitervertretung

Stichwortverzeichnis

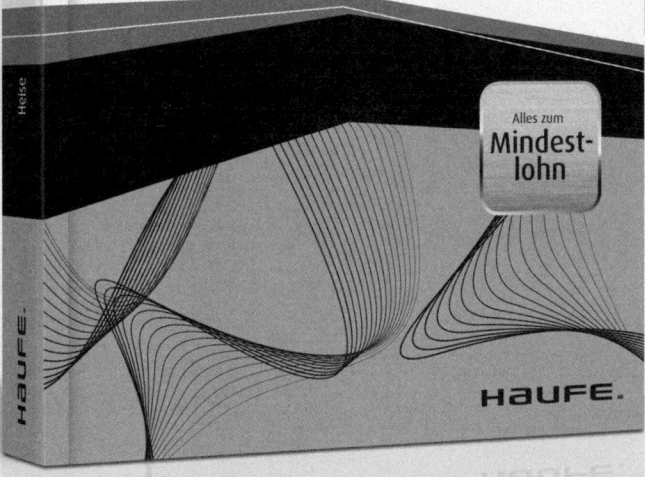

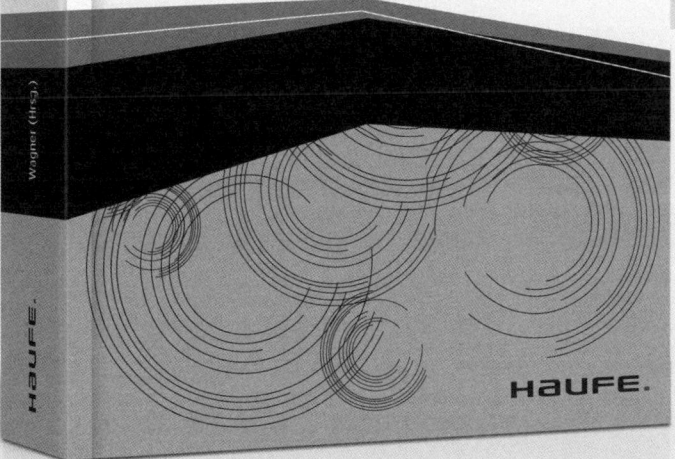